生成式人工智能
国际立法综述

邢　璟　李文宇　主编

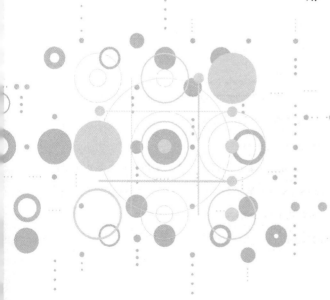

中国政法大学出版社

2024·北京

图书在版编目（CIP）数据

生成式人工智能国际立法综述 / 邢璟, 李文宇主编.
北京: 中国政法大学出版社, 2024. 9. -- ISBN 978-7-5764-
1845-3

Ⅰ. D912.170.4

中国国家版本馆 CIP 数据核字第 2024E1Y525 号

书　名	生成式人工智能国际立法综述 SHENGCHENGSHI RENGONGZHINENG GUOJI LIFAZONGSHU
出版者	中国政法大学出版社
地　址	北京市海淀区西土城路 25 号
邮　箱	bianjishi07public@163.com
网　址	http://www.cuplpress.com (网络实名：中国政法大学出版社)
电　话	010−58908466(第七编辑部) 010−58908334(邮购部)
承　印	固安华明印业有限公司
开　本	880mm×1230mm　　1/32
印　张	10
字　数	250 千字
版　次	2024 年 9 月第 1 版
印　次	2024 年 9 月第 1 次印刷
定　价	56.00 元

编 委 会

主　编：邢　璟　李文宇

副主编：郝乙入　李　鹏　胡鸿涯

　　　　张夕夜　陈　慧

成　员：陈　爽　娄雅薇　常　婷

　　　　李　荧　包晓彤　禹艺娜

　　　　张海荣　林　钰　杨玉姝

　　　　张晨慧　毕春丽　郎逸飞

前　言

在数字化浪潮席卷全球的当下，生成式人工智能（Generative Artificial Intelligence）正成为推动新一轮科技革命和产业变革的关键力量。生成式人工智能的迭代升级和应用拓展不仅在技术领域实现了重大突破，更带来了生产力巨大变革，深刻影响着传统的生产方式和生活模式，其兴起预示着一个智能时代新篇章的开启。

生成式人工智能技术已在多个领域展现出强大的赋能作用。通过模拟和扩展人类的创造力，生成式人工智能加速了内容生产、个性化服务、智能设计等应用创新，显著提升了产业智能化水平，促进了传统产业的转型升级。与此同时，生成式人工智能正推动着新质生产力的形成，通过提高生产效率、降低成本、优化资源配置，为经济发展注入新的活力，成为推动社会生产力跨越式发展的强劲动力。

然而，技术的高速发展也带来了法律、安全、就业和道德伦理等方面的新挑战。在国际治理层面，尽管国际组织和世界多国已经开始在理念、立法和伦理等方面探索生成式人工智能治理的路径，并取得了初步共识，努力在促进发展的同时确保技术安全应用，但当前全球生成式人工智能治理仍面临诸多挑战。在生成式人工智能治理过程中，监管机制的滞后、技术发展与应用之间的鸿沟、安全问题的泛化、国际共识的难以凝聚、责任归属的不明确以及治理措施的执行不力等问题频发，仍有待国际社会持续探索，制定更为有效和协调的治理策略。

纵观全球，人工智能正处在变革跃升的临界点以及监管治理的重要转折点。而作为全球科技竞争最为激烈的前沿领域之一，生成式人工智能的国际竞争早已不仅限于技术和产业层面，而是实质性地扩展到了以法律法规为核心的治理层面。美国、欧盟、英国、加拿大、日本、韩国和新加坡等都对人工智能治理展现出了极高的关注度，催生出了技术、产业与制度三大竞争领域齐头并进的新态势。

技术层面，全球科技巨头和研究机构竞相开发更高效、更智能的生成式人工智能算法。例如，基于深度学习的生成模型、强化学习算法和自注意力机制的 Transformer 模型等。产业层面，企业争相布局生成式人工智能市场，从娱乐、媒体、教育到金融、医疗等多个行业，力求占据更高的市场份额，并通过整合上下游产业链，形成从数据处理、算法开发到应用场景落地的完整产业链，以增强产业竞争力。制度层面，各国政府纷纷通过制定相关政策来支持本土生成式人工智能技术的发展，其中包括资金支持、税收优惠、人才培养等。同时，加快制定关于数据安全、隐私保护、知识产权等方面的法律法规和国际标准，以确立制度优势。

在全球范围内，美国、中国、欧盟等经济体在上述领域均表现出强劲的竞争态势。美国的科技巨头在技术创新上具有领先优势，中国的市场规模和应用场景为产业发展提供了广阔空间，而欧盟则在数据保护和隐私法规方面设立了较高标准。未来，围绕生成式人工智能领域的竞争将更加激烈，并将深刻影响全球政治经济格局。

美国、欧盟和中国作为全球科技创新的领头羊，其立法动态和政策选择对全球生成式人工智能的发展趋势具有决定性影响。本书选取美国、欧盟和中国作为研究对象，旨在为读者提供一个全面、深入、多维度的国际立法视角。通过对各国生成式人工智能立法的深入分析，旨在揭示其对未来生成式人工智能技术发展的多重意义：

确立全球治理框架。美国、欧盟和中国的立法实践为全球生成式人工智能的治理提供了多样化的参考模式，有助于形成国际共识和治理框架。

保障技术伦理和用户权利。通过分析各国的立法内容，明确人工智能伦理和用户权利保护的立法重心，有助于确保技术的健康发展。

促进技术创新与监管平衡。各国的立法尝试在鼓励技术创新和维护公共利益之间寻求平衡，而这对于人工智能技术的长期可持续发展至关重要。

指导企业合规与风险管理。了解不同国家的立法要求，有助于企业在全球市场中更好地进行合规管理和风险控制。

提升公众参与和意识。立法过程中的公众参与和意识提升，有助于构建一个更加包容和透明的人工智能治理环境。

本书通过对美国、欧盟和中国生成式人工智能立法的综述，不仅为政策制定者、研究人员、企业和社会公众提供了一个全面了解全球生成式人工智能立法动态的窗口，也为未来生成式人工智能的健康发展提供了宝贵的思考和启示。我们期望，通过这些分析和讨论，能够为构建一个公平、透明、安全的生成式人工智能治理环境贡献力量，共同推动生成式人工智能技术朝着更加有益于人类社会的方向发展。

李文宇

2024 年 9 月

目　录

第一章

全球人工智能面临的突出问题

　　人工智能概念现公认是 1956 年由约翰·麦卡锡（John Mc-Carthy）在达特茅斯会议上首次提出的，当时的人工智能被定义为"拥有模拟能够被精确描述的学习特征或智能特征的能力的机器"。作为一项高速发展中的技术，人工智能在不同的人群中和不同的语境下拥有不同的定义，本书采用冯子轩主编的《人工智能与法律》一书中的定义，即人工智能（Artificial Intelligence，AI）是指研究、开发用于模拟、延伸和扩展人的智能的理论、方法、技术及应用系统的一门新的技术科学，[1]其核心在于通过计算机程序或机器，使计算机具备感知、理解、判断、推理、学习、识别、生成、交互等类似人类智能的能力，从而执行各种任务，甚至在某些方面超越人类的智能表现。

　　现如今，人工智能不再是仅出现在科幻小说中的遥远概念，而是已经实实在在融入人类日常生活的方方面面：从 AI 个人助理帮助用户规划日程，到手机应用智能推荐心仪的歌曲和商品，人工智能正在无声无息中简化着人类的工作任务，提升着我们

---

　　〔1〕　冯子轩主编：《人工智能与法律》，法律出版社 2020 年版，第 1 页。

的生活质量。这一技术所带来的影响远不止于此，随着时代的发展和技术的进步，人工智能更在积极助力人类应对诸多全球性的重大挑战：在医疗领域，人工智能通过大数据分析与个性化健康管理，协助攻克慢性病的难题；在环保领域，人工智能通过碳排放监测、污染物识别等形式，协助应对气候变化带来的挑战；在网络安全领域，人工智能通过分析网络攻击的趋势和模式，协助预测并防范潜在威胁。

人工智能业已成为 21 世纪具有战略意义的科技之一，其深远影响仍在逐步展现。人工智能具有技术属性和社会属性高度融合的特征，为经济社会发展带来了新机遇，同时也带来了新挑战：人工智能技术的不断普及可能产生改变就业结构、冲击法律与社会伦理、侵犯个人隐私、挑战国际关系准则等问题，对政府管理、经济安全和社会稳定乃至全球治理产生深远影响。[1]在鼓励发展人工智能技术造福人类的同时，我们更要警惕其带来的风险与挑战。如何在不妨碍人工智能发展的前提下，减少技术创新可能给社会造成的负面影响，是信息时代对人工智能进行法律规制的难点所在。[2]

一、人工智能应用存在的突出问题

（一）内容安全问题

1. 有害内容

2023 年 3 月，意大利竞争管理局在意大利财政警察特别反垄断部门的协助下，对 TikTok 的意大利总部进行了检查，起因

---

〔1〕 ［美］伍德罗·巴菲尔德、［意大利］乌戈·帕加洛：《法律与人工智能高级导论》，苏苗罕译，上海人民出版社 2022 年版，丛书序第 1 页。

〔2〕 王建文主编：《网络与人工智能法学》，法律出版社 2023 年版，第 24 页。

是风靡一时的"法国伤疤"挑战使大量年轻人在平台上发布自残的视频。意大利竞争管理局指责平台未能建立适当的管控机制来监督用户在其平台上发布的内容，尤其是在未成年人等脆弱群体使用该服务时。[1] 2024 年 3 月，意大利竞争管理局宣布，对社交媒体巨头 TikTok 的意大利、爱尔兰和英国业务处以总计 1000 万欧元罚款，理由是对可能有害于年轻或弱势用户群体的内容审核不力。[2]

而 OpenAI 在 2023 年 3 月发表的论文中也提到，GPT - 4 - early 可能会产生仇恨言论、歧视性语言，或者传播虚假信息。此类内容可能会助长充满敌意的网络风气，在极端情况下还可能引发现实世界的暴力行为。特别是，早期通过故意诱导 GPT - 4 - early 可能会生成建议或鼓励自残行为的内容，色情或暴力内容等图像材料，骚扰、贬低和仇恨内容，帮助策划攻击或暴力的内容，查找非法内容的说明。[3]

2. 虚假内容

ChatGPT 使用的生成式预训练转换器（Generative Pre-trained Transformer，GPT）技术，本质上是一种神经网络机器学习语言模型。这种模型以模仿人类自然表达为目的，能够生成符合语言逻辑的文本，却无法保障文本内容的真实性。OpenAI 首席技术官米拉·穆拉蒂在接受美国《时代》杂志采访时承认，ChatGPT 可能会"编造事实"，并表示这是当下基础的大型语言模型共同面临的挑战。新闻可信度评估机构 News Guard 的联合执行官格洛

---

〔1〕 https://en.agcm.it/en/media/press - releases/2023/3/PS12543, last visited on Oct. 21, 2023.

〔2〕 https://edition.cnn.com/2024/03/14/tech/tiktok-fine-italy/index.html, last visited on Oct. 21, 2023.

〔3〕 See *GPT*-4 *System Card*, OpenAI, March 23, 2023.

维茨（Gordon Crovitz）称："ChatGPT 可能成为互联网有史以来最强大的传播虚假信息的工具。"[1]

（二）知识产权问题

1. 知识产权侵权

（1）训练数据源于受版权保护作品。

2023 年 12 月，《纽约时报》以侵犯版权为由提起诉讼，指控 OpenAI 及微软非法使用了数百万篇文章训练人工智能工具。2024 年 2 月，新闻机构 Raw Story、The Intercept 和 AlterNet 也对 OpenAI 及微软提起诉讼，指控其聊天机器人抄袭新闻网站文章用于训练，并且删除了作者和标题等版权识别信息。[2]除新闻媒体外，还有多位记者、作家及美国作家协会等对 OpenAI 提出诉讼。

法国市场监管机构于 2024 年 3 月向谷歌公司开出一张 2.5 亿欧元的罚单，因其未经协商擅用出版商和新闻机构受版权保护的内容训练聊天机器人，违反欧盟知识产权相关法规，这例处罚使谷歌成为第一家因大模型训练涉著作权侵权行为而被处罚的公司。[3]

在人工智能工具的训练过程中，其数据源或语料库往往不可避免地会包含受知识产权保护的作品，对这些作品的使用是否侵犯了知识产权，目前的司法实践尚存广泛争议。

---

〔1〕 郑淑婧：《聚焦｜史上最强造假工具？核查从业者如何看待 ChatGPT》，载 https://www.thepaper.cn/newsDetail_forward_21921265，最后访问日期：2023 年 5 月 6 日。

〔2〕《纽约时报》诉 OpenAI 事件持续发酵，多家媒体加入反抗队伍（baidu.com）。

〔3〕 Related rights: the Autorité fines Google € 250 million｜Autorité de la concurrence（autoritedelaconcurrence.fr）。

（2）生成内容侵犯知识产权。

广州互联网法院（2024）粤 0192 民初 113 号判决〔1〕在很多评论中被称为全球人工智能生成内容（Artificial Intelligence Generated Content，AIGC）平台著作权侵权首案，对于 AIGC 平台生成的图片与他人知名作品构成实质性相似，法院认定未履行合理注意义务的平台承担侵权责任。本案并未就 AI 大模型预训练的合法性以及提供者的法律责任等问题展开具体分析。

ChatGPT 等生成式 AI 的崛起对版权法构成了巨大的冲击，当前较为突出的挑战在于利用版权内容进行 AI 训练的行为是否合法，以及如何准确认定 AIGC 的侵权行为。这些问题不仅引发了广泛争议，也在法律界和科技界掀起了巨大的波澜，人工智能技术在知识产权领域的应用边界变得越发模糊和复杂。而在全球范围内，许多相关诉讼仍处于悬而未决的状态，法院对于人工智能的开发者、提供者及用户是否需为潜在的知识产权侵权行为承担责任，尚未给出统一和明确的答案。随着人工智能工具的蓬勃发展，版权法的边界正在受到挑战，内容创作者与人工智能之间的版权之争也会日趋激烈。

2. 机密信息

人工智能在训练和运行过程中需要庞大的数据作为支撑，

---

〔1〕"奥特曼"系知名动漫形象，原告获得了中华人民共和国境内对奥特曼系列作品及其作品名称、角色名称、角色形象、标志符号、道具、场景等艺术形象和元素的复制权、信息网络传播权、改编权等著作权及维权权利。被告经营 Tab 网站，为会员用户提供专属 AI 绘画功能，该功能由第三方服务商提供。原告发现 Tab 可根据"生成奥特曼""奥特曼拼接长发"等提示语生成与案涉奥特曼形象相同或类似的图片供用户查看与下载，认为被告未经授权，擅自利用原告享有权利的作品训练其大模型并生成实质性相似的图片，且通过销售会员充值及"算力"购买等增值服务攫取非法收益，给原告造成严重损害，侵犯案涉奥特曼作品的复制权、改编权及信息网络传播权，遂起诉要求被告赔偿经济损失及维权合理支出共计 30 万元。

这些数据中可能潜藏着众多机密信息,[1]若这些数据被用作 AI 工具的训练或提示素材,使用者可能会在不知不觉中泄露商业机密或丧失对商业敏感信息的保密权。微软和亚马逊为提防人工智能窃密,均提醒其员工禁止对 ChatGPT 分享任何机密信息。因此,在处理这些数据时,必须格外谨慎,以防止机密信息的泄露和保密性的丧失。

3. 开源风险

AI 生成的代码可能涉及开源义务。当软件应用程序或代码被标记为开源时,其源代码将向公众开放,用户将享有使用、修改和分发软件的权利和自由。然而,这些权利并非无限制,用户在使用开源代码时也需要履行相应的义务,如给作者署名、附带许可证等,这些义务取决于特定的开源许可协议。因此,若 AI 工具基于受开源要求约束的代码进行训练,则存在违反商业使用或署名等许可义务限制的风险。

4. 输入内容及输出内容的权属

大多数国家制定知识产权法时,并未考虑之后人工智能技术的快速兴起,这导致 AI 生成物能否享有知识产权及其权利归属等相关问题存在极大的不确定性。2023 年底英国驳回了将 AI 系统"DABUS"列为发明人的专利申请。[2]美国版权局发布的指南,针对包含 AI 生成材料的作品申请,也明确指出必须包含人类的创造性贡献。而北京互联网法院的判决[3]认定,用户因调整提示和参数,使 AI 生成的图像反映其审美选择和判断可享

---

〔1〕 机密信息指的是那些未公开的信息,其重要性并不限于其商业价值。商业秘密便是机密信息中的一种特定类型。

〔2〕 英国最高法院驳回 DABUS 作为发明人的专利申请(beijingip. cn)。

〔3〕 北京互联网法院(2023)京 0491 民初 11279 号民事判决书。

有该图像的版权。值得注意的是，少数国家如印度、爱尔兰、新西兰、南非和英国，为"由计算机生成的作品"提供了版权保护。而在乌克兰，对计算机程序生成的"非原创对象"也规定了相关权利。这些案例和规定表明，各国在 AI 生成物的知识产权问题上仍在进行不断地探索和实践。

（三）数据合规问题

1. 训练数据来源不合规

（1）爬取数据不合规。

数据作为与土地、劳动、知识等并驾齐驱的重要生产要素，在 GPT、AI 绘画等人工智能大模型工具应用极为火热的当下，再一次成为各方关注的焦点。这主要是因为，只有当用于 AI 大模型训练的优质数据足够多，才能产生足够智能、足够强大的 AI 工具。大模型训练数据的来源主要有两种：一是数据需求方与数据提供方达成协议，以开放端口（Open API）的形式使数据使用方获取数据，该种方式合规性最好但成本较高，常见于商业数据流通领域；二是数据需求方自行通过爬虫软件，自动取得存在于其他平台上的数据。对于大模型 AI 来说，一般需要海量的数据进行训练，仅靠协议的方式一方面难以在短时间内获取足够多的数据，另一方面会导致训练成本过高，因此在大模型的训练过程中不可避免地会涉及使用爬虫工具。[1]

网络爬虫技术虽然在获取数据方面展现出巨大优势，但其使用过程中可能引发的法律风险亦不容忽视。违反网站设置的 Robots 协议，利用爬虫技术抓取网站内容进行大模型训练的行

---

〔1〕　参见肖飒法律团队：《爬虫——数据获取捷径 or 招致犯罪歧途？》，载 https://article. chinalawinfo. com/Space/SpaceArticleDetail. aspx？ AuthorId＝156423&AID＝121900&Type＝1，最后访问日期：2024 年 5 月 6 日。

为，可能违反诚实信用原则和商业道德，涉嫌构成不正当竞争行为。如果被访问网站已经采取了一定的反爬虫技术措施，而爬虫控制者强行突破该反爬虫技术措施，实施妨碍、破坏其他经营者合法提供的网络产品或者服务正常运行，甚至可能构成刑事犯罪。爬取个人信息主体的行踪轨迹信息、通信内容、征信信息、财产信息、住宿信息、通信记录、健康生理信息、交易信息及其他可能影响人身、财产安全的公民个人信息达到一定数量的，可能构成侵犯公民个人信息罪。爬取机构的非公开信息，或者后台代码等可能构成商业秘密的信息，还有可能构成侵犯商业秘密罪。

（2）超必要范围使用用户个人信息。

不论是欧盟的《通用数据保护条例》（General Data Protection Regulation，GDPR）还是中国的《个人信息保护法》[1]，都将目的限制和最小必要作为数据处理的基本原则。人工智能数据处理的控制者应当证明"处理操作与目的相关的必要性和符合比例性"。[2]但实际大模型训练中由于需要海量的数据投喂，存在使用用户对话内容、用户文档训练模型数据的情形，超出了用户对于最初数据采集的合理期待。

2023年11月16日，某公司宣布旗下具备大语言模型能力的人工智能办公应用WPS AI开启公测，AI功能面向全体用户陆续开放体验。WPS配套的隐私政策提到，"为提升您使用我们提供的包括但不限于在线文档美化、在线PPT美化、在线表格美化的AI功能的准确性，我们将对您主动上传的文档材料，在

---

〔1〕 为表述方便，本书中涉及的我国法律法规直接使用简称，省去"中华人民共和国"字样，例如《中华人民共和国个人信息保护法》简称为《个人信息保护法》，全书统一，不再一一说明。

〔2〕 GDPR第35条第7款（b）项。

采取脱敏处理后作为 AI 训练的基础材料使用，同时请您放心，我们将采取严格的安全措施和技术手段对该资料进行去标识化处理，以降低其他组织或个人通过去标识化处理后的个人信息识别到您的风险、保护您的个人信息"。WPS 部分用户表示将用户主动上传的文档材料脱敏后用于 AI 训练的做法，超出了使用用户信息的必要限度。对此，2023 年 11 月 18 日深夜，WPS 官方微博作出回应，在向用户致歉的同时，承诺用户文档不会被用于 AI 训练。该公司表示，在使用美化功能时，仅会为用户提供优质美化服务，此过程完全符合数据安全及个人信息保护的相关法律法规规定。该公司承诺，所有用户文档不会被用于任何 AI 训练，也不会在未经用户同意的情况下用于任何场景。同时，该公司表示将定期进行隐私政策的审查，并通过第三方独立机构进行合规性审核，以确保承诺得到兑现。[1]

2. 隐私泄露

据联合新闻报道，ChatGPT 开源数据库在 2024 年 3 月出现漏洞，造成缓存问题，导致 ChatGPT Plus 用户的支付信息泄露，泄露的信息涉及姓名、电子邮件地址、信用卡号码的后四位数字和信用卡到期日。韩国个人信息保护委员会（PIPC）证实，韩国共有 687 名用户受到影响，而 OpenAI 也违反了发现资料泄露后 24 小时内向当局报告的要求，因此对其开出 360 万韩元（折合人民币 1.87 万元）罚单。[2]

3. 数据质量

在当今数字化时代，数据已然成为推动人工智能技术创新

---

〔1〕　https://mp.weixin.qq.com/s/bgqSOl4DnBeAO6P1PY1FpA, last visited on Feb. 15, 2024.

〔2〕　https://www.yna.co.kr/view/AKR20230727055500530, last visited on Feb. 15, 2024.

与产业应用不可或缺的核心生产要素，人工智能模型效能的高低直接取决于其训练数据质量的高低。正如业界广为流传的谚语"Garbage in, garbage out"（垃圾进去，垃圾出来），若数据质量参差不齐，充斥着噪声、偏见等缺陷，将严重制约大模型的性能与输出结果。因此，对数据质量的严格把控与评估已成为各国政府在人工智能领域监管工作的重中之重。

日本国立研究开发法人产业技术综合研究所在其发布的《机器学习质量管理指引》中，对数据质量提出了高标准要求。这些要求涵盖数据设计的充足性、数据集覆盖的广泛性与深度、数据集内部的一致性，以及数据的丰富性和完整性等多个方面。同样，欧盟在《关于制定人工智能的统一规则》（以下简称《人工智能法案》）中明确规定，对于高风险的人工智能系统，必须使用高质量的训练、验证和测试数据集。特别是应当审查可能影响个人健康与安全、侵犯基本权利或导致法律禁止的歧视性行为的数据集，以确保人工智能系统结果的可靠与公正。这些规定不仅体现了对人工智能技术的严谨态度，也为全球范围内的人工智能监管提供了重要参考。

（四）网络安全问题

由于技术本身的特性，没有一个系统是永远安全和不可能被攻破的。在大模型应用下，漏洞查找与系统攻击变得更加容易，导致系统安全隐患持续升级。[1]奇安信发布的《2024 人工智能安全报告》指出，2023 年基于 AI 的深度伪造欺诈事件暴增了 3000%，基于 AI 的钓鱼邮件数量增长了 1000%；奇安信威胁

---

〔1〕 参见中国信息通信研究院政策与经济研究所、中国科学院计算技术研究所智能算法安全重点实验室发布的《大模型治理蓝皮报告——从规则走向实践（2023 年）》。

情报中心监测发现，已有多个具有国家背景的 APT 组织利用 AI 发起了十余起网络攻击事件。考虑网络空间固有的脆弱性及网络攻击所造成的威胁的不对称性，由人工智能驱动的网络威胁日益受到关注。

网络威胁包括网络钓鱼、中间人、勒索软件和 DDoS 攻击及网站篡改，威胁行为者可以利用人工智能系统来提高传统网络攻击的效力和有效性，或者通过侵犯信息的机密性或攻击其完整性、可用性来损害信息的安全。2023 年 7 月 22 日，大语音模型 FraudGPT 在暗网出售，该工具基于相对较新的 GPT-3 技术，定位为用于攻击目的的高级机器人。其应用包括编写恶意代码、制作难以检测的恶意软件和黑客工具、编写网络钓鱼页面和欺诈内容，以及寻找安全漏洞。[1] 这些由人工智能技术驱动的恶意攻击活动对网络安全构成了严重威胁。

（五）反垄断问题

韩国信息和互联网巨头 Kakao 旗下的打车服务子公司 Kakao Mobility，在 2023 年 2 月 14 日被韩国反垄断监管机构作出处以 257 亿韩元的罚款，原因是该公司操纵算法为其专营权下的出租车提供更多乘车订单。根据韩国公平交易委员会的说法，该公司运营着叫车应用程序"Kakao T"，该应用程序对特许经营和非特许经营的出租车开放，但是 Kakao T 对 Kakao 品牌的特许经营出租车"Kakao T Blue"给予了算法优待。韩国公平交易委员会在一份声明中表示："自推出以来，Kakao Mobility 一直在分配乘车订单时优先考虑其特许经营的出租车，并秘密运行一种算法，将它们排除在利润较低的叫车请求之外，如行程小于 1 公里的订单。"即使其他非特许经营的出租车距离客户较近，该应

---

〔1〕　参见奇安信发布的《2024 人工智能安全报告》。

用程序也允许特许经营的出租车优先接收叫车请求。Kakao Mobility 能够轻松增加其附属出租车的数量，是因为特许经营司机通过受操纵的算法获得了相对较高的收入。而随着越来越多的出租车只接受来自 Kakao T 的叫车请求，导致叫车行业出现所谓的锁定效应，使出租车和客户更难离开该平台。监管机构指出，通过这种不公平的经营策略，Kakao T Blue 扩大了在特许经营出租车市场的占有率，从 2019 年的 14.2% 飙升至 2021 年的 73.7%。[1]

（六）算法歧视问题

信息智能推荐算法作为人工智能技术在信息传播领域的一项创新应用，极大地提升了信息的过滤、筛选与传播效率。然而，这一技术同样伴随不容忽视的潜在风险，如算法偏差和算法歧视现象。算法在处理数据时，不可避免地会受社会既存偏见与歧视的影响。这些偏见在数据的收集、整理和使用过程中悄然渗透，进而对算法的决策和输出结果产生不利影响。正如微软纽约研究院的高级研究员 Hanna Wallach 所强调："只要机器学习程序是基于社会现存数据进行训练的，那么只要这个社会还存在偏见，机器学习也就无法避免地会复制这些偏见。"特别是类型化和标签化是算法设计中的重要思想。在"人以群分"的过程中，这种思想很容易固化社会偏见。例如，基于性别、种族、年龄等因素对职业发展能力、犯罪概率进行预测时，可能会通过算法对社会"刻板印象"进行清晰化和固化，从而对群体中的个体造成误判和伤害。当前，一些知名的 AI 模型也暴露了类似的问题。例如，GPT-3 在某些情况下表现出了基于宗教信仰的偏见和性别歧视，大语音模型 Gopher 存在职业与性别

---

〔1〕 https://weibo.com/ttarticle/p/show? id=2310474869064333066655, last visited on May. 6, 2023.

之间的刻板印象联想，而图像生成模型 Dalle-2 则显著地展现了性别和种族歧视。[1] 这些问题提醒我们，在追求算法高效性和智能性的同时，必须高度重视并努力消除潜在的偏见和歧视风险。

（七）人格权侵权问题

深度合成技术作为一种前沿的人工智能生成技术，常被应用于自然人的形象生成、处理及利用等多个方面，从而与个人的形象紧密相连。然而，当深度合成技术使真实与虚假的界限变得模糊时，其对人格权益的潜在侵害风险便不容忽视。目前，在深度合成技术所引发的人格权侵权问题中，肖像权和名誉权的侵犯现象尤为突出。

倘若利用深度合成技术制作的 AI 换脸视频中，所呈现的肖像能让他人一眼识别出是某位特定人物，并且该视频内容包含可能导致他人对该人物社会评价降低的元素，如色情裸露、辱骂、斗殴或吸毒等不当行为，那么这些行为都可能构成对他人肖像权和名誉权的侵权行为。

（八）科技伦理问题

人类社会于 20 世纪中后期进入信息时代后，信息技术伦理逐渐被广泛关注和研究。信息技术高速变革发展，21 世纪后人类社会迅速迈向智能时代，随着人工智能的发展，越来越多的人工智能赋能应用、智能机器人等人工智能产品走入人类生活，人工智能可直接控制物理设备，亦可为个人决策、群体决策乃至国家决策提供辅助支撑；人工智能可以用于智慧医疗、智慧

---

[1] 参见中国信息通信研究院政策与经济研究所、中国科学院计算技术研究所智能算法安全重点实验室发布的《大模型治理蓝皮报告——从规则走向实践（2023 年）》。

工厂、智慧金融等众多场景，还可能被用于武器和军事之中。人工智能技术被日益广泛地应用在社会各个场景之中，甚至成为人类社会的一部分，研究人工智能伦理为系统反思人类既有伦理体系提供了重要契机。

现有人工智能技术路径依赖大量人类社会数据，特别是反映了人类社会演化历程中积累了系统性道德偏见的人类语言数据，这样经过训练的人工智能系统进行的决策将不可避免地作出隐含道德偏见的选择。然而，迈向智能时代的过程如此迅速，使得我们在传统的信息技术伦理秩序尚未建立完成的情况下，又迫切需要应对更富有挑战性的人工智能伦理问题，积极构建智能社会的秩序。

技术与伦理正如两条相互缠绕的通道指引着人工智能的健康发展，一面展示着人类科技认知的水平，另一面展示着人类道德文明的程度。因此，如何结合技术手段和治理体系，合理地对人工智能伦理问题进行限制，是人工智能领域值得探讨的议题之一。[1]

二、原因分析

人工智能在世界范围内的应用普遍存在上述一系列突出的风险问题，这些风险主要源于技术的复杂性、应用的广泛性，以及与社会、伦理、法律等多个领域风险的交织。

首先，技术的复杂性是导致人工智能应用存在风险的根本原因之一。人工智能系统，尤其是深度学习模型，通常包含大量的参数和复杂的算法结构，使其决策过程变得难以理解和解释。这种"黑箱"特性不仅导致了人类对人工智能的信任难题，

---

[1]《人工智能伦理治理标准化指南（2023版）》。

也可能导致人工智能在实际应用中出现误判和偏见。此外，人工智能技术的发展还处于不断探索和完善的阶段，其稳定性、可靠性和安全性等方面仍存在诸多挑战。

其次，人工智能的广泛应用也是导致风险激增的重要原因。随着人工智能技术的不断进步，其应用领域也在不断扩展，涉及医疗、金融、交通、教育等多个领域。然而，这种广泛的应用也带来了许多新的挑战。例如，在医疗领域，人工智能辅助诊断的准确性尚未完全达到临床要求；在金融领域，人工智能的风险评估和决策过程可能引发不公平和歧视等问题。人工智能一旦在这类重点领域发生安全问题，将直接对人类生命、财产安全造成威胁，使人工智能的应用充满了不确定性和风险。

最后，人工智能与社会、伦理、法律等领域风险的交织也导致了一系列问题的产生。人工智能的发展和应用涉及数据合法使用问题、知识产权、侵权责任等多个法律问题。如何确保数据的合法获取和使用、如何保护知识产权、如何界定人工智能系统的责任归属等问题，都需要在法律层面进行深入探讨和规范。同时，人工智能的决策也可能引发伦理和道德上的争议。例如，当人工智能系统在决策过程中涉及人的生命和尊严等核心利益时，如何确保其决策符合伦理道德标准成为亟待解决的问题。

人工智能治理是一个庞大而复杂的系统工程，其涵盖维度之广、涉及领域之多，都使它成为一个极具挑战性的议题。它不仅深度交织于技术、经济、法律这些核心领域，更是与政策、环境、公共管理等多个方面紧密相连，需要政府、企业、学术界、社会公众等多方的共同努力和协作。

三、治理探索

人工智能的开发和使用，需要构建一个具备信任和问责机制健全的环境。这不仅是为了确保技术的合理、合法和有效应用，更是为了维护社会的和谐稳定与公众的福祉。

首先，信任是人工智能得以广泛应用的基础。公众对人工智能系统的信任，来自系统的可靠性、稳定性，以及对个人隐私的保护。因此，开发者在设计和开发人工智能系统时，必须充分考虑这些因素，确保系统的质量和安全性。同时，政府和相关机构也需要加强对人工智能技术的监管，确保其符合法律法规的要求，从而增强公众对人工智能技术的信任。其次，问责机制的健全对于人工智能的发展至关重要。当人工智能系统出现问题或造成损失时，必须有明确的责任主体来承担相应的责任。这既包括对开发者的责任追究，也包括对使用者和监管者的责任认定。通过建立健全的问责机制，可以有效地防止人工智能技术的滥用和误用，保护公众的利益。最后，为了构建这样的环境，还需要加强跨学科的合作与交流。人工智能涉及众多领域的知识和技术，需要不同领域的专家共同合作，才能推动其健康发展。同时，通过加强与国际社会的交流与合作，可以借鉴其他国家的成功经验，共同应对人工智能带来的挑战。

基于此，各国政府在人工智能监管领域都展开了积极的探索与尝试，传统的监管模式可能难以适应人工智能技术的复杂性和快速变化的特点。因此，各国政府通过成立专门的机构或部门，负责人工智能的监管工作，包括制定监管政策、标准和规范，对人工智能系统的应用进行监督和审查，以便监管部门更好地把握人工智能技术的发展动态，及时发现和引导解决潜在的风险和问题。

另外，人工智能技术的全球化趋势使得单一国家难以独立应对其带来的挑战。因此，各国政府通过加强国际合作，共同探讨和研究制定监管政策，同时鼓励企业、学术界和社会各界积极参与人工智能的监管工作。通过搭建合作平台、开展合作项目，政府与企业、学术界等共同推动人工智能技术的研发和应用，共同解决监管过程中遇到的问题和挑战，包括如何平衡技术创新和监管需求、如何确保监管政策的有效性和可执行性、如何应对跨国界的监管问题等。各国政府需要不断完善监管政策和机制，构建适应人工智能技术发展的监管体系，以推动人工智能技术的健康、安全和可持续发展。

第二章

欧盟《人工智能法案》立法背景

一、欧盟人工智能法律的发展与概况

欧盟作为全球最大的经济体之一，拥有较为完备的法律和政治框架以规范和引导人工智能技术及相关法律的发展。在过去几年中，欧盟致力于制定并推动人工智能相关的法律和政策，以确保人工智能技术的合规性、可靠性和伦理性。这一举措旨在平衡人工智能应用的创新和社会责任，保障人的基本权利，增强成员国对欧盟价值观的信赖，并促进欧洲在全球人工智能市场的竞争力。欧盟在人工智能法律发展方面取得了显著的进展，主要体现在立法和欧洲标准两个层面。

（一）欧盟人工智能在立法层面的发展

1. 人工智能立法的前期规划

2018 年 3 月，欧盟委员会启动人工智能尖端技术与道德标准结合工作，组建人工智能专家团和欧洲人工智能联盟，以制定其人工智能政策和战略，监督欧盟在人工智能领域的发展，并就相关政策提出建议。

2018 年 4 月 10 日，欧盟 25 个成员国共同签署了《人工智能合作宣言》（Declaration of Cooperation on Artificial Intelligence），与欧盟委员会合作共同制订人工智能协调计划。7 月 16 日，在维也纳举行的欧盟竞争力部长理事会非正式会议上，克罗地亚签署了欧盟《人工智能合作宣言》，标志着欧盟当时全部 28 个成员国均已完成该宣言的签署。宣言旨在促进欧洲在人工智能领域的发展和创新，加强在人工智能技术研究、投资和应用方面的合作。宣言的签署彰显了欧盟成员国对人工智能未来潜力的信心，表达了共同努力推动人工智能技术发展并确保其符合欧洲价值观和法律框架的愿景。这一举措标志着欧洲在人工智能领域的合作迈出了重要的一步。[1]

2018 年 12 月 9 日，欧盟委员会发布了《人工智能协调计划》，该文件作为与成员国的联合承诺，表达了欧盟致力于开发和部署前沿性、合伦理性及安全性的 AI。

2. 人工智能立法的逐步发展

2019 年 4 月 8 日，欧盟委员会发布了正式版的《可信赖人工智能指南》（Ethics Guidelines for Trustworthy AI），提出了实现可信赖人工智能全生命周期的框架。该文件还提供了一份评估清单，将关键要求具体化，并提供实施指南。6 月 26 日，该评估清单开启试点工作，利益相关者被邀请参加测试，并就如何改进反馈意见。[2]

2020 年 3 月 19 日，欧盟委员会发布了围绕欧盟未来 5—10

---

〔1〕 Declaration of Cooperation on Artificial Intelligence, 10 April 2018, https://ec. europa. eu/futurium/en/european－ai－alliance/official－documents－and－reports. html, last visited on Mar. 1, 2024.

〔2〕 Ethics guidelines for trustworthy AI, https://digital－strategy. ec. europa. eu/en/library/ethics-guidelines-trustworthy-ai, last visited on Mar. 1, 2024.

年实现数据经济相关的政策措施和投资策略性文件——《人工智能白皮书》（White Paper on Artificial Intelligence：a European approach to Excellence and Trust）。这不仅为之后的《人工智能法案》（提案）提供了政策指导和目标，还为其提供了法律框架的基础。[1]

2021年4月，欧盟委员会提出了关于人工智能欧盟监管框架的提案。《人工智能法案》（提案）的草案是欧盟首次尝试制定针对人工智能的横向法规。此后，欧洲议会和欧盟理事会就草案进行了多轮修订和讨论。2023年12月8日，欧洲议会、欧盟理事会和欧盟委员会三方就《人工智能法案》达成协议，该法案将成为全球首部人工智能领域的全面监管法规，将对生成式人工智能工具实施一系列控制措施。2024年2月2日，欧盟27国代表投票一致支持《人工智能法案》文本，标志着欧盟向立法监管人工智能迈出重要一步。[2]

2022年9月，欧盟委员会提出了一项关于调整非合同民事责任规则以适应人工智能的指令（"AI责任指令"）的提案——《人工智能责任指令》（Artificial Intelligence Liability Directive）。欧盟委员会建议补充和更新欧盟的责任框架，引入针对人工智能系统造成的损害设定责任的新规则。该提案是欧盟首次针对人工智能侵害民事责任的专门立法，[3]旨在确保AI系统侵害的

〔1〕 White Paper on Artificial Intelligence：a European approach to excellence and trust，https://ec. europa. eu/futurium/en/european－ai－alliance/official－documents－and－reports. html，last visited on Mar. 4，2024.

〔2〕 Artificial intelligence act，https://www. europarl. europa. eu/RegData/etudes/BRIE/2021/698792/EPRS_ BRI（2021）698792_EN. pdf，last visited on Mar. 4，2024.

〔3〕 Artificial intelligence liability directive，https://www. europarl. europa. eu/RegData/etudes/BRIE/2023/739342/EPRS_ BRI（2023）739342_ EN. pdf，last visited on Mar. 4，2024.

保护措施与欧盟其他技术侵害的保护措施水平相同。

（二）欧盟人工智能在欧洲标准层面的发展

欧洲标准（EN 标准）是由欧洲标准化委员会（CEN）和欧洲电工标准化委员会（CENELEC）制定的一套标准体系。这些标准在成员国中被广泛采纳并作为国家标准，以确保各成员国之间的协调一致。欧洲标准的制定机构致力于推动欧洲内部的技术合作，促进商品和服务的自由流通。

2023 年 4 月 5 日，欧洲智库 Ada Lovelace Institute 官网发布了题为"标准在人工智能治理中扮演什么角色"（What will the role of standards be in AI governance?）的研究报告。报告提出，随着欧盟《人工智能法案》的逐步发展，全球人工智能领域正在将注意力转移到人工智能监管合乎逻辑的下一步：人工智能标准。标准代表着人工智能监管的可实施性，为人工智能系统的管理人和监管人提供了确保监管合规所需的流程和技术工具。欧盟在标准方面处于全球瞩目的地位，各国监管部门都在关注《人工智能法案》配套的技术标准如何平衡个人基本权利与创新的关系。从 2023 年初开始，配套的技术标准将与《人工智能法案》同时制定，它们最终将负责建立多项权衡要求。欧洲标准化委员会（CEN）和欧洲电工标准化委员会（CENELEC）可能会在某些领域遵循 ISO/IEC 标准，而在另一些领域则制定独特的要求。[1]

纵观欧洲标准在人工智能领域的发展历程，在具体标准制定方面，欧洲标准涵盖了 AI 技术的多个方面，包括数据安全、隐私保护、算法透明度、可解释性、可靠性、伦理道德等。这

---

[1] Hadrien Pouget："What will the role of standards be in AI governance?", https://www.adalovelaceinstitute.org/blog/role-of-standards-in-ai-governance/, last visited on Mar. 4, 2024.

些标准旨在确保 AI 技术的安全性和可靠性，并推动 AI 技术的广泛应用。与此同时，欧洲注重与国际标准化组织（ISO）和国际电工委员会（IEC）等国际标准化机构合作，共同推动全球 AI 标准的制定和统一。此外，欧洲还积极推动 AI 技术的标准化应用，鼓励企业采用符合欧洲标准的 AI 技术，以促进欧洲 AI 产业的发展和创新。同时，欧洲也加强了对 AI 技术的监管和评估，以确保 AI 技术的合法性和合规性。

概括而言，在人工智能的欧洲标准制定过程中，侧重以下三个方面。

（1）数据保护：欧盟于 2018 年 5 月 25 日开始正式实施 GDPR，旨在保护个人数据的隐私和安全。在人工智能应用中，涉及大量个人数据的收集、处理和分析，因此 GDPR 对人工智能技术的发展和应用提出了严格的要求，包括明确用户数据使用目的、获得用户同意、保障数据安全等方面的规定。GDPR 作为欧盟的数据保护法律，设定了高标准的数据保护要求，推动了欧洲在数据保护领域的标准化工作。GDPR 的实施要求所有处理欧盟公民个人数据的组织，无论其是否在欧盟境内，都必须遵守该规定。这促进了欧洲标准在国际层面的认可度和接受度，加强了欧洲在全球数据保护领域的领先地位。此外，GDPR 的 7 项基本原则[1]为数据保护提供了清晰的指导，这些原则为欧洲标准在制定数据保护相关标准时提供了基础，确保了标准的一致性和有效性。

（2）伦理规范：《人工智能法案》旨在建立人工智能应用的伦理框架，强调人工智能技术必须符合基本权利和价值观，尊重人的尊严、自主权和隐私。此外，《人工智能法案》还规定

---

〔1〕 包括合法、公平、透明原则，目的限定原则，数据最小化原则，准确原则，有限留存原则，完整、机密原则，以及责任原则。

了高风险人工智能系统的审查和监管机制，以增强人工智能技术的安全、透明和可信赖性。由此，人工智能领域相关的标准也将逐步适应该法案的伦理性要求，共同建立一个以伦理为导向的人工智能发展框架。

（3）技术标准：欧洲标准化机构持续推动人工智能技术标准的制定，这些标准涵盖了机器学习、自然语言处理、计算机视觉等领域的技术要求、测试方法和质量控制等方面的规范。这些标准的制定通过专家组织、工作组，以及公开征求意见等程序进行，以确保标准的科学性和广泛适用性。

二、欧盟的立法机构与立法程序

（一）欧盟的立法机构

20 世纪 50 年代欧洲一体化开始形成，欧洲联盟（European Union，EU）于 1993 年根据《马斯特里赫特条约》，即《欧洲联盟条约》(Treaty on European Union) 建立。此后，欧盟的条约先后经过《阿姆斯特丹条约》和《尼斯条约》两次修订，每一次修订都促进了欧盟的一体化进程。在《欧盟宪法条约》遭遇批准危机后，经过长期的协商讨论，欧盟成员国于 2007 年签署《里斯本条约》。《里斯本条约》于 2009 年 12 月 1 日生效，由《欧洲联盟条约》和《欧洲联盟运行条约》(Treaty on the Functioning of the European Union) 两部分组成。[1]

修订后的《欧洲联盟条约》规定了欧盟新的机构设置，该机构框架包括欧洲议会、欧洲理事会、欧盟理事会、欧盟委员

---

〔1〕《里斯本条约》的全称是《修订〈欧洲联盟条约〉和〈欧洲共同体条约〉的里斯本条约》。经《里斯本条约》修订后，原《欧洲共同体条约》改称《欧洲联盟运行条约》。

会、欧洲联盟法院、欧洲中央银行、审计院。[1]欧盟具有主权国家所具有的立法、司法、行政三权分立与制衡的特征，欧洲理事会和欧盟理事会由成员国的国家元首或政府首脑、国家政府部长组成，维护各成员国的利益；欧盟委员会在组织架构上独立于欧盟各成员政府，代表整个欧盟的利益；而欧洲议会的成员由所有成员国的选民直接选举产生，在欧盟立法方面代表人民的利益。

其中，欧洲理事会确定总体的政治方向和优先事项，但不行使立法职能。[2]与立法程序相关的主要机构包括欧盟委员会、欧洲议会和欧盟理事会。由欧盟委员会提出新法律提案，欧盟理事会和欧洲议会进行谈判、商定并共同通过欧洲法律。

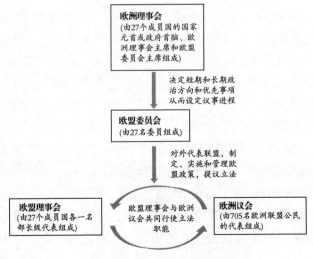

图 2-1　欧盟的四大机构

---

　〔1〕《欧洲联盟条约》第 13 条。
　〔2〕《欧洲联盟条约》第 15 条。

1. 欧洲理事会

欧洲理事会是欧盟七大机构之一，又被称为"欧盟首脑会议"或"欧盟峰会"，由27个欧盟成员国的国家元首或政府首脑、欧洲理事会主席和欧盟委员会主席组成，欧洲理事会负责共同决定欧盟的短期和长期政治方向和优先事项。[1]尽管根据《欧洲联盟条约》，欧洲理事会并不行使立法职能，[2]但是他们的决议会为其他机构考虑具体问题提供框架，是欧洲决策制定程序的核心。[3]

2020年10月欧洲理事会会议上，欧盟领导人讨论了数字化转型问题。欧洲理事会在其结论中提出"欧盟需要成为在开发安全、可信赖和符合伦理标准的人工智能方面的全球领导者"。欧洲理事会邀请欧盟委员会提出增加欧洲和各国在人工智能研究、创新和部署方面的公共和私人投资的方法；确保欧洲研究中心进行更好的协调，建立更多的网络和协同效应；为高风险人工智能系统提供一个清晰、客观的定义。[4]

2. 欧盟委员会

（1）欧盟委员会的组成。

欧盟委员会是欧盟立法建议与执行机构。欧盟委员会由来自27个欧盟成员国的委员组成。在任期5年内，27名委员共同担任委员会的政治领导。欧盟委员会主席的候选人由欧盟国家

〔1〕　https://www.consilium.europa.eu/en/european-council/how-the-european-council-works/, last visited on Feb. 21, 2024.

〔2〕　《欧洲联盟条约》第15条。

〔3〕　[英] 保罗·克雷格、[爱尔兰] 格兰妮·德布尔卡：《欧盟法：教程、案例与资料（上册）》，叶斌、李靖堃译，中国社会科学出版社2023年版，第108页。

〔4〕　https://www.consilium.europa.eu/en/press/press-releases/2020/10/02/european-council-conclusions-1-2-october-2020/, last visited on Feb. 21, 2024.

元首和政府组成的欧洲理事会向欧洲议会提名，通常情况下，主席候选人将从议会中最大的政治团体中选择，如果议会的绝对多数成员支持该提名人，其将被选举为欧盟委员会主席。其后，当选主席从欧盟各国提名的候选人中选出副主席和委员，欧洲议会将整体投票决定是否批准整个团队。议会投票后，欧盟委员会主席的正式任命由欧洲理事会表决。[1] 2019 年 12 月，冯德莱恩（Ursula von der Leyen）正式担任了欧盟委员会主席，在冯德莱恩主持下的首次正式会议上，欧盟委员会委员们通过了政治领导组织的工作方案，成为欧盟委员会 2019 年至 2024 年工作的基础。欧盟委员会中的各委员都有他们所支持、服务的领域和责任，冯德莱恩委员会有三位执行副主席、四位副主席，由执行副主席和副主席负责引导和协调根据欧盟委员会优先事项划分主题的六个委员团（包括欧洲绿色新政、适合数字时代的欧盟、为人民服务的经济、世界上更强大的欧洲、对欧洲民主的新推进、推广我们的欧洲生活方式）。[2] 欧盟委员会组成了不同的政策部门，被称为总司（Directorates-General, DG），负责不同的政策领域，总司负责开发、实施和管理欧盟的政策、法律和资金计划。[3] 每个总司的总司长（Director-General）是这一总司的首席官僚，对这一领域的欧盟委员会委员负责。

（2）欧盟委员会的职权。

欧盟委员会在设定欧盟整体战略优先事项、制定并实施欧

---

〔1〕 https://commission. europa. eu/about - european - commission/organisational - structure/how - commission - organised/political - leadership _ en，last visited on Feb. 21, 2024.

〔2〕 https://commissioners. ec. europa. eu/index _ en，last visited on Feb. 21, 2024.

〔3〕 https://commission. europa. eu/about - european - commission/organisational - structure/how-commission-organised_ en#departments-and-agencies，last visited on Feb. 21, 2024.

盟政策方面发挥积极作用。在设定战略优先事项方面，在每一届欧盟委员会任期开始时，欧盟委员会主席会确定其在即将到来的任期中的政治优先事项。欧盟委员会会通过年度工作计划将这些政治优先事项逐年转化为具体行动，该计划为接下来的12 个月制订了一项行动计划。欧盟委员会通过以下方式设计和实施欧盟政策：向欧洲议会和欧洲联盟理事会提出法律建议；帮助欧盟国家实施欧盟立法；管理欧盟预算并分配资金；与欧洲法院共同确保欧盟法律被遵守；与欧盟外交部门欧洲对外行动局一起在欧洲以外代表欧盟。[1]

在立法职能方面，欧盟委员会在立法程序中发挥着核心作用，《欧洲联盟条约》给予了欧盟委员会立法倡议权，[2]它是唯一有权发起欧盟法律行为的机构，可以自行倡议提交欧盟法律行为的提案，也可以在其他欧盟机构的请求下或根据公民倡议的要求提出提案。欧盟理事会可以要求欧盟委员会进行研究并提交任何适当的立法提案，欧洲议会也可以要求欧盟委员会提交立法提案。

2021 年 4 月，欧盟委员会提出了关于制定人工智能统一规则的规章草案，该草案旨在解决特定人工智能使用的风险，并将其分为四个不同的风险级别：不可接受的风险、高风险、有限风险和极低风险。该规章对建立卓越的人工智能生态系统并增强欧盟在全球竞争中的能力至关重要，也与《2021 年人工智能协调计划》相辅相成。[3]

---

〔1〕　https://commission. europa. eu/about-european-commission/what-european-commission-does/strategy-and-policy_en，last visited on Feb. 21, 2024.

〔2〕　《欧洲联盟条约》第 17 条第 2 款。

〔3〕　https://digital-strategy. ec. europa. eu/en/library/proposal-regulation-laying-down-harmonised-rules-artificial-intelligence，last visited on Feb. 21, 2024.

3. 欧盟理事会

（1）欧盟理事会的组成。

欧盟理事会（又称"部长理事会"或"理事会"）自身系单一的法律实体，但其下设有十个理事会"组成结构"，负责分管不同领域的具体工作，其中包括农业和渔业理事会，竞争力委员会，经济和金融事务委员会，教育、青年、文化和体育委员会，就业、社会政策、卫生和消费者事务委员会，环境委员会，外交事务委员会，一般事务委员会，司法和内政委员会与运输、电信和能源委员会。[1]

欧盟理事会代表成员国的利益。欧盟理事会会议由每个成员国派出部长级别的代表参加，参与者可以是部长或国务卿，他们有权代表其国家政府并行使其投票权。负责相关领域的欧盟委员会委员也被邀请参加欧盟理事会会议。欧盟理事会会议由欧盟理事会轮值主席国的成员国部长主持，唯一例外的是外交事务理事会，通常由欧盟外交与安全政策高级代表主持。[2]

（2）欧盟理事会的职权。

欧盟理事会与欧洲议会共同行使立法和预算职能，根据《欧洲联盟条约》和《欧洲联盟运行条约》行使政策制定和协调职能。在立法职能方面，大多数情况下，欧盟理事会通过普通立法程序（也称"共同决策程序"）与欧洲议会一起协商并通过立法法案。普通立法程序用于欧盟与成员国拥有专属或共享权限的政策领域。在普通立法程序下，欧盟理事会根据欧盟委

---

〔1〕 https://www.consilium.europa.eu/en/council-eu/preparatory-bodies/, last visited on Feb. 21, 2024.

〔2〕 https://www.consilium.europa.eu/en/council-eu/configurations/, last visited on Feb. 21, 2024.

员会提交的提案进行立法。[1]

2022 年 12 月，为确保在欧盟市场上投放和在欧盟中使用的人工智能系统的安全性，欧盟理事会通过了关于《人工智能法案》的共同立场，[2]并于 2023 年 6 月中旬与欧洲议会、欧盟委员会进行了机构间谈判（"三方会谈"）。2023 年 12 月，欧盟理事会和欧洲议会就人工智能法案的措辞达成临时协议。[3]

4. 欧洲议会

（1）欧洲议会的组成。

欧洲议会由欧盟 27 个成员国选民直接选举产生的 705 名议员组成，在欧盟立法方面代表人民的利益，并确保其他欧盟机构以民主方式工作。[4]根据《欧洲联盟条约》，任何成员国都不能拥有超过 96 名欧洲议会议员。欧洲议会议员的选举每五年举行一次，当选的欧洲议会议员来自欧洲范围内的政治团体，而不是对应国籍。目前，欧洲议会中有 7 个政治团体，成立一个政治团体需要至少 23 名成员，并且该团体必须代表至少四分之一的成员国，议员不能属于多个政治团体，还有一些议员不属于任何政治团体，被称为"非附属成员"。[5]欧洲议会设有不同议题的 27 个专门委员会，这些委员会可以考虑欧盟委员会

---

〔1〕　https://www.consilium.europa.eu/en/council-eu/, last visited on Feb. 21, 2024.

〔2〕　https://www.consilium.europa.eu/en/press/press-releases/2022/12/06/artificial-intelligence-act-council-calls-for-promoting-safe-ai-that-respects-fundamental-rights/, last visited on Feb. 21, 2024.

〔3〕　https://www.consilium.europa.eu/en/press/press-releases/2023/12/09/artificial-intelligence-act-council-and-parliament-strike-a-deal-on-the-first-worldwide-rules-for-ai/, last visited on Feb. 21, 2024.

〔4〕　https://www.europarl.europa.eu/portal/en, last visited on Feb. 21, 2024.

〔5〕　https://www.europarl.europa.eu/about-parliament/en/organisation-and-rules/organisation/political-groups, last visited on Feb. 21, 2024.

提交的立法提案，也可以主动提出报告。

（2）欧洲议会的职权。

欧洲议会主要有四项权利，分别是立法权、任免权、监管权、预算权。[1]在立法权方面，根据《欧洲联盟条约》，欧洲议会应与欧盟理事会共同行使立法职能。[2]欧洲议会在立法过程中发挥作用有助于保证欧洲法律的民主性与合法性，但是议会的影响程度取决于采用何种立法程序，包括普通立法程序、咨询程序和同意程序。共同决策程序由《马斯特里赫特条约》（1992）引入，并由《阿姆斯特丹条约》（1999）扩展和加强，随着《里斯本条约》于2009年12月1日生效，重新命名的普通立法程序成为欧盟决策系统的主要立法程序。普通立法程序将欧洲议会和欧盟理事会在一系列领域（如经济治理、移民、能源、交通、环境和消费者保护）上赋予相同的权重。绝大多数欧洲法律是由欧洲议会和欧盟理事会共同通过的。[3]

在立法工作中，全体会议的准备工作由专门负责欧盟活动的特定领域的各个委员会的议员负责。如果欧盟委员会提出了一项"立法文本"，将由一名欧洲议会议员作为报告员准备一份关于拟议文本的报告。报告随后在各个委员会内进行投票，并可能对其进行修改，然后由各政治团体仔细审查，并在全体会议上提交给欧洲议会。当文本在全体会议上经过修订并被采纳后，议会将最终形成其立场，这个过程会根据程序类型，以及与欧盟理事会是否达成协议而重复一次或多次。

---

〔1〕［英］保罗·克雷格、〔爱尔兰〕格兰妮·德布尔卡:《欧盟法: 教程、案例与资料（上册）》，叶斌、李靖堃译，中国社会科学出版社2023年版，第115页。

〔2〕《欧洲联盟条约》第14条。

〔3〕https://www.europarl.europa.eu/about-parliament/en/powers-and-procedures/legislative-powers, last visited on Feb. 21, 2024.

2023 年 6 月，欧洲议会通过了关于《人工智能法案》的谈判立场，这意味着欧洲议会、欧盟理事会和欧盟委员会三方谈判启动。

（二）欧盟的立法程序

1. 欧共体条约下的立法程序

1957 年 3 月 25 日，法国、联邦德国、意大利、荷兰、比利时和卢森堡六国在罗马签订了《建立欧洲经济共同体条约》和《建立欧洲原子能共同体条约》（统称罗马条约）。条约的起草者们意识到，统一的法律制度是实现经济一体化的前提，而统一立法则为统一法律制度的重中之重。在欧共体的立法程序中，欧洲议会、委员会（欧盟委员会前身）和理事会（欧盟理事会前身）是三大核心机构，共同参与欧共体法律的制定和政策的决策过程。委员会负责提出法律草案，欧洲议会代表欧洲公民发表意见，而理事会则是由成员国政府组成的决策机构。《建立欧洲经济共同体条约》第 189 条规定："为实现其任务，理事会和委员会将根据本条约条款的规定，颁布规则、发布指令、作出决定、提出建议或发表意见。"欧共体条约下的相应条款确立了欧共体的立法权，并指定立法权由欧共体的理事会和委员会来行使。

（1）立法程序。

在欧洲共同体的立法程序中，规则、指令及决定需遵循立法程序发布。

①委员会提出立法动议。

委员会通过向理事会提交草案而行使立法动议权。理事会在 3 个月内，以法定多数确定其是否可以作为正式提议。

②欧洲议会协商动议。

欧洲议会将在收到动议后 3 个月内以投票的方式决定通过、否决或修订动议，将结果通知委员会和理事会，并与其协商达成共识。欧洲议会在此仅行使监督权和协商权。

③理事会表决动议。

理事会的一般表决原则为多数票通过原则，但如果议会作出否决理事会关于动议基本态度的表决，则理事会表决需要全体一致通过才可通过该动议。如果理事会 3 个月没有对该动议进行表决的，视为表决不通过。

（2）立法局限性。

欧共体时期的立法程序由于涉及多个机构和成员国的协商，需要耗费大量时间以达成一致意见，其复杂性可能导致决策的延迟和效率低下，给紧急问题的解决带来困难。另外，这种立法程序存在一定的民主缺陷，欧洲议会的议员由成员国选举产生，而不是直接选举产生，因此可能缺乏真正的欧洲民主代表性。为了更好地适应变化的环境，该立法程序需进一步完善以确保决策效率和民主参与的平衡。

2. 里斯本条约下的现行立法程序

2009 年 12 月生效的《里斯本条约》废止了"欧洲共同体"，其地位和职权由欧盟承接。欧盟的决策程序高度复杂，需根据决策事项的不同而适用不同的决策程序。在《里斯本条约》改革之后，虽然还是存在多种决策程序，但是共同决策程序成为欧盟的普通立法程序，普通立法程序由欧盟理事会与欧洲议会共同行使决策权，二者均具有否决权。据统计，在《里斯本条约》之前，欧盟适用普通立法程序的领域占欧盟决策领域的75%，而在《里斯本条约》改革之后，增加了 40 多个适用普通立法程序的领域，普通立法程序领域占比升至95%。[1]

（1）普通立法程序。

①提案阶段：欧盟委员会拟定立法提案，并将其提交给欧洲议会和欧盟理事会。但是在特定的领域内，立法草案的动议权将不再局限于欧盟委员会，欧洲投资银行、欧洲中央银行、欧洲议会、欧洲议会公民倡议和四分之一的成员国也有行使动议的权利。

②"一读"阶段：此阶段由欧洲议会与欧盟理事会相继审议提案。首先欧洲议会先行审议，审议结果为两种：同意提案或提出意见并进行修订。这时欧盟委员会可参与修订提案。其后，欧盟理事会进行提案一审。如果欧盟理事会同意欧洲议会的全部意见，则提案审议通过，绝大多数提案将在这个环节通过；如果欧盟理事会不同意欧洲议会的意见，将提出意见进行修订并确定立场，将其通报给欧洲议会。

③"二读"阶段：欧洲议会在3个月内审议欧盟理事会提出的修改意见，审议期限最多可再延长1个月。审议结果有三种：其一，如果欧洲议会同意欧盟理事会的修改意见或未作出任何决定，则提案按照欧盟理事会的修改意见通过；其二，如果欧洲议会否决欧盟理事会的修改意见，则提案未通过，立法程序终止；其三，如果欧洲议会对欧盟理事会的修改意见提出修正案，则将修正案交由欧盟理事会进行二审，审议期限与欧洲议会二审期限相同。如果欧盟理事会同意欧洲议会的全部修正案，则立法提案通过；若不同意，则召开调解委员会。

④调解阶段：由同等数量的欧盟理事会成员和欧洲议会成

---

[1] Finn Laursen，"The（reform）treaty of lisbon：what's in it? how significant?"，Jean Monnet，Robert Schuman Paper Series，Vol. 9 No. 1 ，January 2009.

员组成调解委员会进行审议，审议期限一般为 6 周，最长延长至 8 周。如果调解不成功，立法提案不通过，立法程序将结束；如果达成一致，则将其提交欧洲议会和欧盟理事会进行"三读"。

⑤ "三读"阶段：欧洲议会和欧盟理事会在全体会议上审查联合文本并进行投票。本阶段双方均不能再对提案进行修订，否则提案不通过，该程序终止；如果双方均通过该提案，则该提案获得通过。[1]

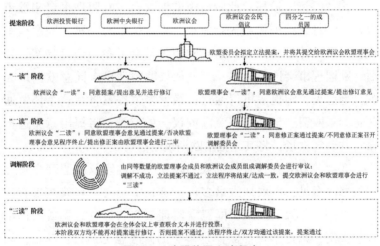

图 2-2　欧盟普通立法程序

（2）"三方会谈"程序。

在普通立法程序引入早期，许多人担心欧洲议会权力的增大会导致决策过程更加复杂、时间更加拖延。但是在实践中，除早年个别立法较为缓慢之外，普通立法程序运转基本良好。这主要是由于大量的非正式"三方会谈"使很多协议得以尽快

---

〔1〕 Ordinary legislative procedure, https://www.europarl.europa.eu/infographic/legislative-procedure/index_en.html, last visited on May.4, 2024.

达成。"三方会谈"是欧洲议会、欧盟理事会和欧盟委员会代表组成的非正式会议，可以在普通立法程序的任何阶段召开。其主要目的是尽量解决关键问题，促使机构间达成协议。近些年来，尤其在《阿姆斯特丹条约》将早期"一读"协议制度化后，由于非正式"三方会谈"的存在，在"一读"程序中达成协议占总协议的比例呈不断上升的趋势。

（3）咨询程序。

咨询程序是指欧盟理事会在对某些领域的立法过程中向欧洲议会征询意见的程序。欧洲议会可以批准或拒绝立法提案或提出修正案。欧盟理事会在法律上没有义务考虑议会的意见，但根据法院的判例法，其不得在未收到意见的情况下作出决定。咨询程序作为一种特殊的立法程序（甚至是一种非立法程序），仅适用于数量极为有限的领域，如内部市场豁免和竞争法。[1]

（4）同意程序。

同意程序由 1986 年《单一欧洲法案》在两个领域引入：与第三国签署的结盟协议和新成员国加入欧盟的协议。该程序为使欧洲议会在立法过程中享有同意权而设置，其适用范围因条约的所有后续修改而扩大。欧洲议会在同意程序中没有修改法律文本的权力，但却拥有否决权，在前述条约或协议签订之前，欧盟理事会必须先征得欧洲议会的同意。如欧洲议会以其组成议员的绝对多数表决赞成，则决议法律文本即为通过。目前，同意程序的适用范围主要包括欧洲联盟公民的迁移与居住自由、有关欧洲中央银行权力的规定、结构基金优先目标的界定及有关运用规则、欧洲议会直接选举的统一程序等。[2]

---

〔1〕　Rules of Procedure of the European Parliament: Rule 47-Rule 49.

〔2〕　Rules of Procedure of the European Parliament: Rule 79-Rule 83, Rule 99, Rule 108.

（5）授权性法令与实施性法令。

欧洲议会和欧盟理事会可授权委员会补充或修订某项立法性法令中的某些"非根本性"的内容，此为"授权性法令"。此外，欧盟委员会还可以根据特定条款具体实施某些已经生效的法律，此为"实施性法令"。在这两项程序下，欧盟委员会无须事先向欧洲议会和欧盟理事会提交提案，但后两者有权决定撤销对欧盟委员会的授权。

三、欧盟《人工智能法案》的立法进程及概述

欧盟《人工智能法案》的立法进程如下。

2021 年 4 月 21 日，欧盟委员会发布了《人工智能法案》的立法提案（以下简称"提案"），旨在促进合法、安全、可信的人工智能市场的形成，建立关于人工智能技术的统一规则。

2022 年 12 月 6 日，欧盟理事会先于欧洲议会通过了关于《人工智能法案》的共同立场（Common Position）（以下简称"妥协案"）。

2023 年 5 月 11 日，欧洲议会内部市场和消费者保护委员会和公民自由、司法和内政事务委员会在通过了《人工智能法案》的谈判授权草案，并于 6 月 14 日，欧洲议会以 499 票赞成、28 票反对和 93 票弃权通过了对《人工智能法案》的谈判授权草案（以下简称"折中案"）。

2023 年 6 月 14 日，也是"折中案"通过的同一天，欧洲议会立即举行了由欧盟委员会、欧盟理事会、欧洲议会组成的第一次三方协商会议并经过近 6 个月的谈判后，在当地时间 2023 年 12 月 8 日，三方就《人工智能法案》暂时达成了临时协议（以下简称"协议案"）。

随着人工智能技术的快速发展，相关商品和服务已在公共

和民间领域普遍应用，国际监管机构、国际组织等也对人工智能的规范化作出了持续努力，出台了一系列的规范性文件，但大多是内容较为抽象且缺乏强制约束力的准则、指南等。此前美国为了监管信息技术发布的行政命令——《关于安全、可靠、可信赖的人工智能开发与使用》，虽然能够指导联邦政府进行资源评估和解决人工智能风险，但该行政命令仅限于向联邦政府提供的人工智能系统，并非像欧盟《人工智能法案》一样是一部适用于所有领域的综合性人工智能规范。特别是，对于整个人工智能行业来说，《人工智能法案》的通过将有助于提高行业的规范性和透明度，即通过明确监管标准和要求，减少行业内的乱象和不合规行为，提升整个行业的形象和声誉。虽然该法案仅适用于欧盟区域内的人工智能商品和服务，但考虑当下的经济全球化与欧盟在个人信息保护及数字平台和数字服务领域表现出的"布鲁塞尔效应"全球标准化效果，预计该法案也将成为其他国家制定规范时不得不参考的重要规范。

此外，根据"协议案"第71条、第85条的规定，《人工智能法案》直接适用于所有成员国，无须另行转化为国内法，不过允许各成员国制定各自的规则，在对其境内设立的公共机关和机构的处罚上发挥一定的自由裁量权。这就意味着《人工智能法案》将和GDPR一样，在具体实施时各国之间可能因各自规则的不同而产生分歧。因此，未来人工智能系统的产品或服务提供者可能需要额外关注人工智能系统投放市场或者投入使用所在成员国的具体处罚规定。

欧盟《人工智能法案》的通过标志着欧盟引领的AI监管新时代的到来，虽然短期内可能会对部分企业和市场产生一定影响，但从长远来看，这将有助于推动全球范围内的AI行业的规范化和良性发展。

四、欧盟《人工智能法案》的立法变化

本节以"提案""折中案"及"协议案"作为比较对象，从适用范围、被禁止的人工智能、高风险人工智能、通用人工智能与基础模型、监管治理、权利救济途径、罚则共七个方面梳理了《人工智能法案》各版本间的主要变化。

（一）适用范围

"协议案"第 2 条[1]明确，《人工智能法案》不适用于欧盟法律范围之外的领域，在任何情况下都不得影响成员国在国家安全方面的权限，无论成员国委托哪一类实体执行与这些权限有关的任务。同时，强调不适用于专门为军事、国防或国家安全目的而投放市场、投入使用或经修改或不经修改而使用的人工智能系统，以及专为科学研究和开发目的而开发和投入使用的人工智能系统和模型，包括其输出。

与前两个版本不同的是，"提案"与"折中案"并未将"国防目的"纳入其中，仅排除了"军事目的"的开发或使用。在"提案"发布后，欧洲非营利法律中心（ECNL）曾提出，"军事或国防目的"范围在认定上存在模糊性，[2]因此反对"军事或国防目的"的排除适用。但目前从"协议案"的条文来看，该观点最终并未被采纳。

---

〔1〕 参见"协议案"第 2 条第 3 项，载 https://artificialintelligenceact.eu/wp-content/uploads/2024/01/AI-Act-FullText.pdf，最后访问日期：2024 年 3 月 4 日。

〔2〕 https://ecnl.org/news/eu-ai-act-needs-clear-safeguards-ai-systems-military-and-national-security-purposes，last visited on Mar.4，2024.

(二) 被禁止的人工智能

1. 禁止使用基于敏感或受保护特征对个人进行分类的生物识别分类系统

最初的"提案"并未将此类系统纳入被禁止的人工智能，虽然在"妥协案"中补充到"建议禁止公共机构和民间机构使用基于种族、性别、政治、性取向，以及《宪章》第21条禁止的其他歧视理由为基础的生物识别（如面部识别）分类系统"，但与此相比，"折中案"更加明确规定了"禁止将基于敏感或受保护的属性或特征，以及基于这些属性或特征对自然人进行分类的生物识别分类系统投放市场、投入服务或使用。除非是经过批准用于治疗为目的且获得个人或其他法定监护人的具体知情同意"。

"生物识别分类"根据"折中案"第3条的规定，是指将自然人归入特定类别或根据其生物特征或基于生物特征的数据推断其特征和属性，或从这些数据中推断出的特征和属性。其中，"基于生物特征的数据"是指与自然人的身体、生理或行为信号有关的特定技术处理产生的数据。由于生物识别信息是以识别个人为前提的生物信息，欧洲议会认为此类系统有可能会严重侵犯自然人的尊严，给自然人造成歧视性待遇。因此欧洲议会欲通过"基于生物特征的数据"这一全新概念，将"基于生物特征的数据对个人进行分类的系统"划入被禁止的人工智能，即便其不能直接识别个人。

"协议案"吸收了上述"折中案"的观点，规定了禁止根据生物识别数据对自然人进行个体层面的分类，以及推导或推断其种族、政治观点、工会成员身份、宗教或哲学信仰、性生活或性取向的系统。但需要关注的是，在此基础上"协议案"

还补充了两种例外情形，一是"不包括根据生物识别数据对合法获取的生物识别数据集，如图像，进行标注或过滤"；二是"不包括在执法领域对生物识别数据进行分类。"[1]

2. 禁止在公共场所使用"实时"远程生物识别系统

禁止在公共场所使用"实时"远程生物识别系统的规定，一开始从"提案"就有提到，之后"折中案"与"协议案"分别对其内容作出了修改和细化。

比如，在探讨禁止公共场所使用"实时"生物识别系统的例外情况时，三个版本均明确指出了执法目的下的应用场景作为例外。具体而言，"提案"指出，在旨在寻找特定的潜在犯罪受害者，以及对刑事罪犯或嫌疑人进行侦查、定位、鉴定等必要情况下，可以允许使用"实时"生物识别系统。[2]而到了"协议案"阶段，这一规定被进一步细化和具体化，明确了允许使用的场景包括有针对性地搜寻绑架、人口贩卖或性剥削等具体犯罪的受害者，以及搜寻失踪人员，并对那些在相关成员国可能面临至少四年监禁或拘留命令的犯罪嫌疑人进行定位或识别。[3]此外，"折中案"中还增添了一项规定，"禁止基于自然人或其群体过去的犯罪行为或位置，对自然人犯罪或再犯罪的风险以及预测实际或潜在的刑事或行政犯罪的发生或再发生进行风险评估"。这一规定与"协议案"中的相关条款基本保持一致。然而，"协议案"在此基础上增加了一个特殊例外，那就是

---

〔1〕"折中案"第5条1（ba），载 https://artificialintelligenceact.eu/wp-content/uploads/2024/01/AI-Act-FullText.pdf，最后访问日期：2024年3月4日。

〔2〕"提案"第5条1（d），载 EUR–Lex–52021PC0206–EN–EUR–Lex（europa.eu），最后访问日期：2024年3月4日。

〔3〕"协议案"第5条1（d），载 https://artificialintelligenceact.eu/wp-content/uploads/2024/01/AI-Act-FullText.pdf，最后访问日期：2024年3月4日。

允许使用"根据与犯罪活动直接相关的客观且可核实的事实，支持人类对特定个人是否参与犯罪活动的评估的人工智能系统"。

再如，"折中案"规定，禁止在执法、边境管理、工作场所和教育机构使用"实时"远程生物识别系统，推断自然人的情绪。该内容"提案"并未涉及，是"折中案"的新增内容，且同样反映在了"协议案"中，但不同的是"协议案"删除了"执法、边境管理"，并补充规定"出于医疗或安全原因将人工智能而投放市场的情况除外"，反向认可了在执法与边关管理过程中使用"实时"远程生物识别系统推断自然人情绪。

3. 禁止使用利用自然人的社会行为或人格特征进行社会评分的系统

基于对自然人某一段时间内的社会行为、已知或预测的个体特征或个性特征对自然人的可信度进行评估或归类的社会评分系统，早在"提案"中已被纳入被禁止的人工智能，但在具体规定上，与"折中案"仍存在一些差异。例如，"提案"仅限制了公共机关利用此类人工智能系统对自然人或群体进行社会评分，而"折中案"则删除了"公共机关及其代表"的表述，变相表达了"民间机构"也不得使用的观点。同样，"协议案"延续了上述规定，并对禁止使用的场景作了进一步细化。

针对被禁止的理由，"折中案"中提到，将以一般目的为由对自然人进行社会评分的人工智能系统归纳为被禁止的人工智能，是因为该系统是以自然人或群体在不同背景下的社会行为，以及被公开或预测的个人特征、评价或分类自然人或群体的可靠性为依据，这不仅与最初生成或收集数据的背景无关，而且可能导致对自然人或群体造成歧视或忽视，即侵犯了人的尊严，以及平等和正义的价值观。

（三）高风险人工智能

1. 高风险人工智能分类规则

在认定高风险人工智能系统上，"协议案"与"提案"的内容大致相同。根据"提案"与"协议案"的规定，高风险人工智能系统是对健康和安全构成危害风险，或对基本权利产生不利影响的系统。其中，基本权利包括人的尊严权、尊重私人和家庭生活的权利、保护个人数据的权利、言论和信息自由、集会和结社自由，以及不受歧视的权利、受教育权、消费者保护权、工人权利、残疾人权利、两性平等权、知识产权、获得有效补救和公平审判的权利。"折中案"曾把"环境或民主和法治"列入高风险人工智能系统的要素之一，不过最终未体现在"协议案"中。

此外，在高风险人工智能系统的分类及其具体事例上，三个版本的内容也略有差异。"提案"将高风险人工智能分为生物识别和基于生物识别的系统，关键基础设施的管理和运作，教育和职业培训，就业、人工管理和获得自营职业，获得和享受基本的私人服务和公共服务及福利，执法工作，移民、庇护和边境管制管理，司法行政和民主进程八种类型。之后出现的两个版本依然保留了这一分类框架，但均对部分事例进行了删减和补充细化。比如，"折中案"在"移民、庇护和边境管制管理"一类中增加了"以探测、识别或确认自然人的身份为目的，在边境管理活动中检测、监视或处理数据的人工智能系统"，以及"用于预测或预报与移民流动和过境有关趋势的人工智能系统"，但到了"协议案"，只保留了"探测（检测）、识别或确认自然人的身份为目的的人工智能系统"，并且特意排除了以旅行证件核查为目的的使用场景。

2. 高风险人工智能部署者的义务

起初"提案"并没有提出"部署者"（deployer）这一概念，而是称其为"使用者"（user）。随后"折中案"将"使用者"改为"部署者"，并在"提案"的基础上补充增加了一些部署者的相关责任，如明确规定了部署者应监督对其使用的人工智能系统，对监督人是否具备相应资格进行审核并对其进行培训；确保定期监测系统的稳健性和网络安全措施的有效性，并定期调整或更新；在工作场所投入使用或使用高风险人工智能系统之前，与雇员代表协商并将该系统的影响告知受影响的雇员等。同时，"折中案"还规定，"部署者"如果是公共机关或欧盟机构、机关、办事处和企业的情况下，应遵守第 51 条提及的登记义务。"协议案"也吸收了上述内容，并且补充强调，具备登记义务的主体如发现他们意图使用的系统尚未在第 60 条提及的欧盟数据库中登记时，不得使用该系统，并应通知提供者或经销商。[1]

除此之外，有关高风险人工智能系统部署者的基本权利影响评估的内容也是重点变化之一。该内容是"折中案"的新增内容，且"协议案"基本保留了"折中案"的相关规定。不同点在于，"协议案"强调了受公法管辖的机构或提供公共服务的私人运营商，以及部署拟用于评估自然人信用度或确定其信用评分的人工智能系统和在人寿保险及健康保险方面，拟用于自然人风险评估和定价的人工智能系统运营商的评估义务，要求其评估使用该系统可能对基本权利产生的影响。这与"折中案"

---

〔1〕 "协议案"第 29 条 5（b），载 https://artificialintelligenceact.eu/wp-content/uploads/2024/01/AI-Act-FullText.pdf，最后访问日期：2024 年 3 月 4 日。

规定的除关键基础设施的管理和运作外，均要就系统在具体使用环境中的影响进行评估的内容相比，进一步限定了评估义务的适用主体范围。另外，"协议案"还规定，一旦进行了基本权利影响评估，部署者应将评估结果通知市场监督管理机关。

（四）通用人工智能与基础模型

2022 年 11 月，OpenAI 的 ChatGPT-3 发布之后，人们对大规模语言模型或通用人工智能的讶异与担忧不断扩散，国际上有关人工智能危险性的讨论也变得更加活跃，如何有效监管通用人工智能及其基础模型已成为《人工智能法案》的一项争论焦点。在这一背景下，"折中案"首次对通用人工智能与基础模型作出了定义，并对基础模型提供者规定了其向生产者提供基础模型或将模型投入使用后的 10 年内应承担的义务。其中规定的对数据来源的审查、质量管理系统的建立、技术文件的制定及备案义务等内容与高风险人工智能提供者的义务相似。

同时，"折中案"特别规定了人工智能系统中使用基础模型，专门用于以不同程度地自主生成复杂的文本、图像、音频或视频等内容（"生成式人工智能"）的提供者，以及将基础模型专门用于生成式人工智能系统的提供者应额外承担的义务。具体包括：透明度义务；采取足够的保障措施确保符合普遍公认的行业先进实践，在不损害基本权利，不违反欧盟法律规定的前提下训练、设计和开发基础模型；在不影响国家或欧盟版权立法的情况下，记录并公开提供受版权法保护的训练数据的使用情况。

然而，"协议案"并未使用"基础模型"一词，而将其改为"通用人工智能模型"，并规定通用人工智能（GPAI）系统及作为其基础的 GPAI 模型必须满足一定的透明度要求，包括遵守欧盟版权法，发布用于训练的内容的详细概述等。尤其是，那些可能构成系统性风险的强力 GPAI 模型还需要额外承担开展模型评估、评估和减轻系统风险及事故报告等义务。[1]针对模型评估的标准，"协议案"指出"欧洲人工智能办公室"之后将根据职权或由独立专家组成的科学小组的建议，起草并公开一份关于用于训练通用人工智能模型的详细标准。

（五）监管治理

"提案"规定，为了国家监管机构和欧盟委员会确保"提案"的一致适用与有效合作，应设立由各成员国的国家监管机构和欧洲数据保护监督机构（EDPS）组成的欧洲人工智能委员会，向欧盟委员会提供建议和协助。各成员国须设立或指定国家主管机构，以确保本条例的适用和执行，并且在国家主管机构中指定一个国家监管机构。

然而"折中案"则提出，设立一个欧盟的独立机构——欧洲人工智能办公室，赋予其法人资格，并规定欧洲人工智能办公室将由一个管理委员会（包括主席）、一个由执行主任管理的秘书处、一个咨询论坛组成。其中，管理委员会由各成员国的国家监督机构、委员会、欧洲数据保护监督机构（EDPS）、欧盟网络安全局及基本权利机构的一名代表组成，以简单多数的方式选举一名主席，并就欧洲人工智能办公室的活动作出战略决定。

"协议案"依然保留了欧洲人工智能办公室的相关概念，但与"折中案"不同的是，这次的欧洲人工智能办公室设立在欧盟

---

〔1〕 https://www.europarl.europa.eu/news/en/press-room/20240308IPR19015/artificial-intelligence-act-meps-adopt-landmark-law, last visited on Mar. 25, 2024.

委员会内,[1]是属于欧盟委员会的非独立机构。并且,规定成立欧洲人工智能委员会,由欧洲人工智能办公室提供秘书处,向欧盟委员会和成员国提供建议和协助,以促进《人工智能法案》的一致和有效实施。此外,"协议案"还规定欧洲人工智能委员会应设立一个能够均衡地代表各利益相关方,包括工业界、初创企业、小微企业、公民社会和学术界的咨询论坛,向欧洲人工智能委员会和欧盟委员会提供咨询意见和技术知识,以帮助它们完成本法案规定的任务。同时,建立一个由独立专家组成的科学小组,向欧洲人工智能办公室提供建议和支持,比如在通用人工智能模型和系统的实施和执行方面,以及支持市场监督管理机关的工作等。

（六）权利救济途径

"折中案"专门新增了权利救济的相关内容,规定每个自然人或法人,在不影响任何其他行政或司法救济措施的情况下,就国家监督机构对其施加的具有法律约束力的决定,拥有获得有效司法救济的权利。同时,"折中案"还规定了基于高风险人工智能系统作出的决定影响到自身权利的,如认为对其健康、安全、基本权利、社会经济福利等造成不利影响的,有权要求部署者就人工智能系统在决策程序中的作用、所作决定的主要参数和相关输入数据作出明确而有意义的解释。

同样,"协议案"中也提到,"在不影响其他行政或司法补救措施的情况下,任何自然人或法人如有理由认为本条例的规定受到违反,均可向相关市场监督管理机关提出申诉。根据2019/1020号法规《产品营销的新立法框架》,在开展市场监督

―――――――――

〔1〕"协议案"第 55b 条第 1 项,载 https://artificialintelligenceact.eu/wp-content/uploads/2024/01/AI-Act-FullText.pdf,最后访问日期：2024 年 3 月 4 日。

活动时应考虑投诉，并按照市场监督管理机关制定的专门程序进行处理"。[1]并且，也规定了因高风险人工智能系统作出的决定受到影响的情况下，有权要求部署者对人工智能系统在决策过程中的作用以及作决策的主要要素进行明确的解释。

（七）罚则

"提案"规定，如经营者违反被禁止人工智能的相关规定，将被最高处以 3000 万欧元或全球年度总销售额 6% 的（以较高者为准）巨额罚款；如违反对管辖当局的配合义务，最高处以 2000 万欧元或全球年度总销售额 4% 的（以较高者为准）巨额罚款；如提供不正确的信息，最高处以 1000 万欧元或全球年度总销售额 2% 的（以较高者为准）巨额罚款。

然而，"协议案"最终将罚款金额按违规行为的严重程度进行了调整。比如，将违反被禁止人工智能规定的最高处罚额提高至 3500 万欧元或上一财政年度全球营业总额的 7%（以较高者为准），而将提供不正确、不完整或误导性信息的处罚额降至 750 万欧元或上一财政年度全球营业总额的 1%（以较高者为准）。另外，将除违反被禁止的人工智能行为的规定外，违反《人工智能法案》规定的其他一些特定义务的行为，规定最高处以 1500 万欧元或上一财政年度全球营业总额 3% 的罚款（以较高者为准）。

---

〔1〕 "协议案"第 68a 条，载 https://artificialintelligenceact.eu/wp-content/uploads/2024/01/AI-Act-FullText.pdf，最后访问日期：2024 年 3 月 4 日。

第三章

欧盟《人工智能法案》内容概述

大型生成式人工智能模型，如 ChatGPT、GPT-4 或 Stable Diffusion，正在迅速改变人们的工作和生活方式。鉴于人工智能技术的快速发展，近年来人工智能监管已成为欧盟的核心政策问题。在 2020 年《人工智能白皮书》中，欧盟委员会承诺促进人工智能的采用，并解决与这项新技术使用相关的风险。政策制定者承诺开发一种"以人为本"的人工智能监管路径，以确保人们能够从根据欧盟价值观及原则开发和运作的新技术中受益。尽管欧盟委员会最初采取了软监管的方式，但随着后续《关于欧盟人工智能监管框架的建议》（A proposal for an EU regulatory framework on artificial intelligence AI）等一系列政策和投资建议的发布，可以看出欧盟委员会正在转向采用正式的统一规则来规范人工智能系统的开发、市场投放和使用。

欧盟委员会于 2021 年 4 月发布了《人工智能法案》的立法提案。欧盟委员会提议在欧盟法律中纳入人工智能系统技术中立的定义，并根据基于风险的方法针对不同风险等级的人工智能制定不同的人工智能规则。随后，欧盟理事会于 2022 年 12 月

6 日通过了关于《人工智能法案》的共同立场。而在欧洲议会层面，根据联合委员会的程序由内部市场和消费者保护委员会和公民自由、司法和内政事务委员会组织讨论。欧洲议会于 2023 年 6 月通过了其同意谈判的立场（499 票赞成，28 票反对，93 票弃权），并对欧盟委员会的提案进行了实质性修改。后续的欧洲议会、欧盟理事会和欧盟委员会三方会谈分别于 2023 年 6 月、7 月、9 月、10 月和 12 月举行。经过长时间的磋商，欧盟理事会主席和欧洲议会的谈判代表于 2023 年 12 月 8 日就《人工智能法案》达成了临时协议。2024 年 3 月 13 日，欧洲议会通过了《人工智能法案》，2024 年 8 月已生效。

一、适用范围

（一）监管对象

截至目前，科学界对于"人工智能系统"这一概念尚未形成确定的最终定义，而是将其作为一类计算机应用的统称。《人工智能法案》基于人工智能系统所使用的技术和方法，就人工智能系统提出了一个较为宽泛且技术中立的定义："人工智能系统是指基于机器的系统，它被设计为以不同程度的自主性运行，并且可以为明确或隐含的目标，从其接收的输入中推断出诸如预测、内容、建议或决策等影响物理或虚拟环境的输出。"对于产业参与者来说，"推断"（infers）和"自主"（autonomy）[1] 将成为判断该系统是否被纳入监管的主要标准。

----

〔1〕立法者的相关说明中，后者指人工智能系统在没有人类参与的情况下运行的程度。https://www.stibbe.com/publications-and-insights/the-eu-artificial-intelligence-act-our-16-key-takeaways#:~:text=The%20AI%20Act%20defines%20an, predictions%2C%20content%2C%20recommendations%2C%20or, last visited on Feb. 25, 2024.

《人工智能法案》适用于欧盟内外的公共和私营部门。只要符合以下三种情形之一，就将受到该法案的约束：（1）在欧盟境内将人工智能系统投放市场的或提供服务的，或将通用人工智能模型投放市场的提供者；（2）在欧盟境内设立场所或者位于欧盟境内的人工智能系统部署者；或（3）在第三国设立场所或位于第三国的人工智能系统的提供者和部署者，且该系统产生的输出结果在欧盟境内使用。《人工智能法案》可能涉及高风险人工智能系统的提供者（如简历筛选工具的开发者）、部署者（如购买该筛选工具的银行），以及人工智能系统的进口商等。此外，通用人工智能模型（包括大型生成式人工智能模型）的提供者将承担某些义务，免费和开源模型的提供者被豁免承担前述部分义务，但是这一豁免不适用于具有系统性风险的通用人工智能模型提供者的义务。

（二）豁免情形

《人工智能法案》规定了一些豁免情形，包括但不限于不适用于仅为科学研究和开发目的而专门开发和投入使用的人工智能系统和模型及其输出；不适用于投放市场之前的研究、测试和开发活动；不适用于在纯粹个人非专业活动中使用人工智能系统的自然人；不适用于通过免费和开源许可发布的人工智能系统，但该等豁免存在例外情形。

另外，该法案在国家安全方面进行广泛豁免。该法案不适用于欧盟法律范围以外的领域，在任何情况下都不应影响成员国在国家安全方面的能力，也不应影响在国家安全领域受托执行任务的任何实体。此外，《人工智能法案》将不适用于专门用于军事或国防的系统，且这一豁免将延伸适用于在军事和国防领域开发人工智能系统的公司及其外部承包商。

（三）法律效力

1. 欧盟的不同法律形式

欧盟条约框架设定的宗旨和目标是通过一系列的法律形式得以实现的。这些法律形式在性质上呈现显著的差异性，一部分具备严格的法律约束力，而另一部分则呈现非约束性的特征。在适用范围上，这些法律形式同样展现出多样性，既有广泛适用于欧盟全体成员国的普遍性法律，也有针对特定成员国或特定情境制定的专门性法律。这种多元化的法律形式与结构，不仅体现了欧盟治理的复杂性和灵活性，也为欧盟成员国之间的合作与协调提供了坚实的法律基础。

（1）条例（regulations）。

条例作为欧盟法律体系中的一项直接适用且具有普遍约束力的法律形式，在整个欧盟范围内自动对所有成员国产生法律效力，无须成员国另行制定转化性立法，条例自动成为各成员国法律的一部分。这一特性确保了欧盟政策的统一实施和法律的直接适用性，为构建统一的欧洲市场提供了坚实的法律基础。例如，2016年4月欧盟通过的GDPR于2018年5月25日生效后正式适用于各成员国。

（2）指令（directives）。

指令是欧盟法律体系中的一种重要形式，明确界定了欧盟成员国在特定领域内应实现的共同法律目标。至于如何将这些目标转化为国内法并加以实施，则由各成员国根据其自身的法律体系及政策考量，自主制定并颁布相应的执行性法律措施。例如，1995年10月欧盟通过的《关于个人数据处理保护与自由流动指令》（95/46/EC）。[1]由于成员国在施行该指令或克减方面存在重大分歧，使企业难以充分利用欧盟内部市场的优势，2003年欧盟委员会发布的《关于数据保护指令（95/46/EC）实施情况的第一份报告》[2]即证实了这一问题。

（3）决定（decisions）。

决定是欧盟法律体系中的一种特定法律形式，其针对特定对象或事项赋予直接的法律效力与约束力。作为一项具有针对性的法律工具，决定直接适用于所指定的对象，无须通过成员国国内立法程序进行转化，从而确保了欧盟决策在特定领域的直接适用性和权威性。例如，欧盟理事会发布了一项决定，允许克罗地亚自2023年1月1日起正式使用欧元作为其货币并加入申根区。

（4）建议（recommendations）。

建议是欧盟法律体系中的一种非强制性文书，它不具备法律约束力，因此不会对所针对的对象施加任何法律义务。它更多的是一种指导性的意见或建议，旨在为成员国提供政策方向或参考，而非强制性的法律要求。

（5）意见（opinions）。

意见是欧盟法律体系中的一种非约束性文书，它不对所针对的对象施加任何法律义务。此类意见可以由欧盟的主要机构，包括欧盟委员会、欧盟理事会、欧洲议会，以及地区委员会和欧洲经济与社会委员会等发布，旨在为政策制定和实施提供指

---

〔1〕 https://eur-lex. europa. eu/legal-content/EN/LSU/? uri=celex：31995L0046, last visited on Apr. 15, 2024.

〔2〕 First report on the implementation of the Data Protection Directive（95/46/EC）, https://www. europarl. europa. eu/RegData/docs_ autres_ institutions/commission_ europeenne/com/2003/0265/COM_ COM（2003）0265_ EN. pdf, last visited on Apr. 15, 2024.

导性的参考意见。

2. 欧盟《人工智能法案》的法律形式

《人工智能法案》采用了条例的法律形式，其中第 83（1）条规定："本条例自其在欧盟官方公报上公布之日起第 20 天生效。"并在法案最后声明："本条例整体具有约束力，并直接适用于所有成员国。"

条例作为欧盟二级法的重要组成部分，在条约框架下由欧盟各机构共同通过，其核心目标在于确保欧盟法律在欧盟全域内的统一实施。同时，条例也为个人赋予了明确的权利和义务，个人有权在欧盟成员国的国内法院直接援引这些条例作为法律依据。通过制定明确的人工智能监管条例，欧盟为各成员国提供了一个统一的人工智能法律框架，以确保人工智能技术的健康、安全和可持续发展。这一举措不仅彰显了欧盟对统一法律框架和标准的追求，也体现了对人工智能技术发展所带来挑战的深刻认识。这不仅有利于保护消费者的权益，也有助于推动人工智能技术的创新和进步。因此可以预见，在未来的人工智能监管领域，欧盟将继续发挥其优势，引领全球范围内的人工智能监管趋势。

（四）域外适用效力

类似于 GDPR，欧盟监管者依然采用了坚定的长臂管辖立场。《人工智能法案》具有广泛的管辖范围，特别是域外适用效力。具体域外适用场景包括将人工智能系统投入欧盟市场或在欧盟境内投入使用的提供者，而无论该提供者设立于欧盟境内或是第三国；即使提供者或部署者设立于或位于第三国，只要其使用人工智能系统输出的内容意图在欧盟境内使用，或任一欧盟成员国的法律根据国际公法规则对其适用，那么也将适用

《人工智能法案》。

该法案还进一步细化明确，与域外适用相关的以下主体同样适用《人工智能法案》：人工智能系统的进口商和分销商；以自己的名称或商标将人工智能系统与其产品一起投放市场或提供服务的产品制造商；未在欧盟境内设立场所的提供者的授权代表；位于欧盟境内的受影响者。

如果该法案最终采用了上述的管辖规范，对于人工智能系统的产业参与者而言，只要其针对欧盟市场提供产品或开展服务，或其产品的输出物有可能在欧盟境内被销售、使用，甚至位于欧盟的用户可能因使用其产品受到不利影响，就很有可能需要遵守欧盟《人工智能法案》的相关规定。根据欧盟《人工智能法案》的要求进行合规运营将会是每个希望开展国际化运营的人工智能创业者不得不面对的课题。

二、对人工智能系统的分类分级监管

欧盟《人工智能法案》在考虑数字及人工智能产业发展的同时，为了应对人工智能系统对人类安全及基本权利、现有社会政治秩序和道德伦理的冲击，以人工智能系统对前述人类及社会两个层面可能的影响程度为区分，将人工智能系统分为不可接受的风险、高风险、有限风险和极低风险（或无风险）四类，根据风险等级对其采取不同程度的监管措施。

宏观来看，欧盟针对人工智能系统整体的监管思路和具体规定呈现一种"金字塔"形的架构，符合比例原则和行为规制的最小充分性原则，针对人工智能系统不同的风险等级采取不同的监管策略，既有效规制高度风险的人工智能系统对社会及自然人产生重大影响，又能保证低度风险的人工智能系统有足够自由发展并投放市场。[1]

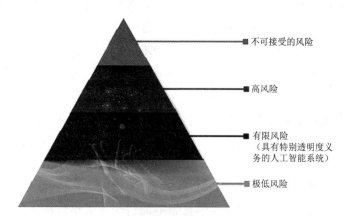

不可接受的风险

高风险

有限风险
（具有特别透明度义
务的人工智能系统）

极低风险

图 3-1　分级分类监管"金字塔"形示意

（一）全面禁止：存在不可接受的风险

《人工智能法案》针对对人类的身心安全、基本权利及现有
社会政治秩序存在不可接受的风险的人工智能系统采取了最为
严格的监管措施，全面禁止将此类人工智能系统投放市场、投
入服务或者在欧盟内使用。

该法案进一步明确了八种存在不可接受的风险的人工智能
系统具体的应用场景。

（1）人工智能系统利用潜意识技术、故意的操纵或欺骗技
术影响人的意志，损害使用者本人或他人的身心健康，进而扭
曲和影响使用者的行为。

---

〔1〕　https：//digital-strategy. ec. europa. eu/en/policies/regulatory-framework-ai#：~：
text=High-risk% 20AI% 20systems% 20will% 20be% 20subject% 20to% 20strict，and% 20
adequate% 20information% 20to% 20the% 20user% 3B% 20More% 20items，last visited on
Apr. 15，2024.

（2）人工智能系统针对特殊群体（如未成年、残疾、智障、精神障碍等）的缺陷和弱点，损害使用者本人或他人的身心健康，进而扭曲和影响使用者的行为。

（3）人工智能系统为推导自然人政治观点、特殊身份、信仰等隐私信息，以自然人敏感或者受保护的个人信息或特征为属性、标签进行生物识别分类。

但生物识别分类的人工智能系统可用于对合法获取的生物识别数据集进行标注或过滤，或在执法领域对生物识别数据进行分类。

（4）人工智能系统将自然人以不同标签分类，以自然人或其同类群体在一定时期或一定背景下的行为或人格特征进行评价、评分。同时该评分将导致该自然人或其同类群体遭受不合理、不公平或不利待遇。

（5）人工智能系统仅根据画像或个性特征评估个人实施刑事犯罪的风险，但根据与犯罪活动直接相关的客观且可核实的事实，支持人类对特定个人是否参与犯罪活动的评估的人工智能系统除外。

（6）人工智能系统通过从互联网或闭路电视录像中无区别地爬取面部图像来创建或扩展面部识别数据库。

（7）人工智能系统在工作场所或教育机构进行情绪识别，但出于医疗或安全原因的除外。

（8）人工智能系统为执法目的在公共空间进行"远程实时"生物识别。

但此类风险级别的人工智能系统可有针对性地应用于刑事领域：搜索特定绑架、拐卖等受害者及失踪人口；防止对自然人的生命及人身安全可能造成确实、重大并且紧迫的威胁，或防止确实或已可预见的恐怖袭击；在其他刑事程序中对实施人口犯罪、人身犯罪、性犯罪、非法贩运及贸易类犯罪、环境犯罪、集团犯罪等的可能判处监禁或不短于 4 年拘留的犯罪嫌疑人进行定位或身份识别。

通过分析该法案明确的这八种人工智能系统应用场景，我们可以推断出法案认定人工智能系统存在不可接受的风险的具体边界为：

（1）自然人的健康权及自由意志。禁止人工智能系统利用特殊技术或使用者的自身特性，损害人的身心健康，扭曲、影响人的行为。

（2）自然人的隐私权。参照个人信息保护的相关法律规定，禁止人工智能系统在不经过自然人知情同意的情况下，收集利用其信息进行生物识别、存储、分类等操作。

（3）自然人其他基本权利（如禁止歧视）及社会秩序。在重要的社会生活领域，如教育、工作、执法、司法、社会福利等，禁止人工智能系统对自然人进行评价，并基于该评价对自然人造成负面影响。

与此同时，在刑事犯罪领域，因为存在更切实、更紧迫、更具体的针对自然人人身安全及国家社会的危险，因此该法案也允许部分具有极高风险的人工智能系统，在接受极严格的授权及监管的情况下有限制地应用于涉及人身伤害危险的刑事犯罪及国家安全的特殊领域。

（二）严格监管：高风险的人工智能系统

《人工智能法案》分类分级监管的重点在于高风险的人工智能系统。

相较于前述全面禁止的监管举措，针对高风险的人工智能系统，欧盟将对其进入市场的全流程进行严格的管控和监督。

1. 高风险人工智能系统的认定

高风险的人工智能系统依旧与自然人的安全健康及基本权利密切关联，根据《人工智能法案》第 6 条及附件一、附件三的规定，高风险的人工智能系统主要包括以下两种。

第一，人工智能系统本身是受欧盟统一立法约束的产品，或将用作产品的安全组件。根据《人工智能法案》附件一的规定，具体为以下"12+6"种产品类型及产品领域。

12 种新立法框架下的欧盟统一立法产品：机械、玩具、休闲或私人船只、电梯、潜在爆炸环境中的使用设备及保护系统、无线电设备、压力设备、索道、个人安全装置、有爆炸可能性的危险气体、医疗设施、体外诊断医疗器械。

6 种其他欧盟统一立法的产品领域：民用航空、铁路、海洋设备、机动车辆及挂车、两轮或三轮或四轮车、农林车辆。

第二，人工智能系统应用于《人工智能法案》附件三规定以下 8 个领域。

生物识别技术（包括远程识别、基于个人敏感特征的生物识别分类及情感识别）、关键基础设施（数字基础设施、道路交通、水电气暖的供应、运行及安全组件）、教育和职业培训（确定受教育资格、评估学习成果、监控违纪舞弊）、就业（招聘选拔及过滤求职、分配工作任务以评定绩效、决定晋升或终止工作关系）、基本私人服务及基本公共服务和福利（评估可获得的基本福利、信用评级、评估分类紧急呼叫或调度、评估定价人寿健康保险）、执法活动（评估自然人犯罪或被犯罪风险、测谎、评估诉讼中证据的可靠性等）、移民庇护及边境管理（测谎、边境检查、识别检测等）、司法和民主程序（选举或全民公决、法律适用等）。

前述 8 个领域及所列举的人工智能系统应用场景都是直接

关系自然人的安全、健康及基本权利的，根据克减规定，如果应用于这些领域中的人工智能系统不会对自然人的健康、安全或者其他基本权利造成严重损害，或者不会影响人的决策结果，如人工智能只是执行范围有限的程序性任务，或改进先前已完成的人类活动，或考察决策结果是否与以往经验存在偏差，或辅助进行附件三的评估准备活动，那么此种人工智能系统并不属于高风险的人工智能系统，无须受到相应等级的严格监管。需要格外注意的是，对自然人进行画像的人工智能系统，将始终被视为高风险系统，受到严格监管。

该法案赋予了此类高风险人工智能系统以更大的自由度，从认定上说，如果人工智能系统的提供者认为其提供的人工智能系统并不属于该法案所罗列的"高风险人工智能"时，其可以在记录评估结果的基础上，在欧盟高风险人工智能系统数据库中登记自己和人工智能系统的信息，以待后续市场监督及发生具体风险时的应急处置。

2. 上市前、中、后全流程的评估管控

（1）备案及 CE 认证。

高风险的人工智能系统，在投入市场或投入使用前，需要在欧盟委员会主导建立的欧盟公共高风险人工智能系统数据库中备案。如人工智能系统发生了实质变更，还需要进行重新备案。

如要投入市场或投入使用，则需要获得 CE 认证标识，针对第一类应用于"12+6"种产品及领域的高风险人工智能系统，目前欧盟已经在逐步修改已有的各产品 CE 认证标准，增加关于人工智能部分的认证要求。针对第二类独立应用于重要领域的高风险人工智能系统，欧盟也正在逐步增设相关的 CE 认证标准以尽可能覆盖各类高风险人工智能系统。在相关产品法规或人工智能法规尚不明确时，系统提供者应自行对人工智能系统进行符合性评估，以符合法案对高风险人工智能系统的要求，高风险的人工智能系统认证标准流程将在后面章节详细叙述。

（2）风险管理。

在人工智能系统的整个生命周期中，提供者需要建立、实施、记录并维护与之相关的风险管理系统，以评估并且减少或消除人工智能系统在被合理使用的情况下，其对自然人的健康、安全、基本权利，及民主法治环境等可能造成的风险和损害。

同时风险管理还需要考虑人工智能系统在合理且可预见的被滥用情况下，对自然人的健康、安全、基本权利及民主法治环境等可能造成的风险和损害，对其评估并作出纾解风险的措施。

（3）数据治理。

如果人工智能系统的模型是基于数据训练，那么提供者需要确保训练人工智能的数据，及对人工智能的数据训练过程两个方面均符合法案规定。

一方面，针对用于训练的数据，提供者应当对训练人工智能系统的数据进行规范管理，对其中的个人敏感数据进行匿名化或者假名化处理，承担保密和及时删除的义务，确保数据不被他人非法获取。

另一方面，针对人工智能的数据训练过程，在使用数据训练人工智能的过程中，要充分评估数据的可用性、适当性，要考虑系统进入市场或使用环境后，输出数据、输入数据的循环及反馈回路。当以数据集训练人工智能时，还需要考虑数据集及其标签的相关性、可代表性、数据集的统计特性及使用人工智能人群的特性。同时还应充分考虑人工智能系统的正常使用场景和误用（合理且可预见）场景，并通过数据或数据集作出充分训练。

（4）透明度及人类监督。

高风险人工智能系统从设计到开发都需要保证透明度，既确保部署者能够理解系统并合理使用系统，也确保用户能享有简明、完整、正确且清晰的信息，以便用户理解和使用。

透明度重点要求人工智能系统附带有以下两类说明：一是阐述系统本身特点、能力、性能限制及预期目的的使用说明。二是明确系统可能对自然人健康、安全或基本权利造成的损害风险，该风险说明，不仅需要基于系统被正常使用的场景，还需涵盖系统被滥用的场景（可被预见的滥用）。除此以外，系统还需要附带说明预期寿命硬件资源、维护和保养措施相关内容。

人工监督则要求在设计和开发高风险智能人工智能系统的过程中，需要配置适当的人机交互接口，以便系统使用期间，自然人可对其进行干预和监督，防止人工智能系统处于不受控制的黑盒状态，同时最大限度地降低高风险人工智能系统在正常使用或能被人合理预见的滥用场景下，对自然人健康、安全和基本权利可能造成的损害风险。

（5）网络安全、技术文件、过程记录及其他。

提供者需要保证人工智能系统在其整个生命周期中的准确性、稳健性和网络安全水平。

提供者需要在人工智能系统运行时完整记录其工作日志，以确保其功能具备一定程度的可追溯性，且与其预期目的相适应。记录并测量其全生命周期中所有阶段的资源使用和环境影响。

提供者还需要编制并更新高风险人工智能系统的技术文件，提交给监督机构，以便监督机构评估其合规性。

（6）欧盟其他统一立法文件要求。

对属于前文"12+6"的产品类型及领域中的人工智能系统，或在产品中承担安全组件功能的第一类高风险人工智能系统，欧盟均有统一立法文件，因此，高风险人工智能系统如需上市或投放市场使用，不仅需要符合高风险人工智能系统的监管要求，还需要符合欧盟统一立法文件中对产品规格等各方面的细节要求。

综观该法案对高风险人工智能系统的全生命周期监管要求，我们可以总结该法案的整体监管思路。

第一，监管强于知情。CE认证是欧盟产品投放上市的传统法律流程，在认证过程中人工智能系统将依照该法案和认证标准开展第三方评估或自评估。在此基础上，针对高风险和属于附录三高风险领域但提供者自认为不属于高风险的人工智能系统，该法案增加了欧盟高风险人工智能系统数据库的备案流程，人工智能系统的提供者需要根据系统使用场景和功能的区别，依照该法案的规定提交不同的材料用以备案，并在人工智能系统出现实质性变更时，即提供者进行风险评估时未预见的风险及变化时，或该变化导致人工智能系统的预期目的改变时，进行重新备案，以确保欧盟高风险人工智能系统数据库的实时性和准确性。

第二，活动可溯源、可管控。提供者需要在训练人工智能系统时采用具有相关性、代表性且必要合理的数据和数据集，同时记录人工智能系统活动的运行日志，并在人工智能系统的整个生命周期中，建立、实施、记录并维护与之相关的风险管理系统。

因为高风险人工智能系统对人类的安全、健康及基本权利仍存在不可避免的高风险，同时人工智能系统的输入—输出—

输入的循环周期都可能存在超乎预期的情形，致使人工智能系统的目的、用途等出现变化，所以只有其活动可溯源、可管控，才能规避其造成严重的危害结果。

第三，符合法律规定。法律不仅指《人工智能法案》，还包括其他与人工智能活动相关的法案，如人工智能系统的数据活动也应遵守相关法律，保护敏感数据，规范收集、存储、使用的全流程；或人工智能系统应用产品或投放领域内的其他欧盟立法文件，如应用于医疗设备的人工智能系统也应符合医疗设备产品统一标准内的相关规范。

（三）特别监管：有限风险和极低风险

在不可接受的风险和高风险的人工智能系统外，该法案并未系统性地对人工智能系统进行再分级，但根据法案其他部分的内容及欧盟其他有关人工智能分类分级监管的规定和讨论，我们可以总结出欧盟法案对于前述两类人工智能系统以外的其他人工智能系统的分类分级及监管思路。

1. 透明度义务：有限风险

针对与用户进行直接交互的人工智能系统，因为其与使用者之间存在直接的交互，如聊天、生成内容、生物识别或情感感知等，基于自然人的知情权及隐私权等基本权利，该法案为此类人工智能系统的提供者引入了透明度义务，提供者有义务告知与人工智能系统进行交互的用户，他们是否在与人工智能互动，以及什么时候在与人工智能互动。

此类交互式人工智能系统的具体应用场景和领域更为宽泛，且其对人类安全、健康及基本权利可能造成的危害较小，因此该法案并未将此类人工智能系统进行分类分级认定，并在法案中明文监管，仅在规定系统提供者和部署者义务时提及系统提供者和部署者尽到透明度义务，以在保证用户知情权的同时，方便用户理解和使用人工智能系统。

2. 无义务：极低风险

在交互式人工智能系统之外还存在更多的人工智能系统，如垃圾邮件过滤、小型 APP 或网站的推荐系统等，这些系统与用户的交互有限，对用户的安全、健康及基本权利的影响很小甚至没有风险，因此该法案并未对此类人工智能系统作出更多的监管要求。

（四）通用人工智能模型：特别的严格监管措施

《人工智能法案》特别引入了一个新的概念："通用人工智能模型"。通用人工智能模型本身是一个技术概念，也被称为强人工智能，其认定相对于狭义人工智能（又称弱人工智能），如果说狭义人工智能是被数据集训练，只需在预设的环境中执行特定的任务，那么通用人工智能模型就是依托于大量数据进行规模化训练后，用于执行各种智能任务、抽象思考和适应新情况的系统，其被设计出来的应用场景就是跨领域的，用于应对各类不同需求，执行各种不同任务，当下最为流行的 ChatGPT 就是典型的通用人工智能模型。

在针对通用人工智能模型系统的讨论中，多位欧盟立法者及专家提到过类似观点：通用人工智能模型，以 ChatGPT 为例，其通用型意味着它相较于其他人工智能系统的不透明性和超出提供者预期的使用潜力。它们的训练不仅基于已配置好、符合法案要求的数据集，在与用户交互过程中的输入也可能影响其后续的交互活动。这就导致通用人工智能模型对使用者的安全、健康及基础权利，甚至社会道德伦理及政治秩序都可能造成影响。比如，提供虚假消息、煽动暴力、宣扬仇恨等。

同时通用人工智能模型系统的训练模型需要抓取、分析和处理互联网公开数据，因此其在隐私权、知识产权方面也可能存在诸多问题，特别是知识产权领域，在其生成或输出内容的过程中，可能侵犯他人创意、未经许可发布他人受保护的知识产权文件等，这些都可能对知识产权秩序及自然人的创造力价值造成极大冲击。

因此，在引入通用人工智能模型概念后，《人工智能法案》为其设置了专门的规则。

1. 通用人工智能模型的分类

《人工智能法案》将通用人工智能模型仍以风险为维度分为两类：其一是具有系统性风险的通用人工智能模型；其二是不具有系统性风险的通用人工智能模型。

通用人工智能模型的系统性风险与其影响能力直接相关，《人工智能法案》规定了评估模型影响能力的技术手段——浮点运算数（FLOPs）和评估阈值 10^{25}。

浮点运算数（FLOPs）是通用人工智能模型用于训练的累计计算量，它反映的是训练 AI 模型的过程中做了多少次的加法和/或乘法运算。通常来说，一次加法和一次乘法可以合计为一次 FLOP。FLOPs 的数量越大，直接说明模型的规模越大，能力和风险通常也越大。

当通用人工智能模型的浮点运算数大于 10^{25} 时，将推定其具有高影响力，构成系统性风险。随着算法和硬件的升级发展，评估阈值可以授权法案的形式进行修改，以适应并反映通用人工智能模型的技术水平。

2. 通用人工智能模型的监管措施

针对通用人工智能模型，无论其是否具有系统性风险，提供者均需履行以下义务。

（1）向欧洲人工智能办公室和国家主管机关提供并及时更新该模型的技术文件，包括培训和测试过程及评估结果；

（2）向意图使用通用人工智能模型的人工智能系统提供者提供模型的信息和文件，以便拟使用模型的系统提供者更好地了解模型的能力和缺陷；

（3）根据欧洲人工智能办公室的模板，以摘要的形式向公众详细公开通用人工智能模型在训练中所用的内容；

（4）制定遵守欧盟版权法的政策。

为了确保整个通用人工智能模型系统价值链的透明度，该法案针对具有系统性风险的通用人工智能模型设置了与管理和监控风险、执行模型评估和对抗性测试有关的额外约束性义务。

（1）对通用人工智能模型进行模型评估及对抗，以降低系统性风险；

（2）评估识别因开发、投放或使用此类系统而产生的系统性风险的来源；

（3）跟踪记录通用人工智能模型，并及时向欧洲人工智能办公室报告系统运行情况、严重事件及可能采取的纠正措施；

（4）同时为通用人工智能模型及其物理基础设施提供足够水平的网络安全保护。

欧洲人工智能办公室将鼓励并促进在欧盟级别制定通用人工智能模型的行为手册，邀请通用人工智能模型的提供者、相关国家主管机关参与起草，社会组织、业界、学术界及其他利益方，包括独立专家或使用模型的下游提供者，也可参与行为手册的制定，以使通用人工智能模型的相关条例进一步落地实施。

同时，为了防止人工智能被滥用，该法案还规定，如果通用人工智能模型被用于高风险的领域，将对其采取高风险人工智能系统的监管规则，并须遵守技术文件保留 10 年的特别监管义务。

目前该法案并未对通用人工智能模型作出同高风险人工智能系统一样明确且系统的监管规定，但一方面其训练及投入市场仍需遵守其他领域的相关法案，如数据层面的相关法案；另一方面通用人工智能模型的相关监管法案及行为规范等仍在持续完善的过程中，而针对通用人工智能模型系统是否需要规制、如何规制，欧盟各成员国也仍存在分歧，相信未来围绕通用人工智能模型系统还将会出现更细致、更明确的特别监管规定。

三、对高风险人工智能系统的监管体系

以投放市场为分界点，《人工智能法案》将高风险人工智能系统的相关监管要求划分为投放市场前和投放市场后两个阶段。

高风险人工智能系统投放市场前，须满足市场准入的四个步骤，这四个步骤也同样适用于高风险人工智能系统组件的市场准入。

第一，应当内部进行事前的人工智能影响评估，遵守由包容性多学科团队监督的行为准则。

第二，必须经过符合性评估程序，并且在其全生命周期中持续符合欧盟《人工智能法案》的规定。对于某些特定的系统，外部认证机构应参与符合性评估。这一动态过程确保了基准测试、监控和验证。如果高风险人工智能系统发生任何实质性变更，应当重新评估。

第三，应当在专门为高风险人工智能系统建设的欧盟数据库中完成备案。为保障高风险人工智能应用的算法透明度，欧盟规定了人工智能算法登记备案制度。根据该制度，高风险人

工智能系统投放市场或投入使用之前，提供者或授权代表需要进行登记备案。该欧盟数据库中的备案信息可供公众访问。

第四，必须签署欧盟符合性声明，并且加贴 CE 标志。

以上四个步骤完成后方可投放市场。[1]

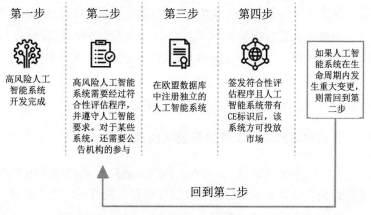

图 3-2 高风险人工智能系统市场准入步骤

高风险人工智能系统投放市场后，欧盟委员会计划对高风险人工智能系统建立持续的上下游监测机制。在欧盟委员会的愿景中，欧盟层面和成员国层面的主管部门将负责市场监督，高风险人工智能系统的提供者应当建立上市后监测系统，并履行留存相关文件、保存日志等义务，部署者应当履行人类监督、监测系统运行情况等义务，其他价值链上的主体也负有与其角色相应的义务。

---

〔1〕 https://digital-strategy. ec. europa. eu/en/policies/regulatory-framework-ai#: ~: text=High-risk%20AI%20systems%20will%20be%20subject%20to%20strict，and%20adequate%20information%20to%20the%20user%3B%20More%20items，last visited on Apr. 15，2024.

（一）符合性评估程序

什么是符合性评估？根据《人工智能法案》的定义，其是指为证明法案第三章第二节中有关高风险人工智能系统的要求是否得到满足的评估流程。制造商唯有在确保其产品完全符合欧盟所有适用的法规和标准后，方能通过严格的符合性评估程序，将产品引入欧盟市场。这一过程体现了欧盟委员会对于维护市场安全和质量标准的坚定决心，旨在防止任何不符合规范或存在安全隐患的产品进入欧盟市场。需注意，符合性评估不能与市场监督相混淆，后者包括产品投放市场后国家市场监督机构的管控。这两种措施是互补的，对于保护所涉及的公共利益和欧盟内部市场的平稳运行同样重要。

《人工智能法案》提供了两种符合性评估的路径：内部评估或通过公告机构（notified bodies）进行评估。高风险人工智能系统提供者可基于其内部控制进行符合性评估。但在以下情况下，应当在公告机构的参与下进行符合性评估：（1）不存在协调标准（harmonised standard）或共同规格（common specification）；（2）提供者未应用或仅部分应用了协调标准；（3）存在共同规格，但提供者没有应用这些规格；或（4）协调标准在发布时受到限制，标准中受到限制的部分应当适用公告机构参与的符合性评估。公告机构是由国家主管部门正式指定和公告的评定机构，当需要第三方干预时，由公告机构在适用的欧盟协调立法的意义上执行符合性评估程序。可以在 NANDO 网站[1]的名单中选择一个公告机构。

根据 2022 年 6 月 29 日欧盟委员会发布的《2022 年欧盟产

---

〔1〕 https://webgate. ec. europa. eu/single-market-compliance-space/#/home, last visited on Apr. 15, 2024.

品规则实施"蓝色指南"》（2022/C 247/01），[1] 符合性评估流程如图3-3所示。

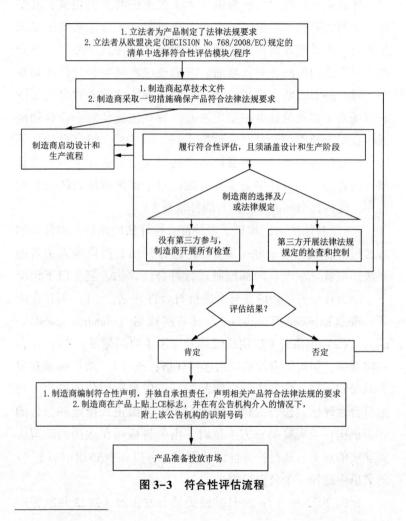

图3-3 符合性评估流程

---

〔1〕 https：//eur-lex. europa. eu/legal-content/EN/TXT/？ uri=uriserv%3AOJ. C_ . 2022. 247. 01. 0001. 01. ENG&toc=OJ%3AC%3A2022%3A247%3ATOC，last visited on Apr. 15，2024.

（二）风险管理体系

在人工智能系统的整个生命周期中，应建立、实施、记录和维护与高风险人工智能系统有关的风险管理体系，并且风险管理体系是一个贯穿高风险人工智能系统全生命周期的持续迭代的系统，应当定期审查和更新风险管理流程，以确保其持续有效性，具体包括以下步骤。

1. 风险识别

（1）识别和分析高风险人工智能系统在按照其预期目的使用时，可能对健康、安全、基本权利施加的、已知的、可合理预见的风险；

（2）估计和评估高风险人工智能系统在按照其预期目的使用和在可合理预见滥用时可能引发的风险；

（3）基于对高风险人工智能系统投放市场后监测系统收集到的数据的分析，评估其他可能引起的风险。

2. 风险管理目标

（1）限定于通过高风险人工智能系统的研发或设计方法，或提供充足的技术信息可以被合理缓释或消除的风险；

（2）风险管理措施应适当考虑《人工智能法案》第二章规定的各项要求的综合应用所产生的影响和可能的相互作用，以便有效地最小化风险的同时，在执行措施以满足法案要求时实现适当平衡；

（3）风险管理措施应使与每个危害相关的剩余风险，以及高风险人工智能系统的总体剩余风险被判定为是可接受的。

3. 应对举措

采取适当的有针对性的风险管理措施，以应对风险，具体包括以下内容。

（1）通过对高风险人工智能系统的充分设计和研发，在技术上可行的情况下消除或减少已确定和评估的风险。

（2）针对无法消除的风险，采取适当的缓释和控制措施。

（3）提供必要的信息，并对部署者开展培训。为了消除或降低使用高风险人工智能系统相关的风险，应适当考虑部署者的技术知识、经验、教育背景、培训，以及高风险人工智能系统预期的使用场景。

（4）应对高风险人工智能系统进行测试，以确定最恰当和有针对性的风险管理措施。

①测试应当确保高风险人工智能系统与其预期目的表现一致，且遵守法案要求；

②测试程序可包括在真实环境条件下进行的测试；

③对高风险人工智能系统的测试，应酌情在研发阶段的任何时间点开展，且应在投放市场或提供服务前进行；

④测试应当根据事先确定好且适合高风险人工智能系统预期目的的指标和阈值进行。

（5）提供者的合理注意义务。

①应当考虑高风险人工智能系统的预期目的是否会对 18 岁以下或者其他弱势群体造成不利影响；

②受相关领域欧盟法律的内部风险管理程序要求规制的高风险人工智能系统的提供者，可以与专门法下的风险管理程序相结合。

（三）数据治理

人工智能系统在现实应用中的成功程度，很大程度上取决于学习数据的数量、范围和精确度。即便在数据参数得到最大程度满足的情况下，人工智能系统的行为仍可能表现出一定的不可预测性和部分自主性。为了应对这一风险，欧盟委员会致力于通过加强监管来确保系统的安全性，尤其关注那些对公民基本权利、健康和安全构成高风险的人工智能系统。

1. 高风险人工智能系统的数据治理要求

高风险人工智能系统的训练、验证和测试数据集必须遵循严谨的数据治理和管理实践，确保数据应具有相关性和充分的代表性，并在尽最大可能的范围内没有错误，并且从预期目的来看是完整的。这些实践涵盖多个关键环节，包括相关的设计选择、数据收集过程和数据来源、相关的数据准备处理操作、提出假设、评估所需数据集的可用性、数量和适用性、审查可能存在的偏差等。上述数据治理和管理实践大体上可以归纳为数据收集与准备处理操作、元数据管理以及数据质量评估三个关键环节。

在数据收集和数据准备阶段，需执行一系列处理操作，如注释、标记、清理、浓缩和聚合，以确保数据的准确性和可用性。这些操作有助于去除噪声和冗余信息，提升数据的代表性和一致性。

元数据管理同样至关重要，它涵盖了数据的假设、解释和定义。通过记录和管理这些元数据，提供者能够更好地理解数据的来源、背景及潜在限制，为后续的数据分析和应用提供有力支持。

此外，数据质量评估也是不可或缺的一环。提供者需要对数据进行全面的质量检查，识别并解决可能存在的偏差和问题。这有助于确保训练出的人工智能模型具有高度的准确性和泛化能力。

提供商遵循这些数据治理和管理实践，将有助于确保高风险人工智能系统的稳定性和可靠性，降低潜在风险，并提升其在实际应用中的表现。

2. 处理个人数据的合规要求

与主要聚焦于个人数据保护的 GDPR 相比，《人工智能法案》更侧重于数据的整体处理，即数据治理。欧盟委员会已明确表示，GDPR 与《人工智能法案》相互独立，互不影响。因此，这两项法规将并行实施。若人工智能系统提供者在开发高风险人工智能系统时涉及个人数据的使用，则必须同时遵守《人工智能法案》所规定的数据治理要求和 GDPR 对个人数据处理的要求。这种"双重义务"在人工智能系统学习个人数据的场景中尤为明显。具体而言，根据《人工智能法案》第三章之规定，提供者须确保所使用的数据集具备相关性、代表性、准确性及完整性。同时，若数据集中存在 GDPR 项下的个人数据，按照上述标准对数据集进行验证的行为，可能构成"一项或多项针对单一个人数据或系列个人数据所进行的操作行为"，因此被视为 GDPR 范畴内的个人数据处理行为。此时，人工智能系统提供者可能被认定为数据控制者，在处理数据时，必须确保拥有依据 GDPR 第 6 条所规定的充分的法律依据。

（四）技术文档

技术文档是证明和支撑欧盟符合性声明的重要文件。技术文档应提供有关产品的设计、制造和操作的信息，且必须包含所有必要的细节，以证明产品符合相关要求。作为制造商，在将产品投放市场前必须履行以下义务：第一，准备好技术文档；第二，确保产品一旦投放市场，技术文档可随时向市场主管部门提供（如被要求）；第三，技术文档自产品上市之日起保存10 年（另有明确规定的除外）。

1. 如何起草技术文档

一份技术文档应至少包括以下内容。

（1）制造商的名称和地址，或任何授权代表的名称和地址；

（2）产品的简要说明；

（3）产品的标识，如序列号；

（4）涉及产品设计和制造的设施的名称和地址；

（5）参与评定产品符合性的任何认证机构的名称和地址；

（6）已遵循的符合性评估程序的声明；

（7）欧盟符合性声明；

（8）使用的标签和指引；

（9）产品符合相关法规的声明；

（10）产品声明所符合的技术标准认定；

（11）零件清单；

（12）测试结果；

（13）制造商应当能够展示技术文档的各个部分在哪里，以及如何被保存和维护；

（14）语言：制造商可自主选择技术文档的语言，但是，市场监督当局可能会要求制造商根据产品投放市场所在国的官方语言翻译该文档；

（15）形式：如果需要，可以提供电子形式。

制造商有责任识别产品可能造成的所有潜在风险，并确定适用的基本要求。该分析必须包含在技术文档中。另外，制造商有义务解释采用何种方式处理已识别的风险，以确保产品符合相关要求，如通过符合协调标准。

2. 欧盟符合性声明

欧盟符合性声明是制造商或其授权代表必须签署的强制性

文件，以声明其产品符合欧盟要求。通过签署欧盟符合性声明，制造商对其产品符合适用的欧盟法律承担全部责任。欧盟符合性声明应说明符合《人工智能法案》中规定的要求并及时更新，在投入市场后的 10 年内由欧盟成员国主管机构保管。

欧盟符合性声明（示例详见附件 3-1）应包括下列资料。

（1）制造商或其授权代表的名称和详细地址；

（2）产品的序列号、型号或类型标识；

（3）关于承担全部责任的声明；

（4）产品可溯源的识别方法（可以包括图像）；

（5）评定符合性评估程序的认证机构的详细资料（如适用）；

（6）产品所适用的相关法规，以及用于证明合规性的任何协调标准或其他方式；

（7）制造商的名称和签名；

（8）发表声明的日期；

（9）补充资料（如适用）；

（10）语言：必须将欧盟符合性声明翻译成产品销售地所在国要求的一种或多种语言；

（11）就进口产品而言，进口商必须确保产品附有欧盟符合性声明，并在产品投放市场后 10 年内保存一份副本。

附件 3-1　欧盟符合性声明示例

欧盟符合性声明[1]

1. 产品唯一识别编号。

2. 制造商或其授权代表的名称和地址。

3. 本符合性声明由制造商（或安装者）独自承担责任。

4. 声明对象（允许追溯的产品识别信息。如适用，可包括足够清晰的产品彩色图像以便于识别。）

5. 第 4 点中描述的声明对象符合相关欧盟协调法规。

6. 所使用的相关协调标准的引用，或与符合性声明相关的规范引用。

7. 如适用：公告机构……（名称，编号）……执行了……（介入描述）……并颁发了证书。

8. 其他信息。

代表……签署：

（签署地点和日期）

（姓名，职务）（签名）

---

〔1〕　https://ec.europa.eu/docsroom/documents/9781/attachments/1/translations, last visited on Apr. 15, 2024.

EU DECLARATION OF CONFORMITY

Dream company co.

Declaration Number:	20181001-0002 **①**
The manufacturer:	Dream company co. **②**
	1553 Valley Street Camden, 08102, Camden, United States
Declare that the product:	Standing Fan **④**

THIS ORL 18" INDUSTRIAL FAN is a designed appliances for a relaxed and comfortable homes and offices. It comes with a smart features that enables a cooling effect. It has a long lasting rust resistant material with a height that can be adjusted to any choice of your angle.

FEATURES

- High performance motor with quiet operation and efficient cooling
- Full metal construction strong base
- Adjustable height
- Built in safety thermal fuse
- Oscillating 360 degree
- Ability to dispense cool breeze
- 100% copper wire coil
- With three blades

Is conformal to the following directives and standards:

2014/30/EU - Electromagnetic compatibility (EMC) **⑤**

Harmonised Standards **⑥**

EN 55014-1:2006 Electromagnetic compatibility - Requirements for household appliances, electric tools and similar apparatus - Part 1: EmissionCISPR 14-1:2005

EN 55014-1:2006/A2:2011 (CISPR 14-1:2005/A2:2011) Electromagnetic compatibility - Requirements for household appliances, electric tools and similar apparatus - Part 1: EmissionCISPR 14-1:2005

EN 55014-1:2006/A1:2009 (CISPR 14-1:2005/A1:2008) Electromagnetic compatibility - Requirements for household appliances, electric tools and similar apparatus - Part 1: EmissionCISPR 14-1:2005

EN 61000-3-2:2014 Electromagnetic compatibility (EMC) - Part 3-2: Limits - Limits for harmonic current emissions (equipment input current 16 A per phase)IEC 61000-3-2:2014

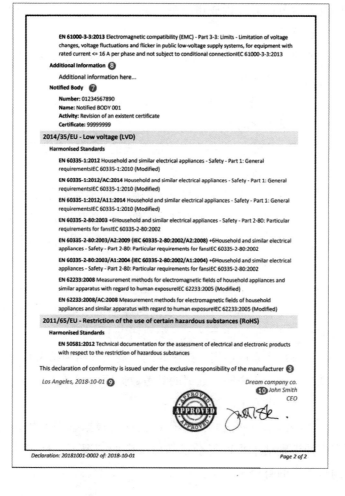

（五）保存记录

高风险人工智能系统应在技术上允许自动记录系统全生命周期内的事件，即日志。为确保人工智能系统功能的可追溯程度与系统的预期目的相适应，日志记录功能应能够记录与以下方面相关的事件：确定可能导致人工智能系统产生风险或实质性修改的情况；促进投放市场后监测；以及持续监督高风险人工智能系统的运行。

具体而言，《人工智能法案》概述了高风险人工智能系统提供者的以下记录保存义务。

（1）设计与开发：高风险人工智能系统需要具备在运行过程中自动记录事件的能力。

（2）遵守标准：这些人工智能系统的日志记录功能必须符合已建立的标准或广泛接受的规范。

（3）确保可追溯性：这些日志记录功能必须确保在 AI 系统的整个生命周期中保持一致的可追溯性，符合其指定的目的。

（4）主动监控：人工智能系统必须具备主动监控其活动的能力，允许识别潜在风险或进行必要的修改。

（5）促进上市后监测：这些功能应该支持上市后监测。

（6）特定高风险人工智能系统的详细记录：对于远程生物识别系统，日志记录能力必须至少包括以下内容。

①记录每次系统使用的持续时间，捕获开始和结束时间；

②维护用于检查输入数据的参考数据库的记录；

③搜索结果匹配的输入数据；

④在经两个自然人核实和确认，从而根据远程生物识别系统产生的识别结果采取行动或作出决定的情况下，确定核实结果的自然人的身份。

（六）透明度

提供者在设计和开发高风险人工智能系统时必须具有一定程度的透明度，从而满足提供者和部署者在《人工智能法案》下的相关义务。为实现这一目标，高风险人工智能系统应附有清晰简明的使用说明，无论是电子形式还是其他可访问形式。

这些说明应提供简明、完整、正确和清晰的信息，与部署者相关并便于部署者使用和理解，包括提供者及其授权代表（如适用）的身份和联系方式；高风险人工智能系统的特点、能力和局限性；对高风险人工智能系统及其性能所作的修改（如有）；人类监督措施，以及增强部署者对人工智能系统输出结果的解释的技术策略；所需的计算和硬件资源，高风险人工智能系统的预期寿命，以及任何必要的维护和保养措施。

（七）人类监督

为防止出现"系统是唯一的责任方"这类借口，法案强调了人类监督的重要性，这是高风险人工智能系统合规的关键要求。具体合规举措包括但不限于人工智能系统的设计和开发方式应能在人工智能系统使用期间由自然人进行有效监督；监督措施应与人工智能系统的风险、自主程度和使用环境成比例；使被指派进行人工监督的自然人能够使用该系统等。

提供者要在公司内部实现上述要求，有必要制定健全的政策和程序，包括：

（1）结合界面工具，促进设计过程中的自然监督；

（2）制定概述监督措施的政策；

（3）授权用户根据需要进行监视、解释和干预；

（4）引入针对特定人工智能系统特征的补充措施，包括用户交互、数据管理和自适应学习算法。

（八）准确性、稳健性和网络安全

另外，提供者必须保证高风险人工智能系统的准确性和稳健性，使其达到适当的网络安全水平，能够处理数据中毒、对抗性例子中的偏见和模型缺陷等问题。可采取的措施包括但不限于进行第三方审核；实施自动化质量检查；以及进行彻底的压力测试，以此有效地解决偏差并防止未经授权的篡改等攻击。

四、人工智能系统各参与主体的权利与义务

《人工智能法案》遵循基于风险的监管方法，根据人工智能可能产生的风险水平，为价值链上相关经营者规定了不同义务。若人工智能系统被部署在欧盟市场上或是其产生的输出结果用于欧盟境内，则该人工智能系统的提供者都受到《人工智能法案》的监管，不论其是否位于欧盟境内；同时，只要相关人工智能系统的产出用于欧盟境内，则其部署者同样适用《人工智能法案》。同时《人工智能法案》禁止居住在欧盟的提供者向第三国出口存在不可接受风险的人工智能系统，《人工智能法案》具有广泛的域外适用效力，中国企业也需注意相应的合规风险。因此，在欧盟境内开发、部署或使用存在不可接受风险的人工智能系统都是非法的。

在我国现有的人工智能规范体系内，服务提供者往往是主要的责任主体。而《人工智能法案》中对人工智能系统供应链的参与主体作了更为详细的区分，参与主体包括提供者、部署者、授权代表、进口商、分销商、产品制造商及受影响者，其中前五个主体在《人工智能法案》下被界定为经营者。该法案明确规定了每一类参与主体的作用和具体义务。在特定情况下，经营者可能会同时扮演多个角色，因此应累计地履行与这些角色相关的所有义务。例如，经营者可同时担任分销者和进口商。在特定的条件下，任何部署者、进口商、分销商或其他第三方都应视为高风险人工智能系统的提供者，并因此承担所有相关义务。

2023 年 6 月，欧洲议会通过的"折中案"规定，在法律义务分配设计上，特别是高风险人工智能系统，提供者，其次是

部署者，将承担主要的义务。其中，提供者将承担最广泛的合规义务，包括建立风险管理制度和质量管理制度等，涵盖人工智能系统生命周期的事前和事后环节。"折中案"还提出了基础模型（foundation model）的概念，并对基础模型提供者提出了新的规则，相关义务在基础模型被投放市场或投入服务的流程上按时间分为投放前的一般义务、投放后一定期限内的后续义务、用于生成式人工智能的额外义务。主要包括进行风险评估，仅使用符合适当数据治理标准的数据集，设计和开发基础模型要达到一系列要求：高性能、可预测性、安全性和其他属性，最小化能源使用和浪费，为下游提供者使用模型编写"广泛的技术文档"和"易懂的指南"，将模型注册到拟议的欧盟高风险人工智能系统数据库。

"折中案"下部署者的义务集中于确保对高风险人工智能系统的人工监督和日常检测，主要覆盖人工智能生命周期的事中环节。"折中案"特别规定，在高风险人工智能系统必须在特定条件进行符合性评估的情况下，部署者应当与提供者合作调查原因。根据主管部门的合理请求，提供者和部署者还应允许国家主管部门在其控制范围内访问高风险人工智能系统的自动生成日志，主管部门对于获取的信息负有保密义务。该条新增规定体现了"折中案"对于人工智能监管的趋势趋严。

"折中案"要求进口商采取一定措施，确保所进口的人工智能系统投入市场之前已经获取了"折中案"要求提供者履行的一切程序及其文件，包括评估程序、技术文件以及 CE 标志。

另外，相关责任主体是以"特定"的人工智能系统参照进行界定的。在人工智能系统供应链上，当提供者以外的其他责任主体对提供者的人工智能系统进行实质性修改而使其成为高风险系统，或将基本模型嵌入高风险系统中，或以自己的名字或商标放在已经投放市场或投入使用的高风险人工智能系统的情形下，其他责任主体亦会被认定为新的提供者。

正如"欧洲企业联盟"组织（European Enterprises Alliance）在 Joint Letter on the European Commission's Proposal for an AI Act 中所强调的，人工智能价值链中不同行为者（人工智能系统的开发者、提供者和使用者）的角色和责任普遍存在不确定性。对于提供通用应用程序编程接口或开源人工智能模型的公司来说，这尤其具有挑战性，因为这些模型并非专门用于高风险人工智能系统，但却被第三方以可被视为高风险的方式使用。

人工智能系统从研发到投放市场涉及多个主体，特别是当委托代理或授权关系介入的情况下，主体之间的关系将更为复杂。对比我国《生成式人工智能服务管理暂行办法》（以下简称《生成式人工智能暂行办法》）对生成式人工智能服务提供者的义务体系设计，如果对责任主体的界定过于简化，人工智能供应链上的相关主体都可能被要求承担同样的义务，进而引起责任主体内部难以分配责任的问题。针对这一问题，国内有观点建议区分基础模型开发者和使用者，原则上由使用者承担内容生产者的责任和算法备案义务。另外，也有观点认为生成式人工智能产品应该秉承"各负其责"的原则，来分配权利义务——服务提供者承担服务提供者义务，生成内容使用者（用户）承担使用者义务。现行立法未要求使用者承担算法备案义务，有观点认为使用者不接触算法的底层技术，由其承担算法备案义务并不合理。我国在尝试进行进一步的人工智能立法时，应当充分将人工智能开发及使用的各相关主体纳入考虑范围，合理分配各自应承担的法律责任，避免单一主体承担过重乃至全部的相关责任，从而抑制技术创新或对产业链造成不良后果。

（一）提供者的义务

提供者的义务主要有三类。一是保障系统安全，提供者应确保高风险人工智能系统满足上述高风险人工智能系统的相关要求；建立质量管理系统；确保进行人类监督的自然人了解自动化相关风险；遵守备案义务，在欧盟数据库中备案该系统；发现高风险人工智能系统不符合法案规定时，立刻采取纠正措施并通知分销商、进口商、主管部门及部署者等；确保高风险人工智能系统符合无障碍要求。二是标明相关信息，在高风险人工智能系统上标明提供者的名称、商标、地址、联系方式等信息；在高风险人工智能系统上以明显、清晰的方式加贴永久性 CE 标志。三是留存相关资料，制定并保存高风险人工智能系统技术文件；保留高风险人工智能系统自动生成的日志；应国家监督机构的合理要求，提供所有必要的信息和文件，以证明高风险人工智能系统符合相关要求。下文按照提供者定义、提供者的基本义务、通用人工智能模型提供者的义务，以及高风险人工智能系统提供者的义务四部分展开。

1. 提供者的定义

"提供者"是指开发人工智能系统或通用人工智能模型的，或者通过他人开发人工智能系统或通用人工智能模型但以自己的名义或商标将其投入市场或将该等人工智能系统投入使用的自然人或法人、公共当局、机构或其他机构，无论其行为是有偿还是无偿。

2. 提供者的基本义务

（1）培训义务。

提供者应采取措施，确保其工作人员和代表他们操作和使用人工智能系统的其他人员具有足够的人工智能知识水平。

（2）设立授权代表义务。

在欧盟境外设立的提供者在欧盟境内提供其人工智能系统之前，应通过书面授权任命一名在欧盟境内设立的授权代表。该授权代表发挥关键作用，确保在欧盟投放市场或投入使用的高风险人工智能系统合规，并担任其在欧盟设立的联系人。

3. 通用人工智能模型提供者的义务

（1）制定技术文件义务。

通用人工智能模型的提供者在人工智能价值链中具有特殊的作用和责任，因其所提供的模型可能构成一系列下游系统的基础，下游提供者需要充分了解模型及其功能，以便能够将这些模型集成到他们的产品中，并履行法案或其他条例规定的义务。因此，通用人工智能模型的提供者应采取适当的透明度措施，如起草和不断更新文件，以及提供有关通用人工智能模型的信息，供下游提供者使用。技术文件应在欧洲人工智能办公室和国家主管机关提出要求时提供给他们。

（2）遵守欧盟版权法义务。

任何将通用人工智能模型投放到欧盟市场的提供者都应遵守欧盟版权法，无论这些通用人工智能模型的培训所依据的版权相关行为发生在哪个司法管辖区。这对于确保通用人工智能模型提供者之间的公平竞争环境是必要的，任何提供者都不能通过采用低于欧盟规定的版权标准在欧盟市场上获得竞争优势。

（3）发布摘要义务。

为了提高通用人工智能模型的预训练和训练中使用数据的透明度，包括受版权法保护的文本和数据，此类模型的提供者应就通用模型训练中使用的内容制定并公开足够详细的摘要。

（4）网络安全保护义务。

对于存在系统性风险的通用人工智能模型的提供者，除为通用人工智能模型的提供者规定的义务外，还应规定旨在识别和减轻这些风险并确保适当水平的网络安全保护的义务，无论是作为独立模型提供还是嵌入人工智能系统或产品中提供。为实现这些目标，《人工智能法案》要求提供者对模型进行必要的评估，特别是在首次投放市场之前，包括对模型进行对抗测试并记录在案，也可酌情通过内部或独立外部测试进行。

此外，具有系统性风险的通用人工智能模型的提供者应持续评估和降低系统性风险，包括制定风险管理政策，如问责制和治理流程，实施上市后监测，在整个模型生命周期内采取适当措施，并与整个人工智能价值链的相关参与者合作。

（5）跟踪事件义务。

具有系统风险的通用人工智能模型的提供者应评估和减轻可能的系统风险。如果尽管努力识别和预防与可能带来系统性风险的通用人工智能模型有关的风险，但该模型的开发或使用造成了严重事件，通用人工智能模型提供者应毫不拖延地跟踪该事件，并向欧盟委员会和国家主管机关报告任何相关信息和可能的纠正措施。此外，在整个模型生命周期内，提供者应酌情确保对模型及其物理基础设施提供适当水平的网络安全保护。

4. 高风险人工智能系统提供者的义务

（1）加贴 CE 标志义务。

对于高风险的人工智能系统，CE 标志应明显、清晰且不可擦除地粘贴。如果由于高风险人工智能系统的性质而无法或不能保证这样做，则应酌情将 CE 标志贴在包装上或随附文件上。

（2）考虑不利影响义务。

在实施风险管理系统时，提供者应具体考虑高风险人工智能系统是否有可能对弱势群体或儿童产生不利影响。

（3）数据治理义务。

为确保高风险人工智能系统的负面偏差检测和纠正，在严格需要的范围内，提供者可以例外地处理某些特殊类型的个人数据，但必须对自然人的基本权利和自由采取适当的保障措施，包括对重新使用和使用最先进的安全和隐私保护的技术限制。

（4）建立质量管理体系义务。

提供者应建立健全的质量管理体系及上市后监测体系，确保完成规定的符合性评估程序，起草相关文件。质量管理体系应以书面政策、程序或指令的形式系统有序地记录下来，并可纳入部门立法规定的现有质量管理体系中（如相关部门立法要求其履行质量管理体系方面的义务）。

前述体系应与提供者的组织规模相称，提供者在任何情况下都应遵守所需的严格程度和保护水平。

（5）保存自动生成日志义务。

高风险人工智能系统的提供者应保存在其控制范围内高风险人工智能系统自动生成的日志。日志的保存期限应与高风险人工智能系统的预期目的相适应，至少为6个月，除非适用的欧盟或国家法律（特别是欧盟关于保护个人数据的法律）另有规定。如果提供者为金融机构，则应将其人工智能系统自动生成的日志作为相关金融服务立法保存的文件的一部分予以保存。

（6）纠正和召回义务。

高风险人工智能系统的提供者如认为或有理由认为其投放市场或投入使用的高风险人工智能系统不符合《人工智能法案》的规定，应立即采取必要的纠正措施，使该系统符合规定，酌情予以撤回、禁用或召回。他们应通知有关高风险人工智能系统的分销商，并酌情通知部署者、授权代表和进口商。

（7）信息义务。

如果高风险人工智能系统出现了影响人的健康、安全或基本权利的风险，提供者应立即与报告风险的部署者（如适用）合作调查原因，并通知其提供该系统的成员国的国家监督机构，并在适用的情况下告知（特别是不合规的性质和采取的任何相关纠正措施）为高风险人工智能系统颁发认证的机构。

（8）配合调查义务。

高风险人工智能系统的提供者，应在国家主管当局提出合理要求时，以有关成员国确定的官方欧盟语言向其提供所有必要的信息和文件，以证明高风险人工智能系统符合禁止的人工智能行为规定的要求。

经国家主管当局提出合理要求，提供者还应让提出要求的国家主管当局查阅高风险人工智能系统自动生成的日志，只要这些日志在其控制之下。

（9）说明义务。

如果高风险人工智能系统的提供者不符合共同规格，则应适当说明其所采用的技术解决方案达到了与《人工智能法案》对高风险人工智能系统的监管要求相当的水平。

（10）起草欧盟符合性声明义务。

提供者应为每个高风险人工智能系统起草一份书面的机读、实物或电子的欧盟符合性声明，并在高风险人工智能系统投放市场或投入使用后的10年内，由国家主管部门保管。欧盟符合性声明的副本应根据要求提交给相关国家主管部门。

通过起草欧盟符合性声明，提供者应承担遵守《人工智能法案》对高风险人工智能系统的监管要求的责任。提供方应酌情保持其欧盟符合性声明的及时性。

（11）备案义务。

在将高风险人工智能系统投放市场或投入使用之前，提供者应在欧盟数据库中登记自己及其系统信息。根据《人工智能法案》要求输入提供者的名称、地址和联系方式等信息至欧盟数据库并不断更新。

（12）报告严重事件义务。

在欧盟市场上销售的高风险人工智能系统的提供者应报告系统的任何严重事件，并向该事件或违法行为发生地的成员国国家监督机构报告。严重事件是直接或间接导致以下任何情况的人工智能系统事故或故障：

①致人死亡或严重损害人的健康；

②严重和不可逆转地破坏关键基础设施的管理和运行；

③违反旨在保护基本权利的欧盟法律所规定的义务；

④对财产或环境造成严重损害。

这种通知应在提供者确定人工智能系统与事件之间的因果关系或这种关系的合理可能性之后，在任何情况下，不迟于15天进行，但同时应考虑严重事件的严重性。一旦确定人工智能系统与严重事件之间存在因果关系或存在这种关系的合理可能性，提供者还应履行纠正措施义务。

（13）实质修改义务。

对于拟由公共当局使用的高风险人工智能系统，这类系统的提供者应在法案生效后6年内采取必要的步骤以遵守《人工智能法案》的要求。

（二）部署者的义务

高风险人工智能系统的部署者在确保基本权利得到保护方面起着至关重要的作用，是对提供者在开发人工智能系统时承担义务的补充。部署者最了解高风险人工智能系统将如何具体使用、使用的环境、可能受影响的人群或群体，包括弱势群体，因此能够识别开发阶段未预见的潜在重大风险。

高风险人工智能系统的部署者在向自然人提供信息方面也起着关键作用，在作出或协助作出与自然人有关的决定时，部署者应酌情向自然人提供信息，告知其将使用高风险人工智能系统。这些信息应包括预期目的和决策类型。部署者还应告知自然人其有权获得《人工智能法案》规定的解释。

1. 部署者的定义

"部署者"是指在其授权范围内使用人工智能系统的任何自然人或法人、公共当局、机构或其他机构，但人工智能系统在个人非专业活动中使用的情况除外。

2. 部署者的具体义务

（1）按说明使用义务。

高风险人工智能系统的部署者应采取适当的技术和组织措施，以确保他们按照法案规定及系统所附的使用说明使用这些系统。

（2）数据治理义务。

如果部署者对输入数据行使控制，则应确保输入数据与高风险人工智能系统的预期目的相关，并具有充分代表性。

（3）培训义务。

部署者应采取措施确保其工作人员和代表他们处理人工智能系统的操作和使用的其他人员具有足够的人工智能知识水平，同时考虑他们的技术知识、经验、教育和培训及人工智能系统的使用环境，以及人工智能系统将对哪些人或群体使用。

（4）评估义务。

在投入使用高风险人工智能系统之前，部署者应就该系统在具体使用环境中的影响进行评估，该评估应至少包括以下内容。

①明确概述该系统的预期目的；

②明确概述该系统预期使用的地理和时间范围；

③可能因使用该系统而受到影响的自然人和团体的类别；

④核实该系统的使用是否符合欧盟和有关国家的基本权利法律；

⑤将高风险人工智能系统投入使用对基本权利的合理可预见的影响；

⑥可能影响到的边缘化或弱势群体的具体的损害风险；

⑦使用该系统对环境产生的可合理预见的不利影响；

⑧关于如何解决已查明的对基本权利的伤害和负面影响的详细计划；

⑨部署者将建立相应的管理制度，包括人工监督、投诉处理和救济。

前述的义务适用于高风险人工智能系统的首次使用。在类似情况下，部署者可以借鉴以前进行的基本权利影响评估或提供者进行的现有评估。如果在使用高风险人工智能系统期间，部署者认为不再符合前述所列标准，应进行新的基本权利影响评估。

（5）备案义务。

在使用高风险人工智能系统之前，作为公共当局或欧盟机构、团体或代表其行事的部署者应在欧盟数据库中备案该人工智能系统的使用情况，备案中提交的信息应不断更新。

（6）严重事件的报告义务。

部署者应根据使用说明监测高风险人工智能系统的运行情

况，当其有理由认为按照使用说明使用可能导致人工智能系统出现影响人的健康、安全或基本权利的风险时，其应立即通知提供者或分销商和有关市场监督管理机关，并暂停使用该系统。在其无法联系到提供者的情况下，比照适用提供者的严重事件报告义务。

（7）实质修改义务。

对于拟由公共当局使用的高风险人工智能系统，这类系统的部署者应在法案生效后六年内采取必要的步骤以遵守法案的要求。

（8）人类监督义务。

部署者应确保被指派对高风险人工智能系统进行人类监督的自然人有能力、有适当的资格、进行过相关培训，并拥有必要的资源，以确保对人工智能系统进行有效监督。

部署者的人类监督义务不影响欧盟或国家法律规定的其他部署者的义务，也不影响部署者为实施提供者指明的自然人监督措施而自行组织资源和活动的自由裁量权。

（9）目的一致义务。

在部署者对输入数据进行控制的范围内，该部署者应确保输入数据与高风险人工智能系统的预期目的相关并具有足够的代表性。

（10）风险通知义务。

部署者应根据使用说明监测高风险人工智能系统的运行情况，并在必要时通知提供者。当他们有理由认为按照使用说明使用可能导致人工智能系统出现影响人的健康、安全或基本权利风险时，他们应在没有无故拖延的情况下通知提供者或分销商和相关的国家监督机构，并暂停使用该系统。当他们发现任何严重事故或任何故障时，他们也应立即首先通知提供商，然后通知进口商或分销商和相关的国家监督机构，并中断人工智能系统的使用。

（11）保存日志义务。

高风险人工智能系统的部署者应保留该高风险人工智能系统自动生成的日志，留存期限应与高风险人工智能系统的预期目的相符，且应至少保存6个月。保存期限应符合行业标准，并与高风险人工智能系统的预期目的相适应。

（12）告知员工义务。

在工作场所投入使用或使用高风险人工智能系统之前，部署者应告知雇员代表和受影响的雇员，他们将受该系统的影响。

（13）评估数据义务。

在适用的情况下，高风险人工智能系统的部署者应使用使用说明中提供的信息来履行其数据保护影响评估义务。

（14）告知使用对象义务。

高风险人工智能系统的部署者，如果作出与自然人有关的决定或协助作出与自然人有关的决定，应告知自然人，他们是高风险人工智能系统的使用对象。这种信息应包括预期的目的和它作出的决定的类型。部署者还应告知自然人，其有权获得欧盟合格说明的解释。

（三）授权代表的义务

1. 授权代表的定义

"授权代表"是指位于或设立在欧盟的任何自然人或法人，他们接受了人工智能系统或通用人工智能模型提供者的书面授权，分别代表其履行和执行《人工智能法案》规定的义务和程序。

为了《人工智能法案》能够有效执行，且为经营者创造一个公平竞争的环境，同时考虑到提供数字产品的不同形式，必须确保在任何情况下，都能向欧盟机关提供关于人工智能系统合规性的所有必要信息。因此，在欧盟境外设立的提供者在欧盟境内提供其人工智能系统之前，应通过书面授权任命一名在欧盟境内的授权代表。该授权代表发挥关键作用，确保投入使用的高风险人工智能系统合规，并担任提供者在欧盟设立的联系人。

2. 授权代表的具体义务

（1）执行提供者授权书义务。

授权代表应执行从提供者那里收到的授权书中规定的任务。他应根据要求以国家主管当局确定的欧盟官方语言向市场监督机构提供一份授权书的副本。授权应包含以下任务。

①核实欧盟符合性声明和技术文件是否已经拟定，以及提供者是否已经执行了适当的符合性评估程序；

②在高风险人工智能系统投放市场或投入使用后 10 年内，向国家主管机关和指定的国家机关提供指定授权代表的提供者的详细联系信息、欧盟符合性声明副本、技术文件，以及公告机构签发的认证（如适用）；

③在国家主管机关提出合理要求时，向其提供证明高风险人工智能系统符合要求的所有信息和文件，包括由高风险人工智能系统自动生成的日志，只要这些日志在提供者的控制之下；

④应主管机关的合理要求，就国家主管机关采取的任何行动与国家主管机关合作，特别是为减少和降低高风险人工智能系统带来的风险；

⑤遵守备案义务（如授权代表备案），或者确保备案所提交的授权代表的姓名、地址和联系方式正确无误（如提供者自行备案）。

（2）接受问询义务。

授权书应授权其授权代表，在《人工智能法案》有关的所有问题上与提供者一起或代替提供者接受主管机关的问询。

（3）终止授权义务。

如果授权代表认为或有理由认为提供者的行为违反了《人工智能法案》规定的义务，则应终止授权。在这种情况下，授权代表还应立即向其所在成员国的国家监管机关汇报，并在适用情况下向相关公告机构通报任务终止情况及其原因。

（四）进口商的义务

1. 进口商的定义

"进口商"是指位于欧盟或在欧盟境内设立的任何自然人或法人，将带有在欧盟境外设立的自然人或法人的名称或商标的人工智能系统投放市场。

2. 进口商的具体义务

（1）核实义务。

在将高风险人工智能系统投放市场之前，进口商应通过核实以下内容，确保这种系统符合法案的规定：确保已由该人工智能系统的提供者实施了相关符合性评估程序；提供者已按规定起草了技术文件；该系统带有所需的合格标志（CE 标志），并附有欧盟符合性声明和使用说明；提供者在适用的情况下任命了授权代表。

（2）通知义务。

如果进口商有充分理由认为高风险人工智能系统不符合《人工智能法案》的规定，系统是伪造的或附有伪造的文件，在该人工智能系统符合规定之前，进口商不得将该系统投放市场。如果高风险人工智能系统具有影响人的健康、安全或基本权利的风险，进口商应将此情况通知人工智能系统的提供者、授权代表和市场监督管理机关。

（3）注明义务。

在适用的情况下，进口商应在高风险人工智能系统及其包装或随附文件上注明其名称、登记商号或登记商标，以及联系地址。

（4）存储及运输义务。

进口商应确保，当高风险人工智能系统由其负责时，在适用的情况下，储存或运输条件不会危及该系统符合《人工智能法案》对高风险人工智能的监管要求。

（5）保存及提供文件义务。

进口商应在人工智能系统投放市场或投入使用后的10年内，保存一份由公告机构签发的认证副本（如适用）、使用说明和欧盟符合性声明。进口商应在国家主管机关提出合理要求时，以其易于理解的语言向其提供所有必需的资料和文件，包括保存的资料和文件，以证明高风险人工智能系统符合要求。为此，他们还应确保向这些机关提供技术文件。

（6）合作义务。

进口商应就国家主管机关采取的任何行动与国家主管机关合作，特别是为减少和降低高风险人工智能系统带来的风险。

（五）分销商的义务

1. 分销商的定义

"分销商"是指供应链中除提供者或进口商之外，在欧盟市场上提供人工智能系统的任何自然人或法人。

2. 分销商的具体义务

（1）核实CE标识的义务。

分销商应在售前核实高风险人工智能系统是否带有所需的

CE 合格性标识及欧盟符合性声明和使用说明的副本。在适用的情况下，核实系统的提供者和进口商是否在高风险人工智能系统，或其包装或随附文件上注明其名称、登记商号或登记商标以及联系地址。

（2）通知义务。

如果分销商根据其掌握的信息认为或有理由认为高风险人工智能系统不符合高风险人工智能系统的要求，在该系统符合这些要求之前，分销商不得在市场上销售该高风险人工智能系统。此外，如果该系统存在影响人的健康、安全或基本权利的风险，分销商应酌情将此情况通知该系统的提供者或进口商。

（3）储存及运输义务。

分销商应确保在其负责的情况下，储存和运输条件不会危及人工智能系统符合《人工智能法案》对高风险人工智能的监管要求。

（4）撤回和纠正义务。

若分销商根据其掌握的信息认为或有理由认为其在市场上提供的高风险人工智能系统不符合要求，则应采取必要的纠正措施，使该系统符合要求，或撤回、召回该系统，或应确保提供者、进口商或任何有关经营者会酌情采取这些纠正措施。如果高风险人工智能系统存在影响人的健康、安全或基本权利的风险，分销商应立即将此情况通知该系统的提供者或进口商，以及其提供产品的成员国的国家主管机关，特别是不符合要求的详细情况和所采取的纠正措施。

（5）合作义务。

在国家主管机关提出合理要求后，高风险人工智能系统的分配者应向该主管机关提供前文所述的有关其活动的所有信息和文件，以证明高风险系统符合要求。就国家主管部门针对其作为分销商的人工智能系统采取的任何行动，特别是为了减少和减轻高风险人工智能系统所造成的风险而采取的行动，分销商应与国家主管部门配合。

（六）产品制造商的义务

1. 产品制造商的定义

"产品制造商"是指制造终端或者硬件产品的人。

2. 产品制造商的具体义务

如果高风险人工智能系统属于《人工智能法案》所列的欧盟统一立法适用产品的安全部件，该等系统的产品制造商应被视为高风险人工智能系统的提供者，并应在以下任一情况下履行提供者应承担的义务。

（1）高风险人工智能系统以产品制造商的名称或商标与产品一起投放市场；

（2）产品投放市场后，高风险人工智能系统以产品制造商的名义或商标投入使用。

（七）受影响者的权利

1. 受影响者的定义

"受影响者"是指受人工智能系统直接影响或以其他方式受影响的任何自然人或群体。

2. 受影响者的具体权利

当部署者以特定高风险系统的输出结果为主要依据作出决定，该等决定产生了法律效力或类似的重大影响，而受影响者认为该决定对其健康、安全或基本权利产生不利影响时，受影响者有权要求部署者就人工智能系统在决策程序中的作用和所作决定的主要内容作出明确和有意义的解释。该等解释应可为

受影响者行使权利提供依据。上述获得解释的权利不应适用于
因欧盟或各成员国法律设定了例外或限制的人工智能系统的使
用，而应仅在欧盟法律尚未规定该项权利的情况下适用。

五、人工智能系统的监管体制

（一）欧盟人工智能监管的总体概况

在人工智能监管方面，欧盟采纳了一种多元化主体共同参
与的监管模式。其中，欧盟的总体性政府机构扮演着"引领者"
的角色，同时也积极广泛地汲取利益相关方的见解与提议。在
这一监管模式下，欧盟的政府机构不仅肩负着制定监管政策、
设置监管机构及监督政策执行的重任，还秉持开放的态度，积
极聆听、汇聚各方观点，以此激发和调动各方参与的积极性。

由于欧盟是一个由多国组成的共同体，因此在推行人工智
能监管措施时，需要协调各成员国的行动。为此，欧盟制定了
统一的监管准则，同时根据各成员国的实际情况，赋予它们相
应的专业监管权力，构建了欧盟整体和成员国两个层面的监管
体系和机构设置。这样的监管模式既确保了欧盟层面监管的统
一性和协同性，又充分考虑了各成员国在人工智能领域发展的
独特性。

（二）欧盟人工智能监管的主体和主要监管方式

1. 立法层：欧盟委员会、欧洲议会和欧盟理事会

欧盟人工智能监管相关法律法规的核心立法机构主要有欧
盟委员会、欧洲议会和欧盟理事会。按照欧盟现行的立法程序，
三者在其中发挥着不同的作用。

欧盟委员会负责欧盟有关条约和立法的实施、执行和管理
欧盟预算、处理欧盟日常事务，并代表欧盟进行对外联系和贸

易等方面的谈判。欧盟委员会是欧盟内唯一拥有立法动议权的欧盟机构，其在《人工智能法案》立法中扮演着主导和协调的重要角色，其作用直接影响欧盟整体和成员国在人工智能领域的发展方向和进程。例如，2018 年 4 月，欧盟委员会发布《人工智能通讯》，引导欧盟成员国在人工智能领域采取行动；[1] 2020 年 2 月，欧盟委员会发布《人工智能白皮书》；2021 年 4 月，欧盟委员会发布了"提案"。

　　欧洲议会和欧盟理事会制定和审议人工监管的相关法律法规。欧洲议会的职权包括参与立法权、预算共同决定权、监督权等，其议员由成员国直接选举产生。欧盟理事会（也称欧盟部长理事会）是由欧盟成员国各一名部长级代表组成的理事会，是欧盟主要决策机构之一，它与欧洲议会共同行使立法和预算权。欧洲议会和欧盟理事会对欧盟委员会提出的人工智能监管政策或法案进行审议并提出相应的修正案或建议，助力相关监管政策的进一步完善。例如，2021 年 4 月，欧盟委员会发布了拟议的"提案"，欧洲议会成员与欧盟委员会成员"提案"进行了首次辩论；[2] 2022 年 12 月，欧盟理事会表达了关于《人工智能法案》的共同立场；2023 年 5 月，欧洲议会内部市场和消费者保护委员会和公民自由、司法和内政事务委员会批准了"折中案"；[3] 2023 年 12 月，欧盟委员会、欧盟理事会和欧洲

　　〔1〕　https：//eur‐lex. europa. eu/legal‐content/EN/TXT/？ uri＝COM：2018：237：FIN，last visited on Feb. 21，2024.

　　〔2〕　https：//www. europarl. europa. eu/news/en/press‐room/20210419IPR02315/meps‐hold‐first‐debate‐on‐proposed‐rulebook‐for‐ai‐with‐commissioners，last visited on Feb. 21，2024.

　　〔3〕　https：//emeeting. europarl. europa. eu/emeeting/committee/en/agenda/202305/IMCO？ meeting＝CJ40‐2023‐0511_1&session＝05‐11‐15‐00，last visited on Feb. 21，2024.

议会达成了"协议案"。

2. 执行层：欧盟整体层面和成员国层面相应的监管机构

欧盟为了保障政策的有效推行和域内执行的一致性，设置了欧盟整体层面和成员国层面相应的监管机构。

（1）欧洲人工智能办公室。

欧盟委员会 2024 年 1 月内设了欧洲人工智能办公室，它作为通信网络、内容和技术总局行政建构的一部分，主要承担如下职责。

①制定工具、方法和标准，用于评估通用人工智能模型的能力，尤其是针对存在系统性风险的大型通用人工智能模型；

②监测通用人工智能模型和系统规则的执行和应用，特别是当这些模型和系统由同一开发商提供时；

③监测通用人工智能模型可能产生的意外风险，并对科学小组的警报作出响应；

④调查可能违反通用人工智能模型和系统规则的行为；

⑤与相关立法机构进行协调合作，助力禁止部分人工智能行为和高风险人工智能系统的规则的实施；

⑥推动欧盟《人工智能法案》的统一实施；

⑦协助欧盟委员会制定指南和准则，来支持《人工智能法案》实际的实施；

⑧为人工智能监管沙盒的建立、运行和协调提供技术支持、建议和工具。

（2）欧洲人工智能委员会。

《人工智能法案》中明确要建立欧洲人工智能委员会来推动法案的实施和加强成员国之间的交流，保证欧盟全域内法案执行的统一性和协调性。

根据《人工智能法案》，欧洲人工智能委员会应由每个成员国的一名代表组成。欧洲数据保护监督员应作为观察员参加。欧洲人工智能办公室也应出席委员会会议，但不参与表决。欧洲人工智能委员会应设立两个常设分组，分别为市场监督管理机关之间的合作与交流提供平台，并向当局通报与市场监督管理机关相关的事项。欧洲人工智能委员会应由成员国的一名代表担任主席。欧洲人工智能办公室应为委员会提供秘书处，根据主席的要求召开会议，并根据《人工智能法案》及其议事规则规定的欧洲人工智能委员会任务拟定议程。

根据《人工智能法案》，欧洲人工智能委员会应向欧盟委员会和成员国提供建议和协助，以促进法案实施的一致和有效性。为此，欧洲人工智能委员会可以：

①推动国家主管部门间的协作，并在有关市场监督管理机关的合作和同意下，支持市场监督管理机关的联合行动；

②在各成员国间积极收集和分享技术与监管方面的专业知识与最佳实践案例；

③为《人工智能法案》的贯彻实施，尤其是通用人工智能模型规则的执行提供咨询建议；

④推动成员国在行政管理实践上的协调一致，这包括简化符合性评估流程、监管沙盒的运作；

⑤应欧盟委员会的要求或主动就法案的实施及其一致性和有效执行的相关问题提供咨询建议和书面意见；

⑥支持欧盟委员会提升公众的人工智能素养，增强公众对使用人工智能系统的益处、风险、保护措施，以及相关的权利和义务的认识；

⑦推动制定共同准则，促进市场经营者和主管部门对《人工智能法案》所涉及概念的共识，包括推动制定相关基准；

⑧根据需要与欧盟其他机构、办公室和专家组等进行合作，

特别是在产品安全、网络安全、市场竞争、数字与媒体服务、金融服务、消费者权益保护、数据和基本权利保护等领域；

⑨促进与第三国主管部门和国际组织的有效合作；

⑩协助国家主管部门和欧盟委员会发展实施《人工智能法案》所需的组织和技术专长，包括评估并帮助满足成员国工作人员在实施法案过程中的培训需求；

⑪协助欧洲人工智能办公室支持国家主管部门建立和发展监管沙盒，同时推动各监管沙盒间的协作与信息共享；

⑫参与指导文件的编写工作，并提供专业建议；

⑬在人工智能相关的国际事务上为欧盟委员会提供咨询意见；

⑭为欧盟委员会提供关于通用人工智能模型的合格警报的意见；

⑮倾听并采纳成员国关于通用人工智能模型的合格警报的意见，以及各国在监控和执行集成通用人工智能模型系统方面的经验和建议。

（3）成员国国家主管机关。

根据《人工智能法案》，欧盟各成员国应设立或指定至少一个公告机构和至少一个市场监督管理机关作为人工智能监管的国家主管机关，并向欧盟委员会通报公告机构和市场监督管理机关的身份、该等机关的任务及随后的任何变化。成员国应确保向国家主管机关提供充足的技术、财政和人力资源及基础设施，以有效履行《人工智能法案》规定的任务。成员国应在《人工智能法案》生效后的一年内，并在此后每两年向欧盟委员会报告国家主管机关的财力和人力资源状况，并对其充分性进行评估。欧盟委员会应将前述信息转交欧洲人工智能委员会讨论并提出建议。

欧盟各成员国的公告机构负责制定和实施评估、指定和通知符合性评估机构及对其进行监督的必要程序。对于高风险人工智能系统，欧盟委员会应确保在根据《人工智能法案》开展符合性评估程序的公告机构之间建立适当的协调与合作，并以公告机构部门小组的形式适当运作。每一公告机构应当确保其所通知的公告机构参与到前述小组工作中。同时，欧盟委员会促进成员国公告机构之间的知识和最佳实践交流。

欧盟成员国的市场监督管理机关应每年向欧盟委员会和相关国家竞争管理机构报告在市场监督活动过程中出现的可能与适用欧盟竞争规则法有关的任何信息。它们还应当每年向欧盟委员会报告当年发生的使用违禁实践的情况及所采取的措施。对于适用的高风险人工智能系统，市场监督管理机关应为负责该等市场活动的机构。如果成员国的市场监督管理机关有充分理由认为人工智能系统存在风险，则应对相关人工智能系统遵守《人工智能法案》规定的所有要求和义务的情况进行评估。当发现基本权利面临风险时，市场监督管理机关应通知相关国家公共机关或机构，并与之充分合作。在评估过程中，如果市场监督管理机关发现人工智能系统不符合《人工智能法案》规定的要求和义务，应要求相关经营者采取一切适当的纠正措施，使人工智能系统符合要求。如果人工智能系统的经营者没有采取适当的纠正行动，市场监督管理机关应采取一切适当的临时措施，禁止或限制该人工智能系统在其本国市场上销售或提供服务，从该市场上撤回该产品或独立的人工智能系统，或将其召回，该机关还应将这些措施通知委员会和其他成员国。如果一个成员国的市场监督管理机关或委员会均未对另一个成员国的市场监督管理机关采取的临时措施提出异议，则该措施应被视为合理。所有成员国的市场监督管理机关都应确保对有关产品或人工智能系统采取适当的限制性措施，如产品或人工智能系统撤出其市场。

3. 社会组织与行业协会：欧洲人工智能联盟在线论坛、欧盟委员会人工智能高级专家组

社会组织与行业协会在欧盟人工智能监管中主要在推动人工智能监管政策的执行方面发挥作用，如欧洲人工智能联盟在线论坛、欧盟委员会人工智能高级专家组等。

根据《人工智能法案》，欧盟委员会应当设立一个咨询论坛，向欧洲人工智能委员会和欧盟委员会提供咨询意见和技术知识。咨询论坛的成员应均衡地代表各利益相关方，包括工业界、初创企业、小微型企业、民间社团和学术界。咨询论坛的成员应兼顾商业和非商业利益，在商业利益类别中兼顾小微型企业和其他企业。欧盟委员会应从在人工智能领域具有公认专长的利益相关方中任命咨询论坛的成员。基本权利机构、欧盟网络安全局、欧洲标准化委员会（CEN）、欧洲电工标准化委员会（CENELEC）和欧洲电信标准化协会（ETSI）应为咨询论坛的常任成员。

根据《人工智能法案》，欧盟委员会应通过一项实施法案，对建立一个由独立专家组成的科学小组作出规定。科学小组应由委员会根据所需的人工智能领域最新科学或技术知识挑选出的专家组成。科学小组在以下方面向欧洲人工智能办公室提供建议和支持。

（1）在通用人工智能模型和系统方面支持《人工智能法案》的实施与执行：就联盟层面通用人工智能模型可能存在的系统风险向欧洲人工智能办公室发出警报；促进开发评估通用人工智能模型和系统能力的工具与方法；就具有系统风险的通用人工智能模型的分类提供建议；就不同的通用人工智能模型

和系统的分类提供建议；促进工具和模板的开发。

（2）应市场监督管理机关的要求进行工作的支持。

（3）在不损害市场监督管理机关的权力的情况下，支持跨境市场监督活动。

六、人工智能系统的认证标准

国际标准化组织（ISO）将产品认证定义为"由第三方通过检验评定企业的质量管理体系和样品型式试验来确认企业的产品、过程或服务是否符合特定要求，是否具备持续稳定地生产符合标准要求产品的能力，并给予书面证明的程序"。

类似中国的 CCC 强制性产品认证，欧盟的 CE 认证是欧盟国家实行的强制性安全认证制度，是产品准入欧盟市场的关键环节，不论欧盟内外制造商制造的产品，如果产品想要在欧洲经济区及土耳其市场内流通，就需要保证产品符合欧盟法律的规定，保证产品的质量和安全。对于符合立法规定，完成了 CE 认证的产品，即可张贴 CE 标志（如图 3-4 所示），在欧盟市场上流通。

图 3-4　CE 认证标志

欧盟 CE 认证的一般流程包括 7 个步骤：（1）确定适用的指令和协调标准（也称统一标准）；（2）验证产品的特定要求；（3）确定认证所需的符合性评估程序；（4）确定是否需要进行

独立的符合性评估；（5）测试产品并检查其一致性；（6）起草并保留技术文件，且需要维护和更新；（7）张贴 CE 标志并起草欧盟符合性声明。

其中，符合性评估程序是产品获得 CE 标志正式投放市场前最重要的评估环节，根据产品种类及具体产品的差异，其可分为 15 种程序，涵盖对设计和生产阶段不同的评估控制要求。

欧盟《人工智能法案》对人工智能系统的认证上市作出了相应的规定，整体来看，人工智能系统的认证流程也需要遵循前述流程，具体到不同风险及不同产品领域的人工智能系统的认证上市也存在差异，下文将对人工智能系统的认证流程基于 2024 年 3 月《人工智能法案》的版本及欧盟统一立法的情况作相关梳理。

（一）高风险人工智能系统的认证流程

根据《人工智能法案》对不同风险人工智能系统的分类分级监管要求，具有不可接受的风险的人工智能系统，因其对自然人安全、健康及基础权利的损害风险极高且难以控制，因此，法案从根本上禁止在欧盟范围内提供或使用此类人工智能系统。

在不可接受的风险以下，是风险程度较高，数量更多、种类更复杂且适用的产品领域都更为广泛的高风险人工智能系统（包括被认为存在高风险或适用于高风险领域的基础模型，以下统称高风险人工智能系统），高风险人工智能系统无论是作为独立的产品还是作为产品中的重要组成部分（如医疗器械中的人工智能系统）投入市场，只有经过了评估认证流程，张贴 CE 标志，证明其符合《人工智能法案》及相关立法的要求，对自然人的安全、健康及基础权利的损害风险控制在可承受的范围内，才可投放欧盟市场。

1. 适用的标准文件

根据《人工智能法案》第三章第五部分的规定，高风险人工智能系统可在符合已有的欧盟协调标准或共同规格的情况下，选用适当的符合性评估程序。欧洲协调标准与共同规格的相关规定如下。

（1）欧盟协调标准，又称统一标准，它是由欧洲三大标准化组织之一：欧洲标准化委员会（CEN）、欧洲电工标准化委员会（CENELEC）和欧洲电信标准化协会（ETSI）依据欧盟委员会提出的标准化请求制定通过的欧洲标准，其目的是确保法规指令被制定后，在具体的技术、产品、行业领域中得以实施。制定完成后再经欧盟委员会评估，如评估通过，将被欧盟委员会的官方公报引用，正式认可其对相关法规指令的支撑作用。因为考虑在实际制定过程中协调标准可能并不能完全兼顾到法规指令的所有要求，所以欧盟法规规定，符合协调标准只能"推定"符合法规指令的要求。

《人工智能法案》生效后，欧盟委员会在咨询欧洲人工智能办公室、欧洲人工智能委员会和利益相关方，包括人工智能咨询论坛后，向标准化组织提出标准化请求，该标准必须与现有欧盟统一立法所涵盖的产品当前和未来的制定标准一致。在协调标准制定完成、评估通过且被欧盟委员会的官方公报引用后，符合协调标准的高风险人工智能系统将推定符合《人工智能法案》对高风险人工智能系统的要求。

如果协调标准公布且被欧洲人工智能办公室评估确认可以涵盖通用人工智能模型的相关义务，那么符合协调标准的通用人工智能模型，也将推定符合《人工智能法案》的要求，具有合格性。

（2）共同规格，可以理解为在欧盟协调标准尚未发布时欧盟委员会发布的临时性文件。因为协调标准的制定流程需要一定周期，因此《人工智能法案》规定如出现下述特殊情况时，则适用共同规格。

其一，欧盟委员会已要求标准化组织起草协调标准，但标准化组织尚未接受起草要求、协调标准未在法律期限内交付、协调标准实质或程序上不符合要求；

其二，协调标准已交付但尚未被欧盟官方公报披露，且在预计的合理时间内无法披露。

共同规格与协调标准的效力相同，符合共同规格的高风险人工智能系统将推定符合《人工智能法案》对高风险人工智能系统的要求。

但与协调标准不同的是，该法案赋予了高风险人工智能系统的提供者以申辩的权利，即如果人工智能系统不符合共同规格的要求，此时人工智能系统的提供者如可以充分说明其采用的技术解决方案起码达到了《人工智能法案》对高风险人工智能系统的要求，则也可以认定系统符合法案要求。

共同规格仅是一种临时性的官方文件，当欧洲标准化组织制定的欧盟协调标准经欧盟委员会评审通过，并发表于欧盟官方公报后，欧盟委员会将废除共同规格，或者废除其中被协调标准及与《人工智能法案》第三章第二部分涵盖的内容相同的部分。

（3）无论是协调标准还是共同规格，从欧洲标准化体系的角度来说，都是为了帮助《人工智能法案》在具体领域的落实；从标准执行效果的角度来说，二者都是将符合标准或规格的人工智能系统推定符合该法案对此类人工智能系统的全部要求。

除前述两项标准文件以外，《人工智能法案》第42条还额外规定了两种情况，推定这两种特殊情况下的人工智能系统符合法案对人工智能系统的部分要求。

其一，如果高风险人工智能系统已经过训练和测试，用于训练和测试系统的数据能够反映拟使用该系统的特定功能环境，如地理、场景、环境等，则应当推定该系统符合《人工智能法案》第10（4）条对高风险人工智能系统的数据治理要求。

其二，根据欧盟第2019/881号条例，高风险人工智能系统如已获得认证或已根据网络安全计划发布合格声明，且其参考资料已在欧盟官方公报上公布，只要网络安全证书或合格声明或其部分内容涵盖了网络安全要求，则应推定其符合《人工智能法案》第15条的规定。

2. 符合性评估程序

在明确了高风险人工智能系统认证流程所适用的标准文件后，下一步是需要明确高风险人工智能系统适用的符合性评估程序，综观欧盟的符合性评估程序，视产品种类及具体产品的不同，共有15种不同的评估模式兼顾设计和生产环节。

根据前面人工智能系统分类分级监管章节的陈述，《人工智能法案》将高风险人工智能系统分为两类，一是人工智能系统独立作为产品或作为产品的安全组件使用，二是人工智能系统应用于《人工智能法案》附件三明确的8个领域。视人工智能系统分类的不同、欧盟协调标准或共同规格的有无，以及高风险人工智能系统是否符合标准文件，高风险人工智能系统也存在两套严格程度不同的符合性评估程序分类适用。

（1）适用于生物识别和分类领域的高风险人工智能系统的符合性评估程序。

①如果存在协调标准或者共同规格，且高风险人工智能系统的提供者采用了协调标准或共同规格来证明系统已符合该法案对高风险人工智能系统的要求，那么提供者可以在下列两种

程序中择一适用：

其一，基于内部控制的符合性评估程序，即提供者需要核实自身为人工智能系统建立的质量管理体系符合《人工智能法案》要求；审查人工智能系统技术文件中说明的信息，评估系统符合该法案对高风险人工智能系统的要求；核实人工智能设计、开发及上市后的持续监测均与技术文件一致。

其二，基于质量管理体系和技术文件的符合性评估程序，该程序需要有公告机构参与。与前述基于内部控制的符合性评估程序相比，差异在于高风险人工智能系统的提供者需要准备质量管理体系评估的申请、相关文件、清单和说明；技术文件评估的申请和技术文件交由公告机构进行审核。同时，公告机构还应对已批准的质量管理体系进行监督；对人工智能系统设计、开发和测试的场所进行实地评估；定期审核人工智能系统；对已经过认证的人工智能系统进行额外测试。

此符合性评估程序并不指定公告机构，提供者可以自由选择公告机构，但是如果高风险人工智能系统是由执法、移民或庇护机关，或者其他欧盟机构、团体或者机关投入使用时，必须依照《人工智能法案》的具体规定，指定特定的数据保护主管监督机构或欧洲数据保护监督员作为公告机构，参与符合性评估。

②当不存在协调标准或者和共同规格、提供者未全部应用协调标准，或提供者未应用共同规格时标准文件在公布时存在限制、提供者没有全部依照标准文件的规定，或者提供者认为人工智能系统（不限于高风险人工智能系统）的性质、设计、构造或者目的需要第三方介入进行核查的时候，提供者应当适用有第三方公告机构介入的基于质量管理和技术文件的符合性评估程序。

③针对从事执法、移民或者庇护的政府当局、欧盟机构、组织或者机关使用的高风险人工智能系统，如果采用引入公告机构的基于质量管理体系和技术文件的符合性评估程序时，《人工智能法案》要求提供者需要选择主管数据保护的市场监督管理机构作为第三方公告机构参与符合性评估。

（2）适用于除生物识别外的其他领域的高风险人工智能系统的符合性评估程序。

针对其他高风险领域的高风险人工智能系统，如教育、就业、公共服务及福利等领域，提供者应当采用基于内部控制的符合性评估程序，此种符合性评估程序并不需要引入公告机构参与。

但是如果使用高风险的人工智能系统的机构存在相应的监管要求时，符合性评估应作为其监管程序中的一部分，依照相应的监管要求进行，如信贷机构需要使用应用于自然人信用评分领域的高风险人工智能系统，其符合性评估程序就需要融入其监管指令中要求的相应流程。

（3）适用于产品安全组件的高风险人工智能系统的符合性评估程序。

针对应用于产品安全组件的高风险人工智能系统，因为欧盟统一立法已经针对应用人工智能系统的产品有协调标准，所以人工智能系统的符合性评估依照产品的欧盟统一立法进行，并且《人工智能法案》第二章对高风险人工智能系统的所有要求也同样适用，需要作为评估的一部分，其符合性评估程序应当依照其产品本身的要求进行，同时该系统还应当符合该法案对高风险人工智能系统的要求及技术文件符合性评估的要求。即对于此类人工智能系统的符合性评估程序需要同时符合"产品+欧盟人工智能法案+技术文件"符合性评估的要求。

比如，在医疗器械领域，欧盟为适应深度学习设备等医疗设备软件的进步，陆续更新了医疗器械相关的监管法规，新的监管法规重新分类了医疗器械软件和应用程序，并采用了更严格的监管控制程序。此时，假如一台搭载了高风险人工智能系统的医疗器械需要获得认证，医疗器械包括人工智能系统作为一个整体需要通过医疗器械监管法规规定的符合性评估程序，高风险人工智能系统还需要独立符合《人工智能法案》对高风险人工智能系统的要求，且通过基于技术文件的符合性评估要求。

因为此类型的高风险人工智能系统需要经过不同标准文件要求的符合性评估程序，所以如果产品领域的监管文件允许产品制造商申请免除第三方符合性评估，制造商只有在采用了包含针对产品所有要求的协调标准、针对高风险人工智能系统的协调标准或共同规格的情况下，以及在该产品中的高风险人工智能系统也符合协调标准或者共同规格的情况下，制造商才能选择不接受第三方符合性评估，申请免除第三方介入。

（4）发生实质修改时的符合性评估程序。

为控制高风险人工智能系统的风险，当系统出现实质变更时，即意味着人工智能系统对自然人的安全、健康及基本权利产生的风险也出现了新的可能性，因此无论系统后续是维持现有的使用场景和覆盖范围，还是打算进一步在市场上流通，提供者需要接受新的符合性评估程序，以确保系统的安全及可控。

如果是有继续学习能力的高风险人工智能系统，提供者在进行第一次符合性评估时就已经预先确定了高风险人工智能系统及其性能的变化，并且记录在技术文件当中，这种情况下系统的学习和变更就不需要再进行新的符合性评估。

（5）符合性评估程序的特殊情况。

和协调标准类似，符合性评估程序也存在一定的周期，因此《人工智能法案》额外规定了可缩减符合性评估程序的特殊情况。

第一，授权投放。出于公共安全、自然人生命健康、环境保护，以及关键工业或基础设施的保护，在有正当理由的情况下，任何市场监督管理机关都可以授权在成员国境内在一段时间内将其认为符合该法案要求的特定的高风险人工智能系统投放使用，并通知欧盟委员会和其他成员国。

第二，临时投放（先投放再授权）。出于公共安全的特殊原因，或者自然人生命健康遭受具体、实质的威胁时，执法机关或者民防机关可以在无授权的情况下将特定的高风险人工智能系统投放市场，但是需要在使用期间或届满后申请授权，如授权被拒绝则必须停止使用，并且弃置所有投放该系统所获得的结果和产出。

在市场监督管理机构和司法机构共同认为高风险人工智能系统符合该法案对高风险人工智能系统的要求的前提下，基于保护自然人的生命健康、保护环境、保护关键基础设施等特殊原因，市场监督管理机构可以要求司法机构授权在一定的时间内将正在进行符合性评估程序的高风险人工智能系统投入使用或者投放市场，同时向欧盟委员会、欧洲人工智能办公室及其他成员国通报此请求和授权情况。

当成员国反对、欧盟委员会认为违反欧盟法律或前述机构认为系统符合该法案要求的结论并无根据时，应由欧盟委员会牵头立即与成员国及欧洲人工智能办公室和相关经营者进行协商，并确定授权的合理性，如认为授权不合理，则撤销授权。

第三，针对《人工智能法案》附件一所列的欧盟协调标准所涵盖的产品有关的高风险人工智能系统，因为各产品均存在欧盟统一协调标准，在各自的协调标准中已经明确了符合性评估程序的克减情况及相应程序，所以应用于附件一产品的高风险人工智能系统遵循各产品的欧盟统一协调标准，并不适用欧盟《人工智能法案》规定的前述两种克减程序。

当高风险人工智能系统完成符合性评估程序时，该特殊授权终止。

3. 合格声明、文件保留及认证期限

在高风险人工智能系统完成了 CE 认证流程中至关重要的符合性评估程序后，欧盟公告机构将向系统提供者签发认证，根据高风险人工智能系统的分类，《人工智能法案》附件一所涵盖的人工智能系统的认证有效期不超过 5 年，《人工智能法案》附件三所涵盖的人工智能系统的认证的有效期最长不超过 4 年，提供者可以申请延长认证的有效期，但每次延长的期限不得超过各自的年限。

如果获得认证的人工智能系统不再符合《人工智能法案》对高风险人工智能系统的要求时，公告机构将根据比例原则，暂停、撤销已颁发的认证，或限制其使用，当提供者在公告机构规定的合理期限内采用适当的措施修正人工智能系统以符合法案要求后，公告机构可以恢复其认证的使用。

在获得认证之后，人工智能系统的提供者需要为其提供的高风险人工智能系统起草一份合格声明，由国家主管部门保管10 年，该合格声明需要明确系统符合《人工智能法案》对高风险人工智能系统的要求，如果人工智能系统还同时受其他标准文件的规制（如医疗器械、机械领域等），则合格声明还需要包含所有与该人工智能系统相关联的欧盟协调标准或标准文件。

除合格声明以外，国家监督机构和主管部门还应当对高风险人工智能系统的认证流程中所提交的其他材料（技术文件、质量管理体系文件、经公告机构批准的修改文件、公告机构发布的有关决定和其他文件）均保管 10 年。

（二）高风险人工智能系统的备案登记流程

如前文所述，高风险的人工智能系统主要包括以下两类。

其一，应用于以下 8 个领域的人工智能系统：生物识别技术（包括远程识别、基于个人敏感特征的生物识别分类及情感识别）、关键基础设施（数字基础设施、道路交通、水电气暖的供应、运行及安全组件）、教育和职业培训（确定受教育资格、评估学习成果、监控违纪舞弊）、就业（招聘选拔及过滤求职、分配工作任务以评定绩效、决定晋升或终止工作关系）、基本私人服务及基本公共服务和福利（评估可获得的基本福利、信用评级、评估分类紧急呼叫或调度、评估定价人寿健康保险）、执法活动（评估自然人犯罪或被犯罪风险、测谎、评估诉讼中证据的可靠性等）、移民庇护及边境管理（测谎、边境检查、识别检测等）、司法和民主程序（选举或全民公决、法律适用等）。

其二，在机械、玩具、休闲或私人船只、电梯、潜在爆炸环境中的使用设备及保护系统、无线电设备、压力设备、索道、个人安全装置、有爆炸可能性的危险气体、医疗设施、体外诊断医疗器械的 12 种产品类型担任安全组件的高风险人工智能系统。

为方便追踪、记录此两类高风险人工智能系统的投放和流通情况，《人工智能法案》在一般的评估、认证流程以外，规定了特殊备案流程，要求该两类高风险人工智能系统的提供者或授权代表在欧盟高风险人工智能系统数据库中记录以下信息备案。即使根据法案对高风险人工智能系统的克减规则，被认定不属于高风险人工智能系统的，也需要在欧盟高风险人工智能系统数据库中进行备案。并且在高风险人工智能系统发生实质更新时，及时更新以下备案内容。

（1）提供者及授权代表的名称、地址、联系方式；

（2）人工智能系统或基础模型的商品名称和明确的参考资料；

（3）系统的预期目的、组件和功能、运行逻辑的基本解释、预期，以及由其处理的数据类型和性质；

（4）人工智能系统的状态（是否投入使用）及投入使用的成员国；

（5）相关文书：认证类型、编号和到期日，公告机构名称或识别码，合格声明；

（6）其他。

（三）人工智能系统执行标准

在《人工智能法案》明确了高风险人工智能系统的 CE 认证流程后，欧洲标准化组织也在陆续制定人工智能领域的协调标准，这些协调标准在支撑法案实施的同时，如国际标准化组织（ISO）和国际电工委员会（IEC）联合委员会主席所说"让人们能真正得到人工智能的好处"。

2023 年 12 月 18 日，国际标准化组织（ISO）和国际电工委员会（IEC）合作开发的全球首个人工智能管理体系标准，也是目前唯一可认证的人工智能协调标准 ISO/IEC 42001：2023 正式发布，该标准采用了与信息安全、质量、隐私等其他管理体系标准相似的文件结构，有助于执行该标准的组织在建立人工智能管理体系的同时，与现有的其他管理体系保持一致。

1. 执行标准适用对象及要求

人工智能管理系统执行标准将参与人工智能活动的群体

（如公司、企业、机构、慈善机构或者学校）及个人，定义为
"组织"（后述将沿用该标准的专业术语）。

该标准明确了参与人工智能系统活动的角色，包括人工智能提供者（平台提供者、产品或服务提供者）、人工智能生产者（开发人员、设计人员、操作人员、测试和评估人员、部署人员、人为因素专业人员、领域专家、影响评估人员、采购人员、治理和监督人员）、人工智能客户（使用者）、人工智能合作伙伴（系统集成商和数据提供者）、人工智能主体（数据主体等）及主管机构（立法、执法、监管机构）。

组织需要在明确自己在人工智能活动中的角色之后，考虑开发、提供或使用人工智能系统的预期目的，明确可能对其实现人工智能管理预期结果产生影响的内外部因素，如外部的法律、政策、规范道德、行业竞争等；内部的程序政策、管理等，了解人工智能系统活动其他角色的需求和期望，并明确相关人工智能系统的边界和适用范围，综合考虑后，建立、实施、维护、持续改造和记录人工智能系统，包括其流程和关联作用。

2. 管理系统搭建框架及要求

在人工智能系统的搭建框架上，该标准要求一个完整的人工智能系统首先需要组织建立针对人工智能系统管理的最高管理层，其次明确组织内的人工智能风险标准，在明确风险标准的基础上建立人工智能风险评估流程、人工智能风险处理流程和人工智能系统影响评估流程，最后设置文件保存、内审、监测和改进流程。

（1）最高管理层职能。

在此框架下，最高管理层需要负责以下内容。

①制定组织内的人工智能政策，并向相关方和组织内部传达该政策；

②制定并确保人工智能政策和人工智能目标与组织的战略方向一致；

③保障管理人工智能系统所需要的资源，确保人工智能系统能达到预期效果，支持和指导有关人员促进人工智能系统的有效性，并持续改进人工智能系统；

④在组织内部分配各管理角色的分工及职责权限；

⑤定期审查人工智能系统，以确保其可持续适用且能充分有效地适应人工智能管理的需求。

（2）明确风险标准。

人工智能系统的风险标准需要每个组织依照自身相关的人工智能系统的应用领域和背景、预期用途及内外部环境来综合确定并区分可接受和不可接受的风险。

（3）人工智能风险评估流程。

一套完整的人工智能风险评估流程需要考虑以下内容。

①本组织的人工智能政策和目标；

②在面对相同的人工智能风险情况时，可以产生一致的、有效的且可以比较的评估结果；

③双向识别出有助于人工智能系统发展和有碍于人工智能系统目标实现的风险；

④分析人工智能系统的风险以评估风险对组织、个人和社会可能造成的潜在后果，评估风险实现的现实可能性，并确定风险等级；

⑤评估人工智能所产生的风险，依照前文所述的风险标准，比较各风险分析的结果，以确定风险的处理优先级。

风险评估流程需要全程记录信息并保留。

（4）人工智能风险处理流程。

在形成人工智能风险的分析结果后，组织应当确定人工智

能风险的处理流程,处理流程需要:

①针对不同的风险分析结果采用适当的风险处理方案;

②风险处理方案应适当、必要且全面,不能遗漏任何必要的控制措施;

③在不遗漏必要的控制措施以外,还要考虑是否需要设置其他控制措施以实施所有的风险控制方案;

④编制必要控制措施的适用性说明,并说明使用及不使用控制措施的理由;

⑤制订人工智能风险处理计划,风险处理计划及经计划处理后的残余风险需要获得指定管理层的批准;

⑥向组织内部、相关方传达风险处理的控制措施,也可以酌情提供给利益相关方。

风险处理流程需要全程记录信息并保留。

(5)人工智能系统影响评估流程。

人工智能系统影响评估不同于风险评估,风险评估着眼于人工智能系统应用过程中可能出现的风险、风险的现实可能性及潜在危害后果,而影响评估则更宏观,需要组织评估人工智能系统部署后其可能对个人、群体和社会造成的后果。人工智能系统影响评估流程包括:

①人工智能系统部署后可能对个人、群体和社会造成的后果;

②人工智能系统依照预期目的和功能使用可能对个人、群体和社会造成的后果;

③人工智能系统在可以被预见的误用场景下使用可能对个人、群体和社会造成的影响;

④对人工智能系统影响进行评估需要考虑部署人工智能系统的具体技术、社会背景和其所在司法管辖区内的法律文件;

⑤人工智能系统影响评估的结果需要记录并保留,在适当

的情况下，可以提供给组织认定的利益相关方。

（6）文件保存、内审、监测和改进流程。

①文件保存。

组织建立的人工智能系统应当按照标准要求保存相关文件和组织认为有必要留存的重要信息。组织应当严格保管已保存的重要信息，防止泄密、遗失、折损或被不当使用，同时需要确保信息可提取，以便在需要的情况下能提取使用。

②内审。

组织应当建立内审流程，并实施和维护内部审核方案，以保证组织对人工智能系统的管理要求，同时符合标准文件的规定。

③监测。

组织应当定期或在拟发生重大变更时进行人工智能风险评估和人工智能系统影响评估，同时组织需要确定监测流程，明确监测的内容、分析和评估结果，以评估人工智能系统的表现和效果，并形成记录文件保存。

④改进。

组织应当持续改进人工智能系统，以确保系统的充分有效和适应性。当出现不合格的情况时，组织应当：

第一，控制并纠正不合格的情况，并解决其导致的影响和后果；

第二，评估产生不合格情况的原因，决定是否需要修复，以免此情况再次发生；

第三，审查所采取的纠正措施的有效性；

第四，评估是否需要对人工智能系统进行更改。

同时，将不合格情况的形成原因、采取措施及措施的效果一并形成记录保存。

（四）欧盟认可的其他标志

在 1989 年 12 月 21 日的欧盟理事会决议《关于符合性评估

的全球方法》中，欧盟正式提出了相互认可协议的原则，欧盟通过与第三国政府针对一种（部、类）或多种（部、类）产品签署协议，使缔约双方相互承认由另一方的符合性评估机构发布的符合本国法规的证书、符合性标志和测试报告。[1]

相互认可协议并不需要互相接受对方的标准或者技术规范，而是在各自不同的标准规范之间建立起一个协调制度，缔约双方的指定机构（公告机构）主管部门必须按照协议框架中规定的基本准则与程序指定相应的符合性评估机构，并保证这些指定机构（公告机构）能够按照相互认可协议中另一方的法规程序和标准运作。[2]

目前，因为人工智能系统属于正在发展的前沿领域，宏观监管层面的《人工智能法案》虽已落地，但欧盟与其他国家之间尚不存在具体的针对人工智能系统的认证、投放上市的国家间互认协议。

《人工智能法案》附件一明确的高风险人工智能系统是以人工智能系统具体应用的产品类型划分的，以机械和医疗器械为例，欧盟标准化组织等机构已经考虑了产品可能搭载人工智能系统的问题，因此在具体产品的协调标准中已经增加了对其搭载的人工智能系统的规范和要求。而在附件一罗列的全部产品类型中，欧盟与不少国家存在互认协议，如欧盟与澳大利亚、新西兰、美国、加拿大均签署了有关医疗器械的互认协议，与澳大利亚、新西兰、日本签署了有关机械设备的互认协议。

因为不同国家互认协议涵盖的产品类型和具体种类均不同，

---

〔1〕 https://tbt. sist. org. cn/mbsc_106/omsc_111/jsxmycstx_372/hgpdcx_928/200811/t20081110_172829. html, last visited on Jun. 27, 2024.

〔2〕 https://tbt. sist. org. cn/mbsc_106/omsc_111/jsxmycstx_372/hgpdcx_928/200811/t20081110_172829. html, last visited on Jun. 27, 2024.

且互认协议也规定了进一步谈判和更新的条款，所以在欧盟更新了自身产品协调标准以适应人工智能系统发展的情况下，欧盟与互认国家间具体产品的互认协议可能也需要同步更新，以确保市场准入。

七、支持创新的人工智能监管沙盒

近年来，监管沙盒作为解决新兴技术开发和使用问题的有效手段，在欧盟范围内的金融、交通、能源、电信和健康等多个领域发挥着重要作用，赢得了广泛的认可与青睐。例如，金融监管机构运营的监管沙盒现已成为金融科技（fintech）领域的标配，它们被广泛应用于设计数字钱包和数字 ID 技术等新型金融服务；在交通领域，它们为自动驾驶汽车和无人机的研发提供了宝贵的实践环境；在能源领域，智能电表的创新得以在沙盒中进行深入探索；在电信领域，5G 部署前的技术也在沙盒中得到了测试与验证；在健康领域，预测性早期疾病检测的服务和创新也在沙盒中得到了验证与优化。因此，欧盟机构已正式承诺，将积极采用监管沙盒等创新方法，以增强欧盟立法提案的前瞻性和创新友好性，确保法律框架能够灵活应对日新月异的科技发展和市场变革。[1]

在欧盟范围内建立协调的人工智能监管沙盒旨在允许企业在监管机构的严格监督下，探索并试验新的 AI 产品、服务或业务模式。通过监管沙盒，监管机构可以更加深入地了解 AI 技术的运作机制，及时识别潜在风险，并为未来的监管政策制定提供有力的数据支持，提升对新技术的监管能力，确保新技术的发展符合公共利益。这一机制为创新者提供了一个在受控且安全的环境中测

---

[1] https://data. consilium. europa. eu/doc/document/ST‐13026‐2020‐INIT/en/pdf, last visited on Apr. 18, 2024.

试并验证其创新理念，以加速商业应用的落地，从而激励他们更加积极地投入研发，同时也为消费者带来了更多的选择，有机会更早接触到安全、可靠且先进的 AI 产品和服务。

《人工智能法案》鼓励而非强制成员国设立监管沙盒。因此，监管沙盒可以由单一成员国、多个成员国或欧洲数据保护监督机构（EDPS）牵头设立。此外，监管沙盒必须在国家主管当局的严格监督下运作，遵循欧盟和成员国层面现行的法律法规。若人工智能系统的应用对个人健康、安全或基本权利构成潜在风险，国家主管当局有权采取缓解风险的措施，甚至在必要时暂停相关试验或应用。人工智能监管沙盒的参与者则将依据适用的欧盟及成员国立法，对在沙盒环境中进行的试验活动可能对第三方造成的任何损害承担相应的法律责任。

然而，监管沙盒并非无懈可击，它同样存在被误用或滥用的风险。例如，某些企业可能利用监管沙盒进行非法活动或损害消费者权益。因此，为了确保监管沙盒的成功运作，需要建立一个完善的法律框架，明确参与者的权利与义务，规范其行为，并设立相应的惩罚机制以遏制违规行为。只有这样，监管沙盒才能真正发挥其作用，推动 AI 技术的健康、安全和可持续发展。

八、严格的惩罚措施与巨额行政罚款

（一）《人工智能法案》下的行政处罚规定：条款解析

《人工智能法案》对行政罚则进行了指导性规定。

1. 行政处罚的原则

行政处罚应具有有效性、相称性和劝诫性，应考虑包括初创企业在内的小微型企业的利益和经济可行性。

市场监督管理机关、欧洲数据保护监督机构（EDPS）等机关行使权力时，应遵守欧盟和成员国法律规定的适当程序保障，包括有效的司法救济和正当程序。

2. 成员国义务

在《人工智能法案》规定下，除欧盟委员会负责促进该法案的实施并协调各成员国监督机构之间的合作外，各成员国的市场监督机构将实际负责对高风险人工智能系统合规情况的监督，并有权要求系统提供者针对不合规的人工智能系统采取纠正措施，甚至禁止、限制、撤销或召回不符合该法案要求的人工智能系统，成员国的监督机构也有一定的自由裁量权，包括对虽然符合该法案要求但对人的健康或安全或基本权利或其他公共利益保护构成风险的人工智能系统采取必要相应的监管措施。

（1）具体规则的制定与实施。

① 制定适用于经营者违反《人工智能法案》的处罚规则和其他执行措施，可以包括警告和非罚款措施。

② 制定在多大程度上可对其境内设立的公共机关和机构（public authorities and bodies）处以行政罚款的规则。

③行政罚款的规定可以由国家主管法院或其他适用机构实施，在成员国中也具有同等效力。

（2）通知与报告。

①具体规则和措施的生效和任何修订都应及时通知欧盟委员会。

②每年向欧盟委员会报告行政罚单，以及相关的诉讼或司法程序。

3. 对经营者罚款金额的一般标准

（1）违反禁止性人工智能实践的规定，将最高处以3500万欧元的行政罚款，或对企业处以其上一财政年度全球年营业总额的 7% 的罚款，以较高者为准。

（2）违反与运营者或公告机构有关的规定，将最高处以1500 万欧元的行政罚款，或对企业处以其上一财政年度全球营业总额的 3% 的罚款，以较高者为准。

（3）提供错误信息（向公告机构和国家主管机关提供不正确、不完整或具误导性的信息以响应请求的），应最高处以 750万欧元的行政罚款，或对企业处以其上一财政年度全球营业总额的 1% 的罚款，以较高者为准。

此外，对于以上每一类罚款标准，包括初创企业在内的小微企业的罚款阈值以较低金额为准。

4. 对经营者决定行政罚款数额时的考量因素

（1）违法行为的性质、严重性和持续时间及其后果，同时考虑人工智能系统的目的，以及酌情考虑受影响人数及所受损失程度。

（2）其他成员国的市场监督管理机关是否已针对同一违法行为对同一经营者处以行政罚款。其他机构是否已对同一经营者因违反联盟或国家法律而实施了行政罚款，而这些违法行为是由构成违反《人工智能法案》相关行为的同一活动或不作为造成的。

（3）违法主体的规模、年营业额和市场份额。

（4）适用于案件情节的任何其他加重或减轻处罚的因素，如直接或间接从违法行为中获得的经济利益或避免的损失。

（5）为纠正侵权行为和减轻侵权行为可能造成的负面影响而与国家主管机关合作的程度。

（6）基于经营者采取的技术保障和组织措施考量其责任程度。

（7）国家主管机关获知违法行为的方式，特别是考虑经营者是否通知了该违法行为及通知程度。

（8）违法行为的故意或过失性质。

（9）经营者为减轻受损主体遭受的损害而采取的任何行动。

5. 对欧盟机构、机关和团体的行政罚款

在不影响被罚款的欧盟机构、团体或机关的有效运作的前提下，违反《人工智能法案》第 5 条禁止性人工智能实践的，欧洲数据保护监督机构（EDPS）可对其最高处以 150 万欧元的行政罚款，违反第 5 条规定之外的要求和义务的，最高处以 75 万欧元的行政罚款。欧洲数据保护监督机构（EDPS）每年应向欧盟委员会通报行政罚款情况，以及相关的诉讼或司法程序。

6. 对欧盟机构、机关和团体行政罚款的考量因素

（1）违法行为的性质、严重性和持续时间及其后果，同时考虑有关人工智能系统的目的、受影响的人数及其所受损害程度，以及任何相关的先前侵权行为。

（2）对于欧盟机构、机关或团体的责任程度，应考虑其实施的技术和组织措施，以及为减轻受损主体遭受的损害而采取的任何行动。

（3）为减轻违法行为带来的不利影响而与欧洲数据保护监督机构（EDPS）的合作程度，包括遵守欧洲数据保护监督机构（EDPS）先前对其就同一事项所下令采取的任何措施。

（4）欧盟机构、机关或团体先前作出的任何类似违规行为。

（5）欧洲数据保护监督机构（EDPS）获知该违法行为的方式，特别是欧盟机构或机关是否通知了该违法行为及通知程度。

（6）机构的年度预算。

7. 对通用人工智能模型提供者的罚款

通用人工智能模型提供者提供信息不符合要求的、未履行风险揭示义务、未采取合理措施或存在其他违反《人工智能法

案》规定的行为的，欧盟委员会对其采取的罚款额不应超过其上一财政年度全球营业总额的 3% 或 1500 万欧元的罚款（以较高者为准）。同时，为了让提供者有缓冲时间调整，罚款应在条款生效一年后加以惩处。在确定罚款或定期罚金的数额时，应考虑违法行为的性质、严重程度和持续时间，并适当考虑比例原则和适当原则，以及提供者作出的相关承诺。

（二）对比 GDPR 下的行政处罚规定

《人工智能法案》相关规则将分阶段实施，其中一些禁止性规则将在该法律通过 6 个月后生效，与通用人工智能模型相关的某些规则将从 2025 年起适用。可以预见，随着 ChatGPT 引发的人工智能风潮，伴随《人工智能法案》的欧盟相关指导意见和执法行动都将增加。而作为欧盟法律体系中继 GDPR 后的又一重要法案，其关注重点也与 GDPR 相似，且都以巨额罚款来平衡技术创新与安全，对比 GDPR 下的行政处罚规定可以对未来《人工智能法案》的施行有较好的预测，并规避潜在的风险。

1. GDPR 处罚条款原文与解析

对于违反 GDPR 规定的违法或侵权行为，GDPR 在第 83 条及第 84 条规定了行政罚款的具体规则。一方面，数据执法部门在处理具体个案时，应遵循有效性、相称性和劝诫性原则，并采取符合欧盟和成员国法律所规定的合适的程序性保障，包括有效的司法救济和正当程序。另一方面，在考虑是否处以行政罚款及罚款金额时，应当考虑以下因素。

（1）违法行为的性质、规模、严重性及持续时间，包括受影响人数及所受损害程度。

（2）违法行为是基于故意或过失。

（3）为减轻数据主体所受损害而采取的任何行动。

（4）数据控制者或处理者的责任程度，应基于其实施的数据安全保障技术和组织措施来考量。

（5）过往违法行为记录。

（6）为减轻负面影响而与监管机构配合的程度。

（7）受侵害的个人数据的类型。

（8）监管机构获知违法行为的方式，特别是考虑经营者是否通知了该侵权行为及通知程度。

（9）对制裁措施、经批准的行为准则或经批准的认证机制的遵守情况。

（10）加重或减轻因素——案件情况引起的任何其他问题，包括因侵权而获得的经济利益或避免的损失。

对于罚款金额标准，GDPR 在明确成员国可根据第 83 条规定决定罚款金额之外，规定成员国可以另行立法制定其他罚款。GDPR 第 83 条规定了对企业处以行政罚款的一般条件，并划分了两类处罚标准。

表 3-1　GDPR 第 83 条规定的罚款标准

违反条款	具体内容		罚款标准
第 8 条、第 11 条、第 25—39 条、第 42 条和第 43 条规定的控制者和处理者的责任	信息社会服务中处理儿童个人数据适用同意的条件		最高 1000 万欧元或企业上一财政年度全球营业总额的 2%（以较高者为准）
	无须识别数据主体的处理		
	特殊设计和默认数据保护设计；共同控制者；设立在欧盟之外的控制者或处理者的代表；处理者义务等		
第 41 条第 4 款、第 42 条、第 43 条	监管机构、认证机构责任		

违反条款	具体内容	罚款标准
第 5 条、第 6 条、第 7 条、第 9 条	个人数据处理原则；个人数据处理合法性基础；同意的条件；特殊类型个人数据的处理	最高 2000 万欧元或企业上一财政年度全球营业总额的 4%（以较高者为准）
第 12—22 条	数据主体的权利，透明度、访问权、更正权、被遗忘权、限制处理权、数据携带权、反对权、自动化决策、告知义务等	
第 44—49 条	个人数据向第三国或国际组织的转移	
第九章	依第九章颁布的成员国法律所规定的责任	
第 58 条第 1 款	拒绝提供访问	
第 58 条第 2 款	违反监管机构作出的命令、临时性或确定性限制，或对数据流动的中止	

2.《〈通用数据保护条例〉行政罚款计算指南》的解读

对于 GDPR 行政处罚条款的具体适用，欧洲数据保护委员会通过了《〈通用数据保护条例〉行政罚款计算指南》（Guidelines 04/2022 on the calculation of administrative fines under the GDPR）（以下简称《指南》），以统一数据保护当局对行政罚款的计算方法。

（1）罚款金额计算步骤。

对于如何有序实现 GDPR 第 83 条各项处罚条款的适用，

《指南》设计了 5 个具体步骤。

①界定案件处理操作，明确任何涉及对个人数据执行的操作，包括收集、记录、存储、修改或删除等，并评估适用情形。

②在评估基础上确定计算起点，第一，评估是否属于 GDPR 第 83 条第 4 款至第 6 款中的分类；第二，根据 GDPR 第 83 条第 2 款第 a 项、第 b 项和第 g 项的规定，评估侵权行为的严重性；第三，根据 GDPR 第 83 条第 1 款的规定考虑企业营业额。

③评估数据控制者或处理者加重或减轻情节，考虑过去或者当前行为，并相应地增加或减少罚款。

④确定不同处理操作所对应的罚款法定上限，确保调整后金额不超过该阈值。

⑤评估最终罚款金额是否符合有效性、相称性和劝诫性的要求，并进行相应调整。

（2）多项违法行为并存的适用。

数据控制者或处理者的数据处理行为具有连续性、复杂性，一个行为可能导致多项违规，多个行为之间也可能存在竞合。例如，有时尽管存在多个处理操作行为，但是由于各个行为之间具有一定的关联性甚至一致性，根据该法条的规定，这种"相同或者关联的处理操作"可能构成同一行为，此时只存在一项可制裁的行为。同时，一项和多项可制裁行为可能对应多条处罚条文，而在这种复杂的不同情形下，如何适用行政罚款金额的计算，《指南》对 GDPR 第 83 条第 3 款作了解释。首先应识别存在一项还是多项可制裁行为，然后判断一项可制裁行为下存在的是单一侵权行为还是多个侵权行为，如果是多个侵权行为，则需要考虑这些侵权行为间是相互排斥的还是同时适用的，具体适用如下：

① 一个可受制裁的行为中涉及多个侵权行为，且这些侵权

行为之间存在替代或包含关系，即其中一项侵权行为的发生可以排除或替代另一项侵权行为时，行政罚款的确定将仅针对这些侵权行为中的一项进行，罚款金额受法定最高限额的约束。

②一个可受制裁的行为中涉及多个互不包含的侵权行为，这些侵权行为处于并列关系且可以同时适用，那么在确定罚款金额时，需将所有相关的侵权行为纳入考量范围，罚款总额受法定最高限额的约束。

除 GDPR 第 83 条第 3 款规定的相同或者关联的处理操作的情形外，存在多项可制裁的行为可以分别处以罚款，罚款总额遵循最高额限制。多项可制裁行为表明数据处理者或者控制者违反了多项法律规定，因此，需要依据其违反的不同法律规定分别单独进行罚款的计算，罚款总额可能会超过最严重侵权情形对应的罚款金额。

（3）罚款金额计算起点的确定。

计算起点的确定主要依据 GDPR 第 83 条第 4 款至第 6 款对不同违法行为类型的分类、违法行为的严重性判断以及企业年营业额进行考虑，以促进监管一致性为目的。

①GDPR 第 83 条第 4 款至第 6 款对应两类处罚标准，最高 1000 万欧元或者企业年营业额 2%的罚款，以及最高 2000 万欧元或者企业年营业额 4%的罚款，以较高者为准。

②判断侵权行为的严重程度时，参照第 83 条第 2 款的内容，从行为性质、持续时间、主观故意或过失程度，以及受影响数据的种类等多个维度出发，设定了明确的评估标准，并将侵权行为划分为轻微、中等和严重 3 个等级，分别对应法定最高罚款限额的 0 至 10%、10%至 20%和 20%至 100%的 3 个范围，据此调整罚款的初始金额。

③企业年营业额是影响行政罚款的重要因素之一。《指南》

依据有效性、相称性及劝诫性的原则，考虑了不同企业规模之间的差异，在具体案例中，监管机构会根据被处罚企业的营业规模来适当调整罚款金额。一般而言，企业的营业额越高，所确定的行政罚款起始金额也会相应增加。

（4）加重或减轻情节。

《指南》中对于加重或减轻因素的考虑部分，主要基于 GD-PR 第 83 条第 2 款所列举的各项内容，充分考量调查阶段所收集到的各类要素。同时，监管机构在作出决策时，也会适时参考以往的罚款经验，以确保决定的合理性和一致性。

①补救措施：数据控制者或处理者为减轻数据主体遭受的损害而采取的补救措施足够有力时，可以作为减轻罚款金额的因素，监管机构需要具体评估措施采取的及时性与有效性。

②责任程度：对数据控制者或处理者的责任程度的考虑，只有在其超过法律规定的义务范围外实施了技术和组织措施才能作为减轻处罚的考虑因素。

③先前违法行为：需要考量的是先前行为发生的时间和主题等因素。与当前违法行为的时间间隔近、主题相似度高、主题不相同但实施方式相同，都可能表明控制者或处理者组织内部持续存在的问题，属于行政罚款考量时的加重情节，而不存在先前违法行为应该是常态性的并不能被视为减轻情节。

④为减轻影响而与监管机构的合作程度：《指南》明确只有当控制者或者处理者与监管机构的合作是义务之外非强制性且产生了减轻负面影响的效果，才能纳入减轻情节的考量范畴。

⑤违法行为被获知的方式：如果控制者或处理者没有法律规定的特定通知义务约束，一般而言，如果在监管机构获知违法行为前，控制者或处理者主动进行了通知，则可被视为减轻情节。

⑥对监管机构先前就同一事项所下令采取的措施的遵守情况：根据 GDPR 第 83 条第 2 款，控制者或处理者可能因相同的事项被监管机构采取了措施，此时会对控制者或处理者存在合理期待，期待其遵守上述措施以防止在未来发生相同违规行为。如控制者或处理者不遵守先前发布的措施要求，会被视为加重情节予以考量。

⑦对批准的行为规范或认证机制的遵守：控制者或处理者的良好遵守情况会被纳入减轻处罚情节的考量，而当控制者或处理者不遵守行为准则的行为与违规行为相关时，会被监管机构认定为处罚考量的加重情节。

此外，还可以考量违规行为获利情况、社会经济环境的重大变化等，根据个案情节考虑所有存在的加重或减轻情节后需判断罚款是否仍符合有效性、相称性和劝诫性，并进行调整。

（5）法定最高罚款限额的确定。

①静态罚款最高限额与动态罚款最高限额。

GDPR 第 83 条第 4 款至第 6 款对不同类型违法行为的罚款最高限额进行了规定，分为静态限额与动态限额。最高 1000 万欧元与 2000 万欧元的罚款为静态限额，动态限额则与企业营业额有关，根据企业上一年度营业额百分比计算，有 2% 和 4% 两档。对于两种最高限额如何适用，《指南》确立了两者取其高的原则。

②企业营收的计算。

对于动态限额中企业上一年度营业收入来说，这类企业指的是从事联合经济活动的企业集团，以一个经济整体来计算综合营业额以确定最高动态罚款上限。例如，如果一个经济实体对其他经济实体实施具有决定性影响力和主导性控制，几个法人主体可能共同组成（联合）控制者或处理者，营业额则为销售的所有商品与服务的总和。

（6）行政处罚的有效性、相称性与劝诫性。

行政罚款应当具备有效性、相称性与劝诫性，这是 GDPR 第 83 条第 4 款所确定的处罚原则，《指南》强调监管机构有责任核实罚款金额是否适合处罚原则的要求，并决定是否需要对罚款金额进行调整，调整后罚款数额不得超过法定最大限额。

①有效性：为了重申规则、惩罚违规行为的双重目的，如果罚款达到了规定的目标，则认为是有效的。

②相称性：要求所采取的措施不得超过适当和必要范围，以与立法目标相适应。监管机构应考虑企业实际罚款支付能力，从经济可行性出发，在有客观证据证明企业无力支付罚款，且罚款会威胁企业经济生存能力导致资产全部或大部分损失的情况下，进一步降低罚款，这是比例原则的一种特殊衍生。此外，还需要结合特定的社会和经济背景进行分析。

③劝诫性：强调罚款的一般威慑性（预防潜在违规行为）和具体震慑力（阻止再次违法）。为了强化威慑作用，监管机构有一定的自由裁量权，如果其认为罚款金额不够具有劝阻性，在某些情况下，可增加罚款金额。

以上对 GDPR 行政处罚条款的具体适用说明，包括原则、罚款上限及计算方式、加重减轻情节等规则的具体适用，为更好地理解《人工智能法案》提供了参考。

3. GDPR 生效以来 5 年的执法报告

自 GDPR 生效适用后的 5 年内，为达到对潜在违法行为的威慑目的，GDPR 执法在数据保护领域的处罚力度和金额持续增加，通过有力的处罚框架提高了大众的合规意识。据不完全统计，截至 2023 年 3 月，欧盟执法机构共开出 1576 份罚单，罚款总额约 27.7 亿欧元，罚款总额总体趋势如图 3-5 所示。

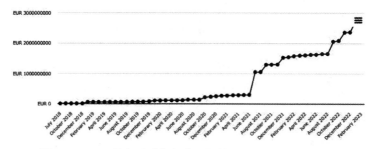

图 3-5 CMS 执行跟踪数据库记录的 GDPR 罚款总额趋势

资源来源：https://cms.law/en/int/publication/gdpr-enforcement-tracker-report/numbers-and-figures。

同时，欧盟 GDPR 执法领域涉及传媒、工商、交通能源、就业、住宿和医疗、金融保险和咨询、公共与教育、健康、房地产、个人与私人协会等行业，各行业的罚款次数、罚款力度及执法侧重点均有所不同。根据 GDPR Enforcement Tracker 的统计报告，金融保险和咨询行业的罚款仍在增加，最高的罚款都是由于缺乏足够的内部合规措施来确保处理客户数据有足够的法律依据，包括在个案中未能获得数据处理的有效同意。因此，金融、保险和咨询行业的企业应牢固地建立和实施全面的流程，以确保每一项数据处理活动都有明确的法律依据。住宿行业罚款率较低，最大罚款额归因于较大的运营商。传媒行业的罚款多是因为处理个人数据没有足够的法律依据。能源运输行业虽然问题数量有所增加，但罚款金额有所下降，主要源于涉及数据主体的数量、违规行为的严重程度和与监管机构的合作程度。其他行业，如医疗保健行业罚款主要源于对数据保护的技术和组织措施不足，房地产、工商部门罚款主要原因是不遵守一般数据保护原则和数据安全措施不足。近年来，几笔高额罚单如

表 3-2 所示。

表 3-2　部分 GDPR 高额罚单

时间	数据处理者	处罚金额（欧元）	处罚依据
2023 年 5 月 23 日	Meta	12 亿	非法向美国传输个人数据
2021 年 7 月 16 日	亚马逊	7.46 亿	不符合数据处理基本原则
2022 年 9 月 5 日	Meta	4.05 亿	不符合数据处理基本原则
2023 年 1 月 4 日	Meta（爱尔兰）	3.9 亿	不符合数据处理基本原则
2022 年 11 月 25 日	Meta（爱尔兰）	2.65 亿	确保信息安全的技术和组织措施不足
2021 年 9 月 2 日	WhatsApp（爱尔兰）	2.25 亿	信息义务履行不足
2021 年 12 月 31 日	谷歌	9000 万	数据处理法律依据不足
2021 年 12 月 31 日	脸书（爱尔兰）	6000 万	数据处理法律依据不足
2021 年 12 月 31 日	谷歌（爱尔兰）	6000 万	数据处理法律依据不足
2019 年 1 月 21 日	谷歌	5000 万	数据处理法律依据不足
2020 年 10 月 1 日	H&M	3526 万	数据处理法律依据不足

从执法趋势来看，有两个执法趋势值得关注，欧洲数据保护委员会着重支持增加罚款，且发布了关于人工智能面部识别技术在执法中的指导意见。欧盟数据保护监督机构（EDPS）认识到人工智能系统与个人数据之间密不可分的联系，可以预见，随着欧盟《人工智能法案》的最终确定，其具体适用及执法情况会与 GDPR 密切关联。

（三）参照 GDPR、《人工智能法案》下的执法展望

欧盟《人工智能法案》堪称全球首部全面规范人工智能的法律，其核心目标在于应对人工智能可能对健康、安全和基本权利带来的潜在风险。此外，该法案还致力于捍卫民主价值、维护法治秩序并保护生态环境。而生物识别系统或人工智能决策所涉及的领域，如招聘、教育、医疗和执法等，均关乎重大个人利益，其法益更具多样性和复杂性。因此，继数据保护之后，该法案已成为执法者密切关注和重点执法的对象。

从行政罚则来看，《人工智能法案》针对不同情形设置了类似于 GDPR 的罚款机制，从整体原则、罚款最高限额、加重或减轻情节的考虑都有 GDPR 的影子。从原则上看，均强调处罚的有效性、相称性与劝诫性。从加重或减轻情节上看也多有重合，需要综合考虑违法行为的性质、严重性和持续时间及其后果，违法主体的规模、与监管合作的程度、补救措施、技术保障和组织措施等。而从法定最高罚款限额来看，《人工智能法案》的最高阈值高于 GDPR 的要求，静态罚款最高限额最高可达 3500 万欧元的行政罚款，动态罚款最高限额达到企业上一财政年度全球营业总额的 7% 的罚款，其惩罚力度远远高于"史上最严格数据保护立法"的 GDPR 所设定的 2000 万和 4% 的阈值，且各欧盟成员国均需要制定处罚规则，并采取一切必要措施确保这些处罚规则得到适当和有效的执行。从处罚额度来看，不免让人工智能企业担忧会在欧洲承担过高的经营风险。

当然，与 GDPR 相契合，该法案在促进创新竞争方面也充分考虑企业的经济可行性。特别是针对各类违规行为，法案为中小企业，包括初创企业，设定了较低的罚款阈值，这为他们提供了更加灵活和多样化的罚款选项。这一做法与 GDPR 中

"两者取其高"的原则形成鲜明对比，体现了欧盟立法者在寻求安全与创新平衡时的深思熟虑。

考虑人工智能涉及的行为主体和权利类型更为复杂和广泛，且人工智能系统的应用对社会利益、经济增长、欧盟创新能力和全球竞争力的提升具有巨大潜力，在执法过程中更应注重创新与安全的平衡。虽然从 GDPR 对企业严格的执法力度来看，我们可以预期该法案未来的执法也将是强有力的，但关于罚款阈值的设定是否能有效激励创新，避免创新者因担忧高额罚款而转向监管环境较为宽松的地区，这仍是一个值得持续关注的问题。欧盟立法者和监管机构需要继续在这方面进行探索和平衡，以确保在维护人工智能的安全的同时，也能充分激发创新活力。

九、小结

根据欧洲议会发布的《人工智能法案》文本，[1] 法案要点如下。

（一）人工智能系统的定义

人工智能系统的定义为"人工智能系统是指基于机器的系统，它被设计为以不同程度的自主性运行，并且可以为明确或隐含的目标，从其接收的输入中推断出诸如预测、内容、建议或决策等影响物理或虚拟环境的输出"，该定义与经济合作与发展组织（OECD）商定的定义基本一致。

（二）明确人工智能系统风险分类管理

《人工智能法案》根据人工智能系统对用户及社会的潜在影

---

〔1〕 https://www.europarl.europa.eu/doceo/document/TA-9-2024-0138_EN.pdf, last visited on Mar. 18, 2024.

响程度区分为四类：不可接受风险类、高风险类、有限风险类、极低风险类。不同类别分别适用不同程度的监管要求，以确保不太可能造成严重侵犯基本权利或其他重大风险的人工智能系统不会被过度监管，实现监管与保护创新的平衡。

1. 不可接受的风险的人工智能系统

如前文所述，《人工智能法案》明确规定了八种存在不可接受的风险的人工智能系统应用场景。《人工智能法案》严格禁止该等不可接受的风险类的人工智能系统。

2. 高风险人工智能系统

《人工智能法案》的附件一和附件三明确了高风险人工智能系统的分类：一是根据法案附件一的规定，人工智能系统作为安全组件的产品或人工智能系统本身作为产品；二是法案附件三明确规定的应用于8个领域的人工智能系统。高风险人工智能系统的部署者将系统投放市场之前，应进行基本权利影响评估，并提高高风险人工智能系统使用的透明度。

3. 有限风险和极低风险的人工智能系统

有限风险类的人工智能系统被认为不会构成任何严重威胁，因此，仅存在有限风险的人工智能系统将受非常轻的透明度义务的约束。例如，披露内容是人工智能生成的，以便用户可以对进一步使用作出明智的决定。这类系统的提供者可选择适用可信人工智能的要求，并遵守自愿的行为准则。对于具有极低风险的人工智能系统而言，这类系统对用户的安全、健康及基本权利的影响很小甚至没有风险，《人工智能法案》并未对此类人工智能系统作出更多的监管要求。

4. 通用人工智能模型

通用人工智能模型分为两类：其一是具有系统性风险的通

用人工智能模型；其二是不具有系统性风险的通用人工智能模型。对具有系统风险的有较大影响的通用人工智能模型施加更严格的义务。通用人工智能模型，包括大型生成人工智能模型，在训练模型时会受透明度义务和版权法义务规制。如果这些模型训练时使用超过特定阈值的计算能力，会受到额外规制，包括评估和缓释它们造成的系统风险。

（三）支持创新的措施

该法案引入了人工智能监管沙盒制度。人工智能监管沙盒为创新型人工智能系统的开发、测试和验证建立一个受控环境，也允许在特定条件和保障措施下在真实环境内测试创新型人工智能系统。

（四）欧洲人工智能办公室

欧盟委员会内设立了一个欧洲人工智能办公室，负责欧盟委员会职权范围内的人工智能治理，以促进标准制定和测试实践，并在所有成员国内执行共同规则。

（五）分阶段生效

在欧洲议会和欧盟理事会通过后，《人工智能法案》将于其在官方期刊上公布之日起第 20 天生效。法案预计将在生效后 24 个月全面适用，并按以下循序渐进的方式实施。

法案生效后 6 个月起：法案第一章及第二章开始适用，其中，成员国应逐步淘汰不可接受的风险的人工智能系统；

法案生效后 12 个月起：法案第三章第四部分、第五章、第七章及第十二章开始适用，但对通用人工智能模型提供者的罚款之规定例外；

法案生效后 36 个月起：法案第 6 条第 1 款及本条例项下对

应的义务开始适用。

（六）《人工智能公约》

为了在《人工智能法案》正式施行前的过渡期弥合差距，欧盟委员会将启动一项《人工智能公约》。它将召集来自欧洲和世界各地的人工智能开发者，由其自愿承诺在法案正式施行前履行其中关键义务。

第四章

美国人工智能立法概述

一、美国对人工智能的监管历程

相较于欧盟如火如荼的体系化立法而言，美国在人工智能方面的立法总体而言仍呈现较为零散、地区化的态势。相较于联邦层面迟迟没有出现一部统一的综合性人工智能立法，州级层面的探索则更向前一步，较先进如纽约州、加利福尼亚州等已经率先通过了AI 相关法案，主要涉及 AI 模型中的歧视与偏见、模型透明度等，典型如《加州隐私权法案》《华盛顿特区停止算法歧视法案》。

在联邦层面，截至目前美国并未通过一部全方位规制人工智能的综合性法案。从美国第 118 届国会任期引入的人工智能立法（《人工智能领先法案》《国家人工智能委员会法案》《确保安全、可靠、合乎道德和稳定的 AI 系统法案》《禁止欺骗性AIGC 音视频内容影响联邦选举法案》）来看，所谓综合性立法在美国出现的可能性依然不大。[1]目前供讨论的法案草稿关注

---

〔1〕 刘晓春、夏杰：《美国人工智能立法态势介评》，载《中国对外贸易》2023 年第 10 期。

的是与人工智能相关的机构设置、针对特定领域使用人工智能的专门性立法规制，以及对当前现有法律法规冲击程度进行的立法前调研。

正因如此，拜登政府通过发布行政监管政策的方式先行推进对人工智能的风险防范，以期重塑美国在人工智能领域的全球领导地位。2022 年 10 月发布的《人工智能权利法案蓝图》（Blueprint for an AI Bill of Right，以下简称《蓝图》），[1] 为人工智能系统设立了五项基本原则，分别为安全有效的系统、算法歧视保护、数据隐私、通知和解释、人工替代方案与后备。2023 年 10 月，拜登签发了《关于安全、可靠、可信地开发和使用人工智能的行政命令》（Executive Order on Safe, Secure, and Trustworthy Development and Use of Artificial Intelligence，以下简称《AI 行政命令》）[2]，提出了拜登政府推进和管理人工智能开发和使用的八项原则。该行政命令被认为是美国迄今为止最全面、最广泛的人工智能监管原则。本章将着重就上述两个文件展开进一步的解析和论述。

在监管机构方面，美国尚未确定人工智能监管的统一机构，现有人工智能监管由联邦各机构在各自的职权范围内开展相关执法。其中以商务部、联邦贸易委员会在各部门中的作用尤为突出。商务部下属机构国家标准与技术研究院（National Institute of Standards and Technology，NIST）发布《人工智能风险管理框架》，该框架提出了一套有关 AI 风险识别和管理的综合指导和

---

〔1〕　https://www.whitehouse.gov/ostp/ai-bill-of-rights/，last visited on Apr. 20, 2024.

〔2〕　https://www.federalregister.gov/documents/2023/11/01/2023 - 24283/safe - secure - and - trustworthy - development - and - use - of - artificial - intelligence，last visited on Mar. 29，2024.

实操建议，成为未来立法的重要参考。联邦贸易委员会则发布《联邦贸易委员会消费者保护指南》，并对人工智能作出了"透明、可解释、公平且符合经验、促进问责制"的要求。[1]联邦贸易委员会还通过案例的形式，强调联邦贸易委员会需积极履行监管生成式人工智能的责任，保护竞争和消费者利益。[2]

总体而言，美国现行有效的人工智能法律法规或行业规范仍然以原则性要求为主，各项文件都只针对使用人工智能技术需要遵守的基本原则进行规定，并未发布刚性更强的法律规则或提出具体的义务要求。这一方面反映出美国对新技术、新业态发展一贯持有的鼓励创新的态度，另一方面反映出当前美国针对人工智能技术尚未形成各方达成共识的成熟规制方案。

二、美国《蓝图》内容解析

（一）概述

2022 年 10 月美国白宫科技政策办公室（Office of Science and Technology Policy，OSTP）发布的《蓝图》，以非强制的形式，提出在人工智能时代发展 AI 系统的五项原则。

《蓝图》在序言部分指出，当今时代，技术、数据和自动化系统以威胁美国公众权利的方式被使用，这已成为民主制度面临的巨大挑战之一。科技进步及工具革新让每个人的生活变得更好，但这不能以公民权利或民主价值观为代价。为此，拜登政府推出了《蓝图》来保护美国社会免受这些威胁。

---

〔1〕 高隆绪：《美国对人工智能的监管：进展、争论与展望》，载 https://www.thepaper. cn/newsDetail_ forward_ 23724484，最后访问日期：2024 年 3 月 12 日。

〔2〕 https://www.ftc.gov/news－events/news/press－releases/2023/10/ftc－case－leads-permanent-ban-against-merchant-cash-advance-owner-deceiving-small-businesses-seizing, last visited on Apr. 20, 2024.

　　《蓝图》包括序言、五项原则、应用《蓝图》的说明，以及从原则到实践的技术指南。该指南逐一解释了每条原则的重要性、原则所指引的期望、各级政府到各种规模的公司等多种组织为维护原则可以采取的具体的实施步骤，以及原则的实践案例。

　　《蓝图》发布之前，OSTP 花费了一年的时间来倾听全美的声音。从受影响的社区到行业利益攸关方，再到技术开发人员，再到其他领域和部门的专家，以及联邦政府的决策者，OSTP 通过组织圆桌讨论、听证会、公开收集电子邮件意见等形式，广泛听取了全美关于算法和数据驱动的伤害和潜在补救措施等问题，这些讨论也在塑造《蓝图》方面发挥了核心作用。

　　（二）《蓝图》的框架结构

　　在应用《蓝图》的说明这一章节中，《蓝图》解释了其适用的范围和与现行法律的关系。由于人工智能技术仍在不断发展革新，《蓝图》的适用范围亦不能一概而定。因此，《蓝图》一是适用于"自动化系统"，二是适用于任何有可能影响美国公众的权利、机会或获得关键资源或服务的途径。而对上述"权利、机会或途径"，《蓝图》作了进一步解释：

　　公民权利、公民自由和隐私，包括言论自由、投票自由，以及在公共和私营部门免受歧视、过度惩罚、非法监视、侵犯隐私和其他自由的保护；

　　平等机会，包括平等获得教育、住房、信贷、就业和其他项目的机会；

　　获取关键资源或服务的途径，如医疗保健、金融服务、安全、社会服务、关于商品和服务的非欺骗性信息及政府福利。

由此可见，《蓝图》并非以单一的人工智能技术作为关注要点，而是以终为始，从保护公民权利的最终目标切入，关注任何对此有影响的人工智能技术。《蓝图》提出的五项原则和相关做法形成了一套整体的协调框架，以保护美国公众免受潜在伤害。

至于《蓝图》与现行法律及政策的关系，《蓝图》中提及的一些保护措施已经为美国宪法所要求或根据现有的美国法律所实施。例如，政府监视、数据搜索和扣押受法律要求和司法监督；对刑事调查事项进行人为审查有宪法要求；对司法审查有法定要求；民权法保护美国人民不受歧视；医疗设备以及行业、人口或技术特定的隐私和安全保护都有相关的监管安全要求。

虽然现有法律为《蓝图》的制定提供了信息，但《蓝图》中并没有对法律具体条文进行详细说明，只是在适当情况下将其作为现有保护措施的例子。《蓝图》更多的意义在于提出广泛的、前瞻性的建议原则，但并不具体分析联邦政府、各州或其他国家的立法。

从溯源来说，《蓝图》提到了历史上已发布的多项法案或建议，如经济合作与发展组织（OECD）的《2019年人工智能建议》、关于在联邦政府中促进使用可信人工智能的13960号行政命令、《公平信息实践原则》（FIPPs）等。《蓝图》符合上述法案提出的原则，并且在此基础上，提供了将原则付诸实践的下一步措施，在促进技术创新蓬勃发展的同时，保护民众免受伤害。

（三）安全有效的系统原则

本部分将从以下三个层面来论述：安全有效的系统原则的重要性、实现安全有效系统的方式、安全有效的系统原则在现实中被应用的实例，这三个层面与《蓝图》的行文逻辑一致，后文出现的各项原则也都将遵循同样的体例。

1. 安全有效的系统原则的重要性

虽然技术可以帮助人类广泛解决各种类型的问题，但是人类对技术的使用仍然存在以下忧虑：对技术的依赖可能导致其在尚未被证明完全有效的情况下就投入使用；技术如无法按照预期设定进行工作或将造成重大损害；自动化系统所依赖或引用的历史数据可能导致当下的决策被无关或错误信息影响；技术也可能被故意设计用于侵犯他人的隐私或安全。

上述这些由技术造成的损害是可以预防的，但在现实生活中预防措施的实践仍然较少且并不均衡。《蓝图》认为，在现有措施基础上，要建立更加扩大化的、主动性的保护机制，以切实增强美国民众使用自动化系统的信心并保护公众免受不安全的系统影响。

《蓝图》通过6个案例，来说明技术可能造成的损害，具体而言，包括：

（1）一个被上百家医院用于预测患者身患败血症可能性的医疗模型，因其多次作出错误的预测，导致人类对其发出的警告不再信任。

（2）社交媒体的自动审核系统无法区分原始信息与批评信息，导致反对种族主义的言论账号也被封禁。

（3）一款最初为帮助人们追踪和寻找丢失物品而开发的设备，被不法分子当作跟踪工具来跟踪受害者的位置，侵犯了他们的隐私和安全。

（4）一种用于部署警察的算法会反复向他们经常光顾的社区派遣警察，即使这些社区并非犯罪率最高的社区。这些错误的犯罪预测是通过重复使用以前的逮捕数据和算法预测产生的反馈循环的结果。

（5）在人工智能技术支持下，将照片裸照化的工具越来越多，这些工具允许用户在未经他人同意下将他人（尤其是女性）的照片更改为裸照，这将严重伤害受害者的个人和职业生活。

（6）一家公司在其送货车上安装了人工智能摄像头以评估司机的道路安全习惯，但当道路上发生了他们无法控制的其他事件时，该系统依然会错误地惩罚司机。

2. 实现安全有效系统的方式

《蓝图》中列出了三类方式来确保自动化系统是安全和有效的，包括以积极和持续的方式保护公众免受伤害，避免使用不适当的、低质量的或无关的数据，以及验证系统的安全性和有效性。

（1）以积极和持续的方式保护公众免受伤害。

一是咨询，即在自动系统发展的设计、实施、部署、购置及维护阶段，咨询公众的意见。

二是测试，即系统在部署之前应该进行广泛的测试，测试应该遵循特定领域的最佳实践以确保该技术能够在真实环境中工作。

三是风险识别和缓解，即在部署之前，以一种主动和持续的方式识别和减轻自动化系统的潜在风险。

四是持续监控，即自动化系统应该有持续的监控程序以确保它们的性能不会随着时间的推移而低于可接受的水平，这种持续监测应包括持续评估性能指标和危害评估，在必要时重新培训任何机器学习模型并建立回退机制。

五是清晰的组织监督，即负责开发或使用自动化系统的实体应该列出明确的治理结构和程序。

（2）避免使用不适当的、低质量的或无关的数据。

一是要确保数据的相关性和高质量。相关性应该建立在数据对特定事项的因果影响的研究证明上，来自数据输入或其他来源的错误数据应该被限制。任何用作预测过程目标的数据都应特别注意预测结果或标签的质量和有效性，以确保自动化系统的目标得到适当的识别和测量。

二是要对衍生数据来源进行仔细跟踪和审查。通过使用算法从其他数据中派生出来的数据，如从之前的模型输出中派生或推断出来的数据，应该被识别和跟踪。

三是对敏感领域的数据要限制其重复使用。数据重用，特别是在新的语境中的数据重用，可能导致危害的蔓延和扩大。一些领域的数据，包括刑事司法数据以及金融、就业和住房领域的数据应该受到额外的监督，以确保安全和有效性。

（3）验证系统的安全性和有效性。

一是独立评估，独立评估人员，如研究人员、记者、道德审查委员会、督察长和第三方审计师，应以符合隐私、安全、法律或法规的方式访问系统和相关数据样本，以便进行此类评估。

二是报告机制，报告应包括系统概览、对用于培训机器学习模型或其他目的的任何数据的描述、对公众关注问题的回复、风险识别和管理评估，以及为减轻潜在危害而采取的任何步骤、性能测试的结果、持续监控程序和定期性能测试报告。报告应该以普通语言和机器可读的方式提供。

3. 安全有效的系统原则在现实中被应用的实例

《蓝图》列举了 8 个案例，用来说明该原则在现实中已通过法律、政策等形式在一定程度上被加以应用。

NIST 正在开发一个风险管理框架，帮助将可信赖性考虑纳入人工智能产品、服务和系统的设计、开发、使用和评估中，以便更好地管理人工智能给个人、组织和社会带来的风险。

一些美国政府机构已经为 AI 系统的道德使用开发了特定框架。能源部建立了人工智能进步委员会，负责监督能源部人工智能战略的实施和咨询，并解决人工智能系统道德使用和发展方面的问题。国防部采用了人工智能伦理原则，以及专门适合其国家安全和国防活动的负责任的人工智能原则。

一些州的立法机构对使用审前风险评估提出了强烈的透明度和有效性要求。使用算法进行审前风险评估一直是民权组织关注的问题。爱达荷州要求任何审判前的风险评估在使用前须"证明是无偏见的任何类型的个体免受歧视的州或联邦法律"，并要求"所有用于构建或验证风险评估的文件、记录和信息应当向公众开放检查"。

（四）防止算法歧视原则

1. 防止算法歧视的重要性

大量证据表明，自动化系统可能会产生不公平的结果，并放大现有的不公平。例如，可能导致错误和歧视性逮捕的面部识别技术，为歧视性决定提供信息的招聘算法，以及降低美国黑人某些疾病严重性的医疗保健算法。

许多公司、非营利组织和联邦政府机构已经采取措施，确保公众免受算法歧视。一些公司将偏见测试作为其产品质量评估和推出程序的一部分。联邦政府机构一直在制定使用自动化系统的标准和指导，以帮助防止偏见。非营利组织和公司制定了审计和影响评估的最佳做法，以帮助确定潜在的算法歧视，并在减少这种偏见方面向公众提供透明度。

但要保护公众免受算法歧视，并以公平的方式使用和设计自动化系统，还有更多的工作要做。保护公众在日常生活中不受歧视以确保所有人在使用自动化系统时都得到公平对待，这包括他们生活的所有方面，从招聘到贷款审批，从医疗和支付到与刑事司法系统的接触等。

《蓝图》列举了多个案例来说明现实生活中存在的算法歧视，这里列举其中3个案例。

（1）美国有500多所大学使用了一种以能够预测学生是否有可能辍学为卖点的预测模型。研究发现，该模型直接使用种族作为预测因素，并显示种族之间存在巨大差异。黑人学生被认为有较高退学风险的可能性是与其条件相似的白人学生的四倍。这些风险分数被顾问用来指导学生选择或放弃专业，一些人担心它正在被用来指导黑人学生远离数学和科学科目。

（2）一个自动情绪分析仪被发现对犹太人和同性恋有偏见，这是一个技术平台经常使用的工具，用来确定发布在网上的声明是表达了积极还是消极的情绪。例如，分析人员将"我是犹太人"这一陈述标记为代表消极情绪，而"我是基督徒"则被确定为表达积极情绪。这可能导致对社交媒体一些评论先发制人的屏蔽。

（3）美国残疾人法学院学生协会表示担忧，残疾人更有可能被远程监控人工智能系统标记为潜在可疑者，因为他们需要更长的休息时间或使用屏幕阅读器或听写软件。

2. 防止算法歧视的方式

任何自动化系统在出售或使用前都应该进行测试，以确保它不受算法歧视。针对算法歧视的保护应该包括在设计时确保广义上的公平。现有的反歧视法已经禁止了一些算法歧视。以下按照实施的顺序描述了可以采取的积极的技术和政策措施，这些保护应该在整个设计、开发和部署过程中实施。

（1）以积极和持续的方式保护公众免受算法歧视。

一是在设计中主动评估公平性。负责开发、使用或监督自动化系统的人应在技术研发的设计阶段进行积极的公平评估，以审查潜在的输入数据、相关的历史背景、残疾人的无障碍环境和社会目标，以确定技术的引入对公平的潜在歧视和影响。

二是任何用于系统开发或评估的数据都应具有代表性并足够稳健，以识别和帮助减轻偏见和潜在危害。

三是防范代理。在自动化系统的设计、开发或部署中直接使用人口统计信息，有很高的风险导致算法歧视，应该加以避免。

四是确保设计、开发和部署期间的可访问性。系统应该确保以残疾人无障碍的方式设计、开发和部署。

五是差异评估。自动化系统应该使用广泛的措施来评估系统要素是否会导致差异，包括部署前和部署中。被评估群体的人口统计数据应尽可能包括种族、肤色、民族、性别、宗教、年龄、国籍、残疾、退伍军人身份、遗传信息或任何其他受法律保护的分类。

六是减少差异。当差异评估根据被评估的群体确定差异时，需要采取步骤来减轻或消除差异。

七是持续监测和缓解。应该定期监测自动化系统，以评估可能由部署前测试期间未考虑的系统交互、部署后对系统的更改或对使用环境或相关数据的更改而产生的算法差别。

（2）证明系统可以防止算法歧视。

一是独立评估。公司或机构应允许对其使用或监督的自动化系统造成的潜在算法歧视进行独立评估。

二是报告。负责开发或使用自动化系统的实体应就设计适当的算法影响评估提供报告，明确说明谁对系统进行评估，以及如何针对评估采取纠正行动。这种算法影响评估应尽可能公开。

3. 防止算法歧视原则在现实中被应用的实例

《蓝图》中列举了 6 个该原则在现实生活中被应用的实例，此处选取其中两例。

联邦政府正在努力打击抵押贷款中的歧视。美国司法部发起了一项全国性的打击红线行动，其中包括审查一些贷款人如何开展针对性的营销和广告行为，这些贷款人指的是那些尽可能避免向有色人种社区提供服务的贷款人。这一举措将利用包括消费者金融保护局和审慎监管机构在内的联邦机构之间的强大伙伴关系。

平等就业机会委员会和美国司法部明确规定，雇主使用人工智能和其他自动化系统会如何导致对求职者和残疾员工的歧视。这些文件解释了雇主使用依赖算法决策的软件可能会违反美国《残疾人法》第 1 条下的现有要求。这项技术援助还为雇主提供了如何遵守美国《残疾人法》的实用建议，并为认为自己的权利可能受到侵犯的求职者和雇员提供了实用建议。

（五）维护数据隐私原则

1. 维护数据隐私的重要性

数据隐私是实现《蓝图》所描绘的框架中所有其他目标的基础原则。美国公众往往无法访问自己的个人数据，也无法就这些数据的收集和使用作出关键决定。数据经纪人经常在未经消费者允许或知情的情况下从许多来源收集消费者数据。

越来越多的公司开始认真对待这些问题，并将保护消费者隐私的机制集成到他们的产品中，包括尽量减少他们收集的数据，清楚地交流收集和使用情况，以及改善安全实践。然而，这些还不是标准做法，在涉及个人数据时，美国缺乏一个全面的法律或监管框架来管理公众的权利。虽然目前有各种法律来指导在健康、就业、教育和信贷等特定情况下收集和使用个人数据，但这些法律如何在其他情况下，以及在日益自动化的社会中适用可能并不清楚。

《蓝图》列举了以下四种情况来佐证。

（1）保险公司可能会从一个人的社交媒体上收集数据，作为决定向他们提供人寿保险费率的决策因素之一。

（2）一个数据经纪人收集了大量的个人数据，然后其数据库遭到了入侵，使数十万人面临潜在的身份盗窃威胁。

（3）当地一家公共住房管理局在住宅区的入口处安装了一个面部识别系统，以协助执法部门在提交警方报告时识别通过摄像头看到的个人。社区将这些人（包括住在住宅区的人和非住宅区的人）的视频发送给当地警察局，供其面部识别软件扫描。

（4）公司使用监控软件跟踪员工对工会活动的讨论，使用由此产生的数据监视员工个人，并暗中干预讨论。

2. 维护数据隐私的方式

美国公众的数据应该能够通过内置的隐私保护、数据最小化、使用和收集限制、透明度等方式得到保护，此外，他们还有权以一种主动、知情和持续的方式，对他们的数据（包括元数据）进行访问和使用。

（1）在设计及默认情况下保护隐私。

一是在设计和构建自动化系统时，应该默认保护隐私。

二是数据收集应该有一定的范围，应确定预期收集的数据对确定的目标是严格必要的，并根据法律或基于政策的限制尽快删除数据。

三是收集、使用、共享或存储敏感数据的实体应尝试主动识别危害并寻求管理危害，以避免、减轻和适当应对已识别的风险。

四是创建、使用或管理自动化系统的实体应该遵循隐私和安全最佳实践，以确保数据和元数据不会泄露到特定的同意范围之外。

（2）保护公众免受不受限制的监视。

一是对监视或监控系统加强监督，包括在设计期间（部署前）和以持续的方式对潜在危害进行最低限度的评估，以确保美国公众的权利、机会和访问受到保护。

二是应该尽量避免监视，在与执法和国家安全需要尽可能一致的情况下，应在监视发生之前向受监视的个人提供明确和具体的通知，并告知通过监视收集的数据将如何使用。

三是公民自由和公民权利不应受到监视或骚扰的威胁。监控系统不应被用于监控民主权利的行使，如投票、隐私、和平集会、演讲或结社，从而限制公民权利或公民自由的行使。

（3）为公众提供同意及访问其数据的途径。

一是使用专用同意书。当数据收集器或自动化系统寻求同意时，它们应该为特定的目的、特定的时间期限和特定的实体使用寻求同意。

二是当寻求用户的同意时，应该使用简短、简单的语言进行同意请求，以便用户理解。

三是数据被自动系统收集、使用、共享或存储的人应该有途径访问关于自己的数据和元数据，知道谁可以访问这些数据，并能够在必要时纠正这些数据。

四是在法律允许的范围内可以撤回数据访问同意，从而删除用户数据、元数据。

五是应该建立和维护允许个人使用自动化系统来作出同意、访问和控制决策的能力。

（4）证明数据隐私受到保护。

与前几个原则一致，公司或机构等实体应当采取独立评估及公开报告的方式证明数据隐私确实受到妥当的保护。

3. 对敏感数据的额外保护

"敏感领域"是指所进行的活动可能造成实质性损害的领域，包括对自主和尊严等人权，以及公民自由和公民权利造成重大不利影响的领域。历史上被认为值得加强数据保护的领域包括但不限于卫生、计划生育和护理、就业、教育、刑事司法和个人金融，这些领域的数据为敏感数据。

除前述对一般非敏感数据的隐私要求外，任何收集、使用、共享或存储敏感数据的系统都应满足以下要求：根据技术用例和道德评估，敏感数据可能需要获得监护人和/或儿童的同意。

敏感数据只应用于该领域严格必要的功能或出于行政原因需要的功能（如学校出勤记录），除非获得适当的同意，任何基于可能限制权利、机会或访问的敏感数据或决策过程的使用，无论决策是否自动化，都应事先通过定期审查（如通过独立的伦理委员会或类似强大的过程）进行彻底的伦理审查和监测。在敏感领域，应特别谨慎地维护数据质量，以避免根据有缺陷或不准确的数据进行决策所产生的不利后果。限制对敏感数据和衍生数据的访问。敏感数据及衍生数据不应作为数据经纪或其他协议的一部分出售、共享或公开。

4. 数据保护在实际生活中的应用

（1）一个学校董事会试图在没有足够社区投入的情况下监视公立学校的学生，这引发了全州范围内的生物识别禁令。为了回应纽约州洛克波特市的一项计划，该州立法机构禁止学校在 2022 年 7 月 1 日前使用面部识别系统和其他"生物识别技术"。该法律还要求，在纽约的学校使用生物识别技术之前，必须发布一份关于使用此类技术对隐私、公民权利和公民自由影响的报告。

（2）联邦法律要求雇主及其可能聘请的任何顾问报告在劳资纠纷的情况下监视员工的成本，这为保护工人组织提供了一个透明机制。从事工作场所监视的雇主"直接或间接的目的是获取与劳资纠纷有关的雇员或劳工组织活动的信息"，必须向劳工部劳工管理标准办公室报告与这一监视有关的支出，雇主为此聘请的顾问也必须提交关于他们活动的报告。

（六）通知和解释原则

1. 通知和解释原则的重要性

为了防止潜在的伤害，美国公众需要知道是否正在使用自动化系统。明确、简短和可理解的通知是实现该《蓝图》中其他保护的先决条件。同样，公众往往无法确定自动化系统是如何作出决定的。自动化系统的决策过程往往是不透明、复杂的，因此，在自动化系统的环境中，应将清晰有效的解释视为基础要求。

提供通知一直是一种标准做法，在许多情况下也是一种法律要求。例如，当执法机构对某人进行视频记录时，信贷活动中贷款人被要求向消费者提供通知和解释。

《蓝图》也举例说明了通知和解释的重要性。

（1）一名老年残疾人被剥夺了医疗补助资助的家庭保健援助，但他并不知道原因。在法庭听证会上，他的律师从一名证人那里了解到，他居住的州最近采用了一种新的算法来确定其资格。缺乏及时的解释使人们更难理解和质疑这一决定。

（2）针对一名家长的正式儿童福利调查基于一种算法展开，但从未通知该家长，数据正在被收集并被用于儿童虐待风险评估的一部分。缺乏通知或解释，使那些进行儿童虐待评估的人更难验证风险评估，并否认了父母可能帮助他们质疑决定的知识。

（3）一个预测性的警察系统声称可以识别出最有可能实施或成为枪支暴力受害者的个人（基于对黑帮成员的社会关系、犯罪历史、以前的枪支暴力经历和其他因素的自动分析），并导致个人被列入观察名单，但没有解释，也没有公开透明地说明该系统是如何得出结论的。警察和公众都应该了解这样一个系统为什么以及如何作出这些决定。

（4）奖励福利的制度无形地改变了标准。由于数据输入错误和其他系统缺陷，个人无法获得福利。这些缺陷只有在要求和提出对系统的解释时才会暴露出来。缺乏解释使错误更难及时得到纠正。

2. 如何提供通知和解释

（1）提供清晰、及时、易懂和可理解的使用通知和解释。

一是应该确保描述整个系统（包括任何人工组件）的文档是公开的，并且容易找到。文档应该用通俗易懂的语言描述系统如何工作，以及如何使用任何自动化组件来确定一个操作或决策。

二是通知应清楚地识别负责设计系统各组成部分的实体和使用该组成部分的实体。

三是通知应该保持最新，并且应该将用例或关键功能的更改通知受系统影响的人员。

四是通知和解释应当简洁明了，并以适合受众的语言和阅读水平提供。

（2）提供关于自动化系统如何作出决策的解释。

一是解释应该根据用户使用解释的特定目的量身定制，并清楚地说明该目的。

二是解释应针对特定的受众，并明确说明该受众是谁。

三是所提供的解释程度应根据风险水平而定。

四是系统提供的解释应该准确地反映导致特定决策的因素和影响，并且应该对基于目的、目标和风险级别的特别定制有意义。

（3）证明解释的有效性。

报告应记录基于上述考虑作出的决定，包括负责问责的实体；系统的目标和用例、识别的用户和受影响的人群；通知清晰度和及时性的评估；解释的有效性和可触达性评估；风险水平的评估；以及解释如何量身定制的解释和评估，包括解释的目的、接受者和风险水平。应尽可能地提供个性化的配置文件信息，包括对任何系统影响或推论的解释。报告应该以一种清晰的普通语言和机器可读的方式提供。

3. 通知和解释原则在现实生活中的应用

《蓝图》以 5 个实例说明通知和解释原则已在现实生活中被加以应用，以下选取其中 2 个例子。

（1）如果伊利诺伊州居民的生物识别信息被使用，私营部门会向他们发出书面通知。该州颁布的《生物识别信息隐私法》载有若干有关使用个人生物识别数据及标识符的规定。其中包括这样一项规定：除非向该个人或其合法指定的代表提供书面通知，否则任何私人实体不得"收集、捕获、购买、通过贸易接收或以其他方式获取"该个人的此类信息。

（2）联邦法律要求贷款机构将对消费者作出的某些决定通

知消费者。美国《公平信用报告法》和美国《平等信用机会法》都要求在某些情况下，被拒绝信用贷申请的消费者应收到"不利行动"通知。根据《公平信用报告法》，如依据信用报告中的信息拒绝消费者的信贷申请，则贷款机构必须向消费者提供"不利行动"通知，其中包括"债权人对申请或现有信用账户采取不利行动的原因通知"。此外，根据基于风险的定价规则，贷款人必须要么告诉借款人他们的信用评分，要么在"他们的信用报告中的信息使他们的条件变得更糟"时告诉消费者。消费者金融保护局还声称，"如果申请信贷被拒绝，法律赋予每个申请人获得具体解释的权利，而这一权利不会仅因为一家公司使用了他不理解的复杂算法而被削弱"。这些解释说明了一种共同的价值观，即某些决定需要解释。

（七）选择人工服务和退出自动化系统原则

在适当的情况下，公众可以选择退出，并能够接触到一个真人来迅速解决问题。公众有选择不使用自动化系统而使用人工系统的权利。如果自动化系统失败或产生错误，公众应该通过后退和升级过程获得及时的人工服务和补救。

1. 选择人工服务和退出自动化系统原则的重要性

人们不喜欢使用自动化系统的原因可能有很多，系统可能存在缺陷，可能导致意想不到的结果；它可能会加强偏见或难以接近；它可能只是不方便或不可用；或者它可能会取代人们已经习惯的纸质或手工流程。美国公众应该得到保证，当权利、机会或访问权受到威胁，并且有合理的期望来替代自动化系统时，他们可以方便地选择退出自动化系统，并且不会在这一选择中处于不利地位。

除能够选择退出并使用人工替代方案外，在自动化系统出现故障或造成伤害的情况下，美国公众应该有一个人工后备系统。无论对自动化系统进行多么严格的测试，总会出现系统失效的情况。美国公众应该通过人类的审查来保护他们免受这些意外情况的影响。

人会犯错，人类的替代或后备机制并不总是有正确的答案，但它们是对自动化系统的力量和有效性的重要检查。

《蓝图》以几个案例来说明这个原则的重要性，此处选取其中两个案例。

（1）在全国许多地区，自动签名匹配系统被用作投票过程的一部分，以确定邮寄选票上的签名是否与文件上的签名相匹配。这些签名匹配系统针对某些选民可能无法正确工作，包括有精神或身体残疾的选民、姓名较短或有连字符的选民，以及更改了姓名的选民。人工处理过程帮助选民确认他们的签名和纠正其他投票错误，对于确保所有选票都被统计是很重要的，在全国许多地方，选举官员和选民有机会审查和纠正任何此类问题已经是标准做法。

（2）一名患者被错误地拒绝获得止痛药，因为医院的软件将她的用药历史与她的狗的用药历史混淆了。即使在她找到了问题的原因后，医生们仍然不敢推翻系统，由于系统的错误，她不得不在没有缓解疼痛的情况下离开医院。

2. 如何提供人工替代方案并保证退出自动化系统

（1）提供一种使用户方便地选择从自动化系统中退出从而选择人工替代方案的机制。

应该向那些受自动化系统影响的人发出简短、明确的通知，说明他们有权选择退出，并就如何选择退出发出明确的指示。在适当的情况下提供人工替代方案。在要求退出的过程和所提供的人为驱动的替代方案中，退出应该是及时的，而不是不合理的负担。

（2）通过后退和升级系统提供及时的人工替代和补救措施。

人工替代和人工后备的可用性，以及相关的培训和防止人的偏见的保障，应该与自动化系统有意义地影响权利、机会或访问的潜力相称。无论是以面对面的、书面的、电话的方式还是以其他方式提供的，人工替代和人工后备的机制都应该易于找到和使用。与自动化系统的等效机制相比，人工替代和人工后备机制不应是不合理的负担。只要相关的自动化系统继续使用，就应该维护和支持人工替代和人工后备过程，以及任何相关的自动化过程。

（3）通过培训、评估和监督消除自动化偏见。

任何管理、交互或解释自动化系统输出的人都应该接受该系统的培训，包括如何根据其预期目的正确解释系统的输出，以及如何减轻自动化偏差的影响。基于人类的系统有可能产生偏差，包括自动化偏差，以及其他可能限制其有效性的问题。

（4）对与敏感领域相关的自动化系统实施额外的人工监督和保障措施。

人工监督应确保敏感领域中的自动化系统的范围适宜，以解决已定义的目标，所包含的数据应谨慎限制。人工监督应该确保敏感领域中的自动化系统适合于特定的用例和真实的部署场景，评估测试应该表明系统对于特定的情况是安全有效的。在作出任何高风险决定之前要考虑人的因素。自动化系统的设计者、开发人员和部署人员应该在必要时考虑有限的机密性放弃（包括那些与商业秘密有关的），以便对敏感领域中使用的系统提供有意义的监督，并在适当的时候结合措施来保护知识产权和商业秘密，使其免受未经授权的披露。

（5）展示对人工替代方案的访问、考虑和后退。

报告应包括对人工替代方案的及时性和额外负担程度的评估，关于谁选择了人工替代方案的汇总统计数据，以及关于通知和退出指示的简明性、清晰度和可访问性的评估结果。

3. 在现实中应用人工服务和退出自动化系统原则的实例

（1）客户服务行业已成功整合自动化服务，如聊天机器人及人工智能驱动的呼叫响应系统，并升级为人力支持团队。许多企业现在使用部分自动化的客户服务平台，帮助回答客户的问题，并汇编常见问题，供人类代理审查。这些集成的人类—人工智能系统允许公司提供更快的客户服务，同时维护人类代理来接听电话或以其他方式响应复杂的请求。使用人工智能和人类代理被认为是成功的客户服务的关键。

（2）至少 24 个州的选票处理法律要求建立一个后备系统，在选民签名匹配算法错误地将他们的选票标记为无效或选票存在其他问题时，允许选民修正他们的选票，并将其计算在内，而选举官员的审查并不能纠正这个问题。一些联邦法院发现，这种修正程序是宪法要求的。不同州的投票处理方式不同，包括直接打电话、电子邮件或选举官员的邮件联系。选民被要求提供替代信息或新的签名，以核实其选票的有效性。

（八）对《蓝图》的总结

《蓝图》详细阐述了人工智能对公民权利的危害和案例，列出了五项对于自动化系统来说至关重要的原则，并提出了一些可采取的具体措施。总体而言，专家及公众对于《蓝图》的评价大多是肯定的，他们认为《蓝图》的发布是必要且重要的。但在看到积极面的同时，一些专家也表达了顾虑。例如，斯坦福大学以人为本人工智能研究院（HAI）主任拉塞尔·沃尔德

(Russel Wald) 指出，该蓝图缺乏设立相关执法机制的细节，如由联邦层面协调的监控、审计和审查行动。人工智能与数字政策中心（Center for AI and Digital Policy）负责人马克·罗滕伯格（Marc Rotenberg）则在肯定该蓝图价值的同时表示，他希望看到一些对最具争议的人工智能部署的明确禁令，如利用面部识别进行大规模监控等。[1]

但由于美国《蓝图》是框架性和探索性的，且在阐述如何将五项原则付诸实践时，仅给出了有限数量和有限类型的案例，主要关注人工智能在招聘、教育、医疗保健供应、金融服务访问、商业监控等领域的应用。因此，《蓝图》难以被看作通用的人工智能原则。并且，由于《蓝图》不具有约束力，其在具体的监管执行方面也还不完善，缺少更详细、更具体的指导，究竟能够对自动化系统起到多大程度的指导作用，在很大程度上取决于联邦机构的行动。若要加强《蓝图》的可执行性，美国国会应当进一步推动人工智能相关立法，制定专门规范人工智能应用的联邦法律，以及更具体的实施细则，使其完全成为《蓝图》指导方针的一部分。

三、美国《AI 行政命令》内容解析

（一）概述

2023 年 10 月 30 日，美国总统拜登签发了编号为 14110 的《AI 行政命令》。

《AI 行政命令》是拜登签发的首个关于人工智能的总统行政命令（Executive Order）。该行政命令是美国总统为行使行政

---

[1] 清华大学战略与安全研究中心：《美国〈人工智能权利法案蓝图〉评析》，载《人工智能与国际安全研究动态》2022 年第 2 期。

权而发布并被执行的命令，主要的作用是管理联邦政府的运作，给予政府机构准则以便利某项政策的推行，无须国会批准，[1]但如同制定法一样，可以对公众施加法律上的限制。[2]

《AI 行政命令》的主要内容为拜登政府推进及管理人工智能开发和使用的八项指导原则及针对每项原则制定的具体目标性指令。《AI 行政命令》还明确，将在总统办公厅内设立白宫人工智能委员会，由该委员会负责包括《AI 行政命令》在内的人工智能相关政策的制定及实施等。

（二）具体原则及措施

1. 保障人工智能的安全及可靠

《AI 行政命令》指出，人工智能必须安全可靠。为实现这一目标，应对人工智能系统进行可重复和标准化的测试和评估，包括系统投入使用前的测试和部署后的性能监测，还须解决人工智能系统最紧迫的包括生物技术、网络技术、关键基础设施等的安全风险，并应开发有效标签和内容来源机制以帮助公众识别人工智能生成内容，具体措施如下。

（1）制定人工智能安全指南、标准和最佳实践，具体包括两个方面。

其一，商务部长应通过 NIST 负责人与能源部长、国土安全部长等协调，为确保安全、可靠和值得信赖地开发人工智能系统之目的，在《AI 行政命令》发布之日起 270 日内制定相关指南和最佳实践，包括为《人工智能风险管理框架》和《安全软件开发框架》开发配套资源等，以促进形成行业标准，以及制

---

〔1〕 张金勇：《美国总统行政命令》，载《当代美国评论》2018 年第 3 期。
〔2〕 贾圣真：《总统立法——美国总统的"行政命令"初探》，载《行政法学研究》2016 年第 6 期。

定适当的指南包括相关程序和流程，以帮助人工智能开发者尤其是两用基础模型开发者进行人工智能红队测试，实现系统部署的安全。

其二，能源部长应与其认为适当的其他政府机构的风险管理机构的负责人协调，在《AI行政命令》发布之日起270日内，在法律和可用拨款允许范围内，制定并实施一项开发能源部人工智能模型评估工具和人工智能测试平台的计划，以了解和降低人工智能安全风险。

（2）制定并实施相关确保人工智能安全可靠的报告制度，具体包括五个方面。

其一，商务部长应在《AI行政命令》发布之日起90日内，要求两类报告义务人持续不断地向联邦政府提供有关信息、报告或记录。第一类报告义务人为正在开发或表明有意开发潜在两用基础模型的公司，其应报告的信息为与培训、开发或生产两用基础模型有关的正在进行或计划进行的活动，包括为确保培训过程的完整性以应对复杂威胁而采取的物理和网络安全保护措施；任何两用基础模型的模型权重的所有权和占有情况，以及为保护这些模型权重而采取的物理和网络安全措施；任何已开发的两用基础模型在相关人工智能红队测试中的性能结果，以及该公司为达到安全目标而采取的任何相关措施的描述。第二类报告义务人为收购、开发或持有潜在大规模计算集群的公司、个人或其他组织或实体，其应报告任何此类收购、开发或持有包括这些集群的存在和位置，以及每个集群可用的总计算能力。

其二，商务部长应与国务卿、国防部长、能源部长和国家情报局局长协商，确定并在此后根据需要定期更新一套适用于须遵守以上报告要求的模型和计算集群的技术条件。同时，《AI行政命令》规定了在此类技术条件确定之前适用的技术条件。

其三，商务部长应在《AI 行政命令》发布之日起 90 日内提出法规，要求美国基础设施即服务（Infrastructure as a Service，IaaS）提供商及其经销商在发现与其进行交易的外国人训练具有潜在能力、可用于恶意网络活动的大型人工智能模型时，按规定向商务部长提交报告，并明确了商务部长在确定具有可用于恶意网络活动的潜在能力的大型人工智能模型的技术条件之前适用的技术条件。

其四，商务部长应在《AI 行政命令》发布之日起 180 日内提出法规，要求美国 IaaS 提供商确保其外国经销商核实在外国经销商处开立账户的任何外国人的身份，并明确了该法规应具备的相关内容及若干豁免报告规则。

其五，授权商务部长出于实现上述两项目的之必要采取相关行动，包括颁布规则和条例，以及运用《国际紧急经济权力法》等赋予总统的所有权力。

笔者注意到，美国商务部已根据《AI 行政命令》要求制定并发布了有关 IaaS 外国客户身份识别的拟议规则。有关情况将在后文"实施情况"部分予以介绍。

（3）管理关键基础设施和网络安全中的人工智能。

管理关键基础设施和网络安全中的人工智能措施提出了若干为确保关键基础设施的保护，以及利用人工智能的潜力来改善美国网络防御应采取的行动。例如：

在《AI 行政命令》发布之日起 90 日内，并在此后至少每年一次，对关键基础设施拥有相关监管权力的各机构负责人和相关政府机构的风险管理机构的负责人，应与国土安全部网络安全和基础设施安全局局长协调，以考虑跨部门风险，应评估并向国土安全部长提供一份评估报告，评估与在相关关键基础设施部门使用人工智能有关的潜在风险。

在《AI 行政命令》发布之日起 150 日内，财政部长应就金融机构管理人工智能特定网络安全风险的最佳做法发布一份公开报告。

在《AI 行政命令》发布之日起 180 日内，国土安全部长应与商务部长、政府机构的风险管理机构和国土安全部长确定的其他监管机构协调，酌情将《人工智能风险管理框架》及其他适当的安全指南纳入相关安全和安保准则，供关键基础设施所有者和运营者使用。

在《AI 行政命令》发布之日起 180 天内，国防部长和国土安全部长应根据适用法律，各自制订计划，开展并完成一个运营试点项目，以识别、开发、测试、评估和部署人工智能功能，如大语言模型，以帮助发现和修复关键的美国政府软件、系统和网络中的漏洞。

在《AI 行政命令》发布之日起 270 天内，国防部长和国土安全部长应分别向总统助理提交一份报告国家安全事务部根据上述要求的计划和运营试点项目采取的行动结果，包括对通过开发和部署人工智能功能发现和修复的任何漏洞的描述，以及关于如何有效识别、开发、测试、评估和部署人工智能能力以进行网络防御的任何经验教训。

（4）降低人工智能与化学、生物、辐射或核（Chemical, Biological, Radiological, or Nuclear, CBRN）威胁的交叉风险，具体包括两个方面的要求。

第一，为更好地了解和减轻人工智能被滥用于协助开发或使用 CBRN 威胁，特别是生物武器的风险，国土安全部长应与能源部长及 OSTP 负责人协商，在《AI 行政命令》发布之日起 180 日内评估人工智能被滥用于开发或生产 CBRN 威胁的可能性并向总统提交报告。国防部长应与总统国家安全事务助理及 OS-

TP 负责人协商，在《AI 行政命令》发布之日起 120 日内与美国国家科学院、工程院和医学院开展一项关于人工智能增加生物安全风险等研究，并向国防部长、总统国家安全事务助理、大流行病防备和响应政策办公室主任、OSTP 负责人和首席数据官理事会主席提交该研究报告。

第二，采取相应措施降低合成核酸被滥用的风险，并改善核酸合成行业的生物安全措施。例如，在《AI 行政命令》发布之日起 180 日内，OSTP 负责人应与国务卿、国防部长、司法部长、商务部长、卫生与公众服务部长、能源部长、国土安全部长、国家情报局局长及 OSTP 负责人认为适当的其他相关机构的负责人协商，建立一个框架，酌情纳入现有的美国政府指导，以鼓励合成核酸序列提供商实施全面、可扩展和可验证的合成核酸采购筛选机制，包括标准和建议的激励措施；在《AI 行政命令》发布之日起 180 日内，商务部长应通过 NIST 负责人采取行动，与 OSTP 负责人协调，并与国务卿、卫生与公众服务部长以及商务部长认为适当的其他相关机构的负责人协商，在前述框架的基础上，启动与业界和相关利益相关方的合作，以制定和完善相关内容，供合成核酸序列提供商使用。

（5）降低合成内容带来的风险。

降低合成内容带来的风险这一措施要求培养识别和标记人工智能系统生产的合成内容的能力，并确定联邦政府或代表联邦政府生产的合成和非合成数字内容的真实性和来源。包括以下行动。在《AI 行政命令》发布之日起 240 日内，商务部长应与商务部长认为合适的其他相关机构负责人协商，向政府管理预算局（Office of Management and Budget，OMB）负责人和总统国家安全事务助理提交一份用于确定验证内容并追踪其来源、对合成内容进行标记等的标准、工具、方法和实践的报告。在提交前述所要求的报告后 180 日内，商务部长应与 OMB 负责人协调，制定有关数字内容认证和合成内容检测措施的现有工具和实践的指南，并在此后定期更新。在上述所要求的指南制定后 180 日内，OMB 负责人应与国务卿、国防部长、司法部长、通过商务部长（NIST 负责人代其行事）、国土安全部长、国家情报局局长以及 OMB 负责人认为合适的其他机构的负责人协商，为加强公众对美国政府官方数字内容完整性的信心，向各机构发布对其制作或发布的此类内容进行标记和验证的指南，并在此后定期更新。

（6）就具有广泛可用模型权重的两用基础模型征求意见。

《AI 行政命令》要求，在其发布之日起 270 日内，商务部长应通过商务部负责通信和信息的助理部长与国务卿协商，通过公众咨询程序，征求私营机构、学术界、民间社会和其他利益相关方关于具有广泛可用模型权重的两用基础模型的潜在风险、收益、其他影响，以及适当的政策和监管方法的意见，并与商务部长认为适当的其他有关机构的负责人协商，向总统提交一份报告，说明具有广泛可用模型权重的两用基础模型的潜在收益、风险和影响，以及与这些模型有关的政策和管理建议。

（7）促进联邦数据的安全发布及防止恶意使用联邦数据进行人工智能培训。

《AI 行政命令》要求，在其发布之日起 270 日内，首席数据管理事会应与国防部长、商务部长、能源部长、国土安全部长和国家情报局局长协商，制定针对包括识别和管理发布可能有助于开发 CBRN 武器及自主攻击网络能力的联邦数据导致的潜在安全风险等进行安全审查的初步指南，同时根据《开放、公共、电子和必要政府数据法案》所述目标，向公众提供联邦政府数据；在制定上述初步指南后的 180 日内，各机构应对《美国法典》第 44 编第 3511（a）（1）条和第 3511（2）（B）条所要求的综合数据清单中的所有数据资产进行安全审查，并应酌情采取符合适用法律的步骤，以解决释放这些数据可能在 CBRN 武器方面引发的最高优先潜在安全风险。

（8）指导制定国家安全备忘录。

《AI 行政命令》要求，在其发布之日起 270 日内，负责国家安全事务的总统助理及负责政策事务的总统助理兼副幕僚长应监督一项跨机构的流程，以制定并向总统提交一份关于人工智能的拟议国家安全备忘录。该备忘录应涉及作为国家安全系统组成部分或用于军事和情报目的的人工智能的治理问题，备忘录应考虑目前为管理国家安全系统开发和使用人工智能所作的努力，并应概述国防部、国务院、其他相关机构和情报界为应对人工智能带来的国家安全风险和潜在利益而采取的行动。该备忘录尤其应就继续采用人工智能能力推进美国国家安全任务向国防部、其他相关机构和情报界提供指导，包括针对可能影响美国人及在适当情况下影响非美国人的权利或安全的人工智能在国家安全方面的用途，指导具体的人工智能保证和风险管理做法，以及酌情并根据适用法律，指导继续采取行动，解决对手和其他外国行为体可能以威胁国防部或情报界能力或目标的方式使用人工智能系统的问题，或以其他方式对美国或其盟国和伙伴的安全构成风险的问题。

2. 促进创新和竞争

《AI 行政命令》指出，促进负责任的创新、竞争和合作将使美国在人工智能领域处于领先地位，并释放人工智能的潜力解决社会最困难的挑战。这项工作需要对人工智能相关的教育、培训、开发、研究和能力进行投资，同时解决新的知识产权等问题，以保护发明者和创造者。联邦政府将支持美国本土人工智能人才培养计划，并吸引海外人工智能人才到美国，从而使未来的公司和技术在美国产生，同时将为人工智能和相关技术搭建一个公平、开放和竞争的生态系统和市场，以便小型开发商和创业者能够继续推动创新。要做到这一点，就必须制止非法串通，解决主导企业利用半导体、计算能力、云存储和数据等关键资产使竞争对手处于劣势的风险，还需要支持利用人工智能的优势为小企业、工人和创业者提供新机遇的市场，具体措施如下。

（1）吸引人工智能人才到美国。

在《AI 行政命令》发布之日起不超过 180 日内，国务卿、国土安全部长、劳工部长、商务部长、OSTP 负责人等应采取适当步骤吸引和留住人工智能及其他关键和新兴技术领域的人才，包括调整移民、签证政策等。

（2）促进创新。

《AI 行政命令》提出了若干具体措施。例如：

国家科学基金会（National Science Foundation，NSF）应在《AI 行政命令》发布之日起 90 日内协调启动实施国家人工智能研究资源的试点项目；在《AI 行政命令》发布之日起 150 日内资助并启动 NSF 区域创新引擎，优先考虑人工智能相关工作，如人工智能相关研究、社会或劳动力需求；在《AI 行政命令》发布之日起 540 日内，在目前资助的 25 个国家人工智能研究机构的基础上，建立至少 4 个新的机构。

能源部长应与 NSF 负责人协调，在《AI 行政命令》发布之日起 120 日内，建立培养人工智能人才的试点计划，目标是至 2025 年新增 500 名研究人员。

负责知识产权的商务部副部长兼专利商标局局长应采取相关措施界定人工智能与专利客体发明权有关的问题，如在《AI

行政命令》发布之日起 120 日内发布用于解决发明权和在创造过程中使用人工智能问题的指南，包括人工智能系统在创造过程中发挥不同作用的示例，以及在每个示例中应如何分析发明权的指南；在《AI 行政命令》发布之日起 270 日内发布用于解决人工智能和知识产权交叉领域的其他考虑因素的指南，其中可包括人工智能和关键新兴技术的专利资格的指南等。

国土安全部长应通过国家知识产权协调中心负责人与司法部长协商，在《AI 行政命令》发布之日起 180 日内制订一项培训、分析和评估计划，以减轻人工智能相关知识产权风险，包括收集和分析与人工智能相关的知识产权盗窃报告，调查此类影响国家安全的事件，并采取执法行动等。

（3）促进竞争。

《AI 行政命令》提出了若干具体措施。例如：

制定人工智能相关政策和法规的各机构负责人应利用其权力促进人工智能和相关技术的竞争，包括采取措施制止非法勾结，防止占主导地位的公司的不正当竞争，并努力为小企业和企业家提供新的机会。

采取措施促进及支持半导体行业的竞争和创新，包括吸引半导体和微电子生态的参与者加入国家半导体技术中心，酌情增加向半导体行业的初创企业和小型企业提供的资源，如提供资金、知识产权援助等。

3. 支持劳动者

《AI 行政命令》指出，要负责任地开发和使用人工智能，就必须承诺支持劳动者。该项原则要求保护劳动者权益、改善劳动者工作环境，具体措施如下。

（1）增进政府关于人工智能对劳动者的影响的理解。

在《AI 行政命令》发布之日起 180 日内，经济顾问委员会主席应编写并向总统提交一份关于人工智能对劳动力市场影响的报告，劳工部长应向总统提交一份关于解决因人工智能导致失业问题的必要措施的报告。

（2）确保在工作场所部署的人工智能能够促进员工的福祉。

在《AI行政命令》发布之日起180日内，劳工部长应与其他机构和外部实体协商，在其认为适当的情况下，为雇主制定并公布可用于减轻人工智能对员工福祉的潜在危害并最大化其潜在利益的原则和最佳实践，并与各机构负责人协商，考虑在他们的计划中采用这些原则。为支持其工作受到人工智能监控或增强的员工获得适当的补偿，劳工部长应发布指导意见，明确规定部署人工智能监控或增强员工工作的雇主必须继续遵守《公平劳动标准法》等相关法律要求，确保劳动者的工作时间得到补偿。

（3）培养多样化的人工智能劳动力。

NSF负责人应优先考虑通过现有计划支持人工智能相关教育和人工智能相关劳动力发展，包括设立奖学金等。

4. 促进公平和公民权利

《AI行政命令》指出，人工智能政策必须与本届政府致力于促进公平和公民权利的宗旨相一致。本届政府将以已经采取的重要法案（如《蓝图》《人工智能风险管理框架》等）为基础，努力确保人工智能遵守所有联邦法律，并促进强有力的技术评估、细致的监督、受影响社区的参与及严格的监管。有必要让人工智能的开发和部署者遵守防止非法歧视和滥用的标准，包括在司法系统和联邦政府中，具体措施如下。

（1）加强刑事司法系统中的人工智能和公民权利，具体包括三个方面。

其一，解决人工智能可能加剧的非法歧视和其他侵害。为此目的，司法部长应协调和支持各机构对规制与人工智能相关的公民权利和公民自由的侵犯和歧视的现有联邦法律的实施和执行；指示负责民权司的助理司法部长在《AI 行政命令》发布之日起 90 日内召开联邦民权办公室负责人会议，讨论综合利用各自的权力机构和办公室以预防和解决使用自动化系统中的歧视（包括算法歧视），加强司法部民权司和联邦民权办公室在人工智能和算法歧视相关问题上的配合等；酌情考虑并根据适用法律，向州、地方、部落和地区调查人员及检察官提供关于调查和起诉与自动化系统（包括人工智能）相关的侵犯公民权利和歧视行为的最佳实践的指导、技术援助和培训。

其二，为促进个人的公平待遇，并遵守联邦政府确保人人享有公平、公正司法的基本义务，司法部长应与国土安全部长和 OSTP 负责人协商，在《AI 行政命令》发布之日起 365 日内向总统提交一份报告，说明人工智能在刑事司法系统中（包括在量刑，假释、监督释放和缓刑，取保候审，审前释放，审前拘留等方面）的使用情况等，并酌情向总统提出立法建议。

其三，提高具有相关知识的技术专家（如机器学习工程师、软件和基础设施工程专家、数据隐私专家、数据科学家和用户体验研究人员）在专业执法人员中所占的比例。

（2）保护与政府福利和计划相关的公民权利，具体包括两个方面。

其一，各机构应酌情并根据适用法律，利用各自有关公民权利和公民自由的办公室和权力机构（但不包括民事和刑事的执法机构），防止和处理因在联邦政府计划和福利管理中使用人工智能而造成的非法歧视和其他侵害。各机构应考虑各种机会，确保在联邦政府项目和福利管理中涉及人工智能设计、开发、采购和使用的决策中，适当咨询各自的公民权利和公民自由办公室，还应考虑各种机会，酌情加强与社区组织、公民权利和公民自由组织、学术机构、地方政府及其他利益相关者在人工智能方面的协调、沟通和参与。

其二，促进公共福利的公平管理。例如，卫生与公众服务部长应在《AI行政命令》发布之日起180日内，与相关机构协商，公布一项关于解决各州和地方在实施由部长管理的公共福利和服务时使用自动化或算法系统问题的计划。

（3）在宏观的市场经济中加强人工智能和公民权利。

包括防止在招聘中使用人工智能造成的非法歧视，解决住房市场和消费者金融市场对弱势群体的歧视，打击用于决定住房和其他房地产相关交易的自动化或算法工具（如租户筛选系统）所包含的非法歧视，以及帮助确保残疾人从人工智能中受益，同时保护其免受风险。

5. 保护消费者等群体权益

《AI行政命令》指出，在技术变革的时刻，消费者保护比以往任何时候都更加重要。联邦政府将执行现有的消费者保护法律和原则，并制定适当的保障措施，防止欺诈、意外偏见、歧视、侵犯隐私，以及人工智能造成的其他危害。此类保护在医疗保健、金融服务、教育、住房、法律和交通等关键领域尤为重要，因为在这些领域，人工智能的失误或误用可能会伤害患者，使消费者或小企业蒙受损失，或危及安全或权利。与此同时，拜登政府将促进负责任地使用人工智能，以保护消费者、提高商品和服务质量、降低价格或扩大选择和供应，具体措施如下。

（1）保护美国消费者免受因使用人工智能导致的欺诈和歧视等风险。

措施鼓励独立监管机构利用其全部权力保护美国消费者免

受因使用人工智能导致的欺诈、歧视和隐私威胁，解决使用人工智能可能产生的其他风险（包括金融稳定风险），并考虑制定规则，以及强调或澄清现有法规和指南在哪些方面适用于人工智能，包括澄清受监管实体对其使用的任何第三方人工智能服务进行尽职调查和监测的责任，以及强调或澄清与人工智能模型的透明度和受监管实体解释其使用人工智能模型的能力有关的要求和期望。

（2）确保人工智能在医疗保健、公共卫生和公众服务部门安全、负责任地部署和使用。

措施要求卫生与公众服务部长采取一系列行动。例如，在《AI 行政命令》发布之日起 365 日内，制定一项战略，对药物开发过程中人工智能或人工智能辅助工具的使用进行监管等。

（3）促进人工智能在交通运输部门安全、负责任地使用。

措施要求交通部长采取一系列行动。例如，在《AI 行政命令》发布之日起 30 日内，指示非传统和新兴交通技术委员会评估在交通领域使用人工智能方面对信息、技术援助和指南的需求，包括支持及评估现有和将来的人工智能交通相关应用试点计划，建立一个新的由交通部不同部门成员组成的跨部门执行工作组，协调部门之间的工作及征求和利用适当利益相关者的意见等。

（4）确保人工智能在教育领域负责任地开发和部署。

教育部长应在《AI 行政命令》发布之日起 365 日内，制定有关人工智能的资源、政策和指南。这些资源应解决人工智能在教育中的安全、责任和非歧视使用问题，包括人工智能系统对弱势和服务不足社区的影响。

（5）鼓励联邦通信委员会考虑人工智能影响通信网络及消费者的行动。

行动包括研究人工智能改善频谱管理、提高非联邦频谱使用效率和扩大非联邦频谱共享机会方面的潜力，为联邦与非联邦频谱运营商之间共享频谱创造机会，支持使用包含人工智能的下一代技术（包括自愈网络、6G 和 Open RAN）提高网络安全性、弹性和互操作性，鼓励（包括通过制定规则等）打击人工智能促成或加剧的不受欢迎的机器人电话和机器人文本，更好地为消费者服务。

6. 保护隐私和公民自由

《AI 行政命令》指出，人工智能使得对身份、位置、习惯和愿望等个人敏感信息的提取、重新识别、链接、推断和处理变得越来越容易。人工智能在这些领域的能力可能会增加个人数据被利用和暴露的风险。为抵御这一风险，联邦政府将确保数据的收集、使用和保留合法、安全，并降低人工智能可能加剧的隐私和保密风险。各机构应利用现有的政策和技术工具，包括适当的隐私增强技术，来保护隐私并抵御因不当收集和使用人们的数据而造成的更广泛的法律和社会风险，具体措施如下。

（1）降低人工智能可能加剧的隐私风险。

OMB 负责人应采取以下行动：评估并采取措施，在适当的机构清单和报告程序中确定机构采购的商业可用信息，特别是包含个人身份信息的商业可用信息；与联邦隐私委员会和机构间统计政策委员会协商，评估与包含个人身份信息的商业可用信息的收集、处理、维护、使用、共享、传播和处置相关的机构标准和程序；在《AI 行政命令》发布之日起 180 日内，与司法部长、总统经济政策助理和 OSTP 负责人协商，发布一份信息请求，为各机构实施《2002 年电子政务法案》隐私条款指南的可能修订提供信息；在符合适用法律的前提下，采取必要和适当的措施，支持和推进通过信息请求程序确定的近期行动和长期战略。

（2）使用隐私增强技术保护美国人的隐私免受人工智能加剧的潜在威胁。

商务部长应通过 NIST 负责人行事，在《AI 行政命令》发布之日起 365 日内为各机构制定指南，以评估差异化隐私保证措施的有效性，包括对人工智能的保护。该指南至少应描述影响差异隐私保障的重要因素，以及在实践中实现差异隐私的常见风险。

（3）促进与隐私增强技术有关的研究、开发和实施。

NSF 负责人应采取一系列行动，如在《AI 行政命令》发布之日起 120 日内，与能源部长合作，资助建立一个研究协调网络，专门致力于推进隐私研究，特别是隐私增强技术的开发、部署和推广；利用美国—英国隐私增强技术挑战赛的结果，为隐私增强技术的研究和落地所采取的方法和确定的机会提供信息。

7. 管理联邦政府使用人工智能的风险

《AI 行政命令》指出，必须管理联邦政府自身使用人工智能带来的风险，并提高其监管、治理和支持负责任地使用人工智能的内部能力。拜登政府将采取措施吸引、留住和培养以公共服务为导向的人工智能专业人员，包括来自未得到充分服务的社区的专业人员，以及各学科的专业人员，包括技术、政策、管理、采购、监管、伦理、治理和法律领域的专业人员，并为人工智能专业人员进入联邦政府提供便利，以帮助利用和管理人工智能。联邦政府将努力确保所有员工接受充分的培训，以了解人工智能对其工作职能的好处、风险和限制，并使联邦政府信息技术基础设施现代化，消除官僚主义阻碍，并确保采用、部署和使用安全且尊重权利的人工智能，具体措施如下。

（1）为人工智能管理提供指导，具体包括八个方面。

其一，为了协调整个联邦政府对人工智能的使用，OMB 负责人应在《AI 行政命令》发布之日起 60 日内根据需要持续召集并主持一个机构间理事会，以协调各机构在项目和运营中对人工智能的开发和使用。

其二，为了给联邦政府使用人工智能提供指导，OMB 负责人应与 OSTP 负责人协调，在《AI 行政命令》发布之日起 150 日内向各机构发布指南（并在此后定期更新），以加强人工智能的有效和适当使用，推动人工智能创新，并管理联邦政府中人工智能的风险。

其三，为跟踪各机构的人工智能进展情况，OMB 负责人应在上述指南发布后 60 日内制定一种方法（并在此后定期更新），供各机构跟踪和评估其在项目和业务中采用人工智能、管理其风险及遵守联邦人工智能政策的能力。

其四，商务部长应在上述指南发布后 90 日内，通过 NIST 负责人与 OMB 负责人、OSTP 负责人协调，制定指导方针、工具和实践方法支持上述指南中关于最低风险管理做法的实施；OMB 负责人应在上述指南发布后 180 日内，制定一个初步方法确保机构采购人工智能系统和服务的合同符合指南。

其五，为提高各机构使用人工智能的透明度，OMB 负责人应根据《推进美国人工智能法》每年向各机构发布有关收集、报告和公布机构人工智能使用案例的指示。

其六，推动联邦政府负责任和安全地使用生成式人工智能，包括在《AI 行政命令》发布之日起 180 日内，人事管理办公室负责人应与 OMB 负责人协调，制定关于联邦工作人员在工作中使用生成式人工智能的指南等。

其七，为增加各机构对人工智能的投资，技术现代化委员会应在《AI 行政命令》发布之日起 30 日内，在其认为适当并符合适用法律的情况下，考虑优先为技术现代化基金的人工智能项目提供资金，期限至少为 1 年。

其八，为促进各机构获得商业人工智能能力，总务署署长应在《AI 行政命令》发布之日起 180 日内，与 OMB 负责人协调，并与国防部长、国土安全部长、国家情报局局长、国家航空航天局局长等合作，采取符合适用法律的措施，促进联邦政府范围内特定类型的人工智能服务和产品的采购解决方案的获取，如通过创建资源指南或其他工具来协助采购人员。

（2）增加政府中的人工智能人才。

为规划联邦政府中人工智能人才的全国性激增，OSTP 负责人和 OMB 负责人应在《AI 行政命令》发布之日起 45 日内，与总统国家安全事务助理、总统经济政策助理等协商，确定需要增加联邦政府人工智能人才的优先任务领域、最优先招聘和培养的人才类型，以确保充分执行《AI 行政命令》，并利用相关执法和监管当局来应对人工智能风险，以及加快招聘途径。

为协调联邦人工智能人才队伍能力的快速发展，总统助理兼政策办公室副主任应在《AI 行政命令》发布之日起 45 日内，与 OSTP 负责人和 OMB 负责人协调，并与国家网络主任协商，召集一个人工智能和技术人才特别工作组，其中应包括人事管理办公室负责人、首席人力资本官理事会的一名代表、总统人事助理、相关机构技术人才计划的成员、首席数据官理事会的一名代表等。该工作组的宗旨是通过相关行动在联邦政府范围内加速和跟踪人工智能和人工智能使能人才的招聘。

在法律允许的情况下，上述工作组应酌情制订并开始实施计划，以支持快速招聘个人，作为联邦政府范围内人工智能人才激增的一部分，从而加快在高度优先领域安置关键的人工智能和人工智能使能人才，并推进各机构的数据和技术战略。

8. 以全球视野治理人工智能

（1）推进负责任的全球技术标准，促进人工智能的发展和使用。

商务部长应酌情与国务卿和其他相关机构负责人协调，使美国牵头并协调主要国际盟友、合作伙伴及标准制定组织共同努力，推动制定和实施在军事和情报领域以外与人工智能相关的共识标准、合作与协调及信息共享。特别是，商务部长应在《AI 行政命令》发布之日起 270 日内，促进和制订一项人工智能标准的全球参与计划，并在计划制订之日起 180 日内向总统提交一份报告，说明根据该计划采取的优先行动，以及确保这些工作以 NIST《人工智能风险管理框架》和美国政府关键和新兴技术国家标准战略中规定的原则为指导。

（2）《AI 行政命令》促进在国外安全、负责任和尊重权利地开发和部署人工智能。

在《AI 行政命令》发布之日起 365 日内，国务卿和美国国际开发署署长应采取以下行动：与商务部长配合，发布《全球发展中的人工智能手册》，将《人工智能风险管理框架》的原则、指导方针和最佳实践纳入美国境外的社会、技术、经济、治理、人权和安全条件；与能源部长和 NSF 负责人合作，制定全球人工智能研究议程，以指导美国境外人工智能相关研究的目标和实施。

（3）应对关键基础设施面临的跨境和全球人工智能风险。

国土安全部长应与国务卿协调，并与国土安全部长认为适当的其他相关机构负责人协商，领导国际盟友和伙伴共同努力，以加强合作，对于因将人工智能纳入关键基础设施系统而带来的潜在风险，或对人工智能的恶意使用，进行预防和应对。

9. 关于实施的规定

《AI 行政命令》明确，将在总统办公厅内设立白宫人工智能委员会，负责协调联邦政府各机构的活动，以确保包括《AI行政命令》在内的人工智能相关政策的有效制定、开发、沟通、行业参与和及时实施。

白宫人工智能委员会主席由总统助理兼政策办公室副主任担任，成员包括国务卿、财政部长、国防部长、司法部长、商务部长、劳工部长、能源部长、教育部长等 28 个政府机构的长官或其指定人员及主席，不时指定或邀请参加的其他机构、独立监管机构和执行办公室的负责人。主席还可以酌情创建和协调由白宫人工智能委员会成员或其指定人员组成的小组。

（三）实施情况

《AI 行政命令》发布后，为实施该行政命令，美国商务部等联邦政府机构陆续采取了相关行动和措施。例如，2024 年 1 月 29 日，商务部于《联邦公报》发布《采取额外步骤以应对重大恶意网络活动的国家紧急情况》（Taking Additional Steps To Address the National Emergency With Respect to Significant Malicious Cyber-Enabled Activities）[1]的拟议规则（以下简称拟议规则）并征求意见；2024 年 2 月 21 日，美国商务部国家电信和信息管理局就具有广泛可用模型权重的先进人工智能模型的风险、收益和潜在政策发出了评论请求。

在美国联邦政府机构的一系列行动中，拟议规则尤为引人

---

〔1〕　https://www. federalregister. gov/documents/2024/01/29/2024 - 01580/taking - additional-steps-to-address-the-national-emergency-with-respect-to-significant-malicious, last visited on Mar. 11, 2024.

关注。拟议规则不仅对《AI 行政命令》关于 IaaS 提供商及外国经销商向商务部长提交报告的要求作出进一步细化，并规定了罚则。根据拟议规则，美国 IaaS 提供商与其外国经销商具有验证外国客户身份的义务。具体而言，美国 IaaS 提供商及其经销商要实施并维护"客户识别计划"（Customer Identification Program，CIP），收集、维护、验证外国客户的身份并根据规定向美国商务部报告及提供 CIP 记录。如果美国 IaaS 提供商收到表明外国经销商未能维护或实施 CIP 或外国经销商缺乏善意努力以防止将美国 IaaS 产品用于恶意网络活动的证据，必须采取措施关闭外国经销商账户，并应报告发现的可疑或实际的恶意网络活动。如果美国 IaaS 提供商知道外国经销商尚未修复美国 IaaS 提供商发现的问题，或者如果经销商关系的延续会增加其美国 IaaS 产品可能被用于恶意网络活动的风险，则美国 IaaS 提供商必须在 30 日内终止与经销商的关系。拟议规则对 CIP 的范围、身份验证程序（包括如何收集客户身份信息及验证外国客户身份等）、记录保存和定期审查要求进行了明确规定，并规定了罚则：未按规则执行 CIP 或继续与未执行 CIP 的外国经销商交易等违反拟议规则的行为将被罚最高 25 万美元或者交易金额两倍（取其较高者）的民事罚金，最高刑事处罚则为 100 万美元罚金和/或 20 年监禁（若违法者为自然人）。

（四）对《AI 行政命令》的总结

《AI 行政命令》被认为是美国迄今为止最全面、最广泛的人工智能监管原则，具有里程碑意义。其突出特点在于全面性，涵盖了人工智能安全、创新和竞争、消费者等群体权益保护等当前人工智能治理的主要话题，[1]并提出了诸多治理举措，且在美国人工智能行政监管中首次出现了针对非政府机构的强制性报告制度。

另外，由于《AI行政命令》为行政命令而非正式法律，因而有其无法突破的局限性。首先，行政命令仅对政府机构及特定人群有效力，且不得与宪法及法律冲突，这决定了《AI行政命令》的内容及效力均具有局限性。其次，《AI行政命令》大部分内容针对联邦政府机构提出，对公众只有间接效果，需要相关政府机构制定行政法规或者采取其他措施来实施。因此其实施效果将在很大程度上取决于相关政府机构的执行情况，还可能取决于这些机构制定的相关规定是否能够得到法院的认可。因此，如美国想在人工智能监管上更进一步，政府还需继续寻求与国会的合作，推动真正关于人工智能法案的出台。

---

〔1〕 肖潇、冯恋阁、刘悦行：《专访中国社科院法学所周辉：美国最新AI行政命令具有较强的前瞻性，未来可能出现"华盛顿效应"》，载 https://www.21jingji.com/article/20231201/herald/f538347bcff7e5959f642746ad69e7e1.html，最后访问日期：2024年5月18日。

第五章

中国人工智能立法概述

一、中国人工智能治理的立法起源和发展

人工智能的快速发展在医疗、金融、制造、交通、劳动用工等不同领域带来了诸多积极影响，但也带来了市场垄断、网络攻击、知识产权侵权、隐私与数据泄露、伦理失范等一系列问题，在此背景下，有效治理人工智能显得尤为重要。本章对中国在人工智能治理道路上的历程进行了全面梳理，中国的人工智能治理坚持以促进产业发展为基本导向，可分为法律治理、伦理治理、技术治理等多个维度，相关主管部门发布了一系列发展规划性文件、标准规范性文件、伦理规范性文件等。

（一）人工智能概念

1956 年，约翰·麦卡锡首次提出"人工智能"这一新术语，将其定义为"制造智能机器的科学与工程"，这标志着人工

智能这门新兴学科正式诞生。[1]为促进信息处理领域的国际交流，2000 年 7 月国家标准《信息技术　词汇　第 1 部分：基本术语》（GB/T 5271.1—2000）发布，对人工智能的概念作出定义："计算机科学的分支，专门研究数据处理系统，该系统执行通常与人类智能相关的功能，如推理、学习、自完善。"2001 年 7 月发布的国家标准《信息技术　词汇　第 28 部分：人工智能　基本概念与专家系统》（GB/T 5271.28—2001），对上述定义进行了更新："一门交叉学科，通常视为计算机科学的分支，研究表现出与人类智能（如推理和学习）相关的各种功能的模型和系统。"2022 年 10 月 12 日国家标准《信息技术　人工智能　术语》（GB/T 41867—2022）正式发布，该标准界定了人工智能领域中的常用术语及定义，包括基础术语、关键通用技术相关术语、关键领域技术相关术语、安全/伦理相关术语，其中人工智能被定义为〈学科〉人工智能系统相关机制和应用的研究和开发。该标准适用于人工智能领域概念的理解和信息交流，以及科研、教学和应用，有利于加强人工智能领域标准化工作的统筹协调和系统研究，有利于将技术成果转化成标准，充分发挥标准的支撑引领作用，奠定了我国人工智能领域国家标准研制工作的基础。

（二）人工智能治理历程

1. 人工智能发展规划

自 1956 年"人工智能"这一概念被首次提出，经过 60 多年的发展，人工智能技术得到了显著的突破和进步，其与各行各业的融合日益深入，展现出巨大的发展潜力，人工智能正在

---

〔1〕《人工智能发展简史》，载 https://www.cac.gov.cn/2017-01/23/c_11203667 48.htm? eqid=fdb878ec0007798300000003645656bf，最后访问日期：2024 年 4 月 30 日。

对经济模式、社会结构、政府管理、国家安全甚至国际关系产生深刻的影响，[1]国际竞争的焦点逐渐转移到人工智能领域，为抓住发展机遇，中国陆续发布了系列发展规划类文件，支持人工智能产业的发展。

2015 年 5 月，国务院在《中国制造 2025》中明确指出，要大力发展智能化生产设备与产品。2015 年 7 月，国务院发布《关于积极推进"互联网+"行动的指导意见》，指出应顺应世界"互联网+"发展趋势，推动互联网由消费领域向生产领域拓展。

2016 年 3 月，《机器人产业发展规划（2016—2020 年）》印发，提出力争在五年内形成较为完善的机器人产业体系。2016 年 5 月，国家发展改革委、科技部、工业和信息化部、中央网信办联合印发《"互联网+"人工智能三年行动实施方案》，从资金、标准体系建设、知识产权保护、人才培养、国际合作、组织实施等方面保障人工智能新兴产业的发展。2016 年 7 月，国务院印发《"十三五"国家科技创新规划》，描绘了未来五年中国科技创新发展的蓝图，并将"智能制造和机器人"列为"科技创新 2030——重大科技项目"。

直到 2017 年 7 月，国务院印发《新一代人工智能发展规划》，提出"科技引领、系统布局、市场主导、开源开放"的基本原则，围绕"核心技术、顶尖人才、标准规范"等，将人工智能上升为国家战略。分别制定了 2020 年、2025 年和 2030 年 3个时间的战略目标，阐述了建立科技创新体系、培育智能经济、建设智能社会、加强人工智能领域军民融合、构建智能化基础

---

[1] 谷业凯：《技术释放巨大潜力，风险问题广受关注，我国发布〈治理原则〉——发展负责任的人工智能》，载 http://culture.people.com.cn/n1/2019/0618/c1013-31164506.html，最后访问日期：2024 年 4 月 30 日。

设施体系、布局重大科技项目六大重点任务。

自此，"人工智能治理"正式成为中国人工智能产业发展的主题词，开启了中国人工智能治理之路。为贯彻落实《新一代人工智能发展规划》，指导各地方和各主体开展人工智能场景应用，国家相关部委及最高人民法院也出台了指导意见。

2022年7月，科技部、教育部、工业和信息化部、交通运输部、农业农村部、国家卫生健康委印发了《关于加快场景创新以人工智能高水平应用促进经济高质量发展的指导意见》，明确了在场景创新过程中企业主导、政府引领、开放融合、协同治理的基本原则，围绕重要行业打造高端高效智能经济，围绕城市管理、交通管理、生态保护、医疗健康、教育、养老等领域打造更便捷、更安全、更智能的社会，围绕科研、重大活动、重大工程打造人工智能应用的重大场景。

2022年8月，科技部发布《关于支持建设新一代人工智能示范应用场景的通知》，明确了智慧农场、智能港口、智能矿山、智能工厂、智慧家居、智能教育、自动驾驶、智能诊疗、智慧法院、智能供应链10个首批示范应用场景。

2022年12月，最高人民法院制定《关于规范和加强人工智能司法应用的意见》，明确了推动人工智能同司法工作进行深度融合的总体目标、基本原则及具体应用范围，包括人工智能辅助全流程办案、辅助事务性工作、辅助司法管理、服务多元纠纷和社会治理等，全面深化建设智慧法院。此外，还将在2025年前，基本建成较为完备的司法人工智能技术应用体系，以及到2030年，建成具有规则引领和应用示范效应的司法人工智能技术应用和理论体系。

随着人工智能发展规划在国家层面的提出，各地也纷纷响应号召，将人工智能及其相关产业发展纳入当地发展规划。例如，深圳市人民代表大会常务委员会于 2022 年 9 月公布《深圳经济特区人工智能产业促进条例》，明确人工智能概念和产业边界，提出建立面向产业的算力算法开放平台、定期制定并发布人工智能场景需求清单、设立人工智能伦理委员会；上海市人民代表大会常务委员会于 2022 年 9 月公布《上海市促进人工智能产业发展条例》，对上海市人工智能科技创新、产业发展、应用赋能与产业治理作出规范；北京市人民政府办公厅于 2023 年 5 月印发《北京市促进通用人工智能创新发展的若干措施》，要求提升算力资源统筹供给能力、高质量数据要素供给能力，系统构建大模型等通用人工智能技术体系，推动通用人工智能技术创新场景应用，探索营造包容审慎的监管环境。

2. 伦理治理

科技创新发展的同时，与之相关的科技伦理问题也在日益增多，利用人工智能技术实施不合法、不道德的行为，技术失控对人类造成伤害或带来经济损失，人工智能道德主体地位等问题引起了社会各界的广泛关注。人工智能技术的发展和应用在便利人们生活和促进社会发展的同时，也一定程度上挑战着人类既有的权利、价值观、道德观等，如何引导并统筹推进人工智能健康发展等一系列治理问题迫在眉睫。

2019 年 2 月，国家宣布成立新一代人工智能治理专业委员会，同年 6 月国家新一代人工智能治理专业委员会发布《新一代人工智能治理原则——发展负责任的人工智能》，该原则以"发展负责任的人工智能"为主题，旨在协调人工智能发展与治理的关系，提出了遵循"和谐友好、公平公正、包容共享、尊重隐私、安全可控、共担责任、开放协作、敏捷治理"的原则。"'负责任'涵盖了人工智能的基础研发层到应用层，更应成为贯穿人工智能发展的一条主线，无论是人工智能提供的产品还是服务，都应该是负责任的、全面的，应以增进人类共同福祉为目标，应该符合人类的价值观和伦理道德，避免误用，禁止滥用、恶用。"[1]该原则为框架性文件，其提出的原则是人工智能技术应遵守的底线标准，为后续开展人工智能治理基础工作提供了宏观引导作用。

2021年9月，国家新一代人工智能治理专业委员会发布《新一代人工智能伦理规范》，阐明人工智能特定活动应遵守的六项基本伦理规范：增进人类福祉、促进公平公正、保护隐私安全、确保可控可信、强化责任担当、提升伦理素养。从管理、研发、供应和使用等方面提出了具体的规范要求，落实了伦理规范的总要求和组织实施等内容，旨在将伦理道德融入人工智能的全生命周期，保障人工智能的公平、公正、和谐、安全。

2021年12月，《科学技术进步法》的修订高度重视科技伦理，从法律层面解答了科技伦理治理相关主体（包括政府、科研机构、科技人员）应如何就加强科技伦理治理进行发力的问题，明确了科学技术研发和应用的法律伦理底线，这是科技伦理治理法治化进程中的重要探索，同时呼应了习近平总书记关于科技伦理的论述及国家相关政策文件的要求。[2]

2022年3月，中共中央办公厅、国务院办公厅印发《关于加强科技伦理治理的意见》，明确了科技伦理体系建设工作负责主体，强调了科技伦理审查和监管等要求。国家科技伦理委员会负责指导和统筹协调推进全国科技伦理治理体系建设工作，

---

〔1〕　谷业凯：《技术释放巨大潜力，风险问题广受关注，我国发布〈治理原则〉——发展负责任的人工智能》，载 http://culture.people.com.cn/n1/2019/0618/c1013-31164506.html，最后访问日期：2024年4月30日。
〔2〕　陈秋萍：《科技进步法解读⑮——不同主体发力科技伦理治理》，载 https://www.thepaper.cn/newsDetail_forward_20249684，最后访问日期：2024年4月30日。

科技部承担国家科技伦理委员会秘书处日常工作。同时，强调开展科技活动应进行科技伦理风险评估，严格科技伦理审查；要求各地方、相关行业主管部门要细化科技伦理监管框架和制度规范，加强科技伦理监管；推动高校、科研机构、社会团体、医疗卫生机构、企业等完善科技伦理风险监测预警机制，监测预警科技伦理风险，并应作为科技伦理违规行为单位内部调查处理的第一责任主体，严肃查处科技伦理违法违规行为。该意见的发布，表明人工智能领域的科技伦理监管将逐步增强。

2023 年 9 月，科技部、教育部、工业和信息化部、农业农村部、国家卫生健康委、中国科学院、中国社科院、中国工程院、中国科协、中央军委科技委印发《科技伦理审查办法（试行）》，并随附件发布《需要开展伦理审查复核的科技活动清单》。《科技伦理审查办法（试行）》规定了审查主体、程序、监督管理等内容。《需要开展伦理审查复核的科技活动清单》特别明确，具有社会舆论动员能力和社会意识引导能力的算法模型、应用程序及系统的研发等科技活动需要开展伦理审查复核。

综上所述，中国人工智能伦理治理构建了以"发展负责任的人工智能"为核心的整体框架，通过政策引导、原则制定、伦理风险评估与审查、监管与执法等多方面的机制，确保人工智能技术的健康、安全、可控发展。在具体机制上，中国设立了专门的治理机构，发布了一系列原则和规范，明确了人工智能应遵循的伦理道德底线。同时，建立科技伦理风险评估和审查机制，对涉及人工智能的重大科技活动进行伦理审查。此外，加强监管和执法力度，严肃查处违反科技伦理的行为。

3. 技术治理

人工智能作为当今科技创新的热点，其有序发展离不开技术治理的支撑。为了确保新一代人工智能技术的健康发展，

2020 年 7 月，国家标准化管理委员会等多部门联合印发了《国家新一代人工智能标准体系建设指南》，旨在通过制定技术规范标准，引导人工智能技术的有序发展。该指南提出了一个全面的标准体系结构，包括基础共性、支撑技术与产品、基础软硬件平台、关键通用技术、关键领域技术、产品与服务、行业应用及安全/伦理八个部分。截至 2023 年，我国计划初步建立人工智能标准体系，并在制造、交通、金融等关键领域进行推进。这不仅为人工智能技术的监督和评估提供了依据，还有助于推动创新技术和应用的标准化，促进创新成果与产业的深度融合。

在人工智能的众多关键技术中，算法是处理数据的关键。然而，随着算法技术的不断创新，也带来了数据隐私和安全问题、算法的不可解释性等问题。为此，2021 年 9 月，国家互联网信息办公室等印发了《关于加强互联网信息服务算法综合治理的指导意见》，提出了建立算法备案制度，并明确了算法备案的范围和细则。此后，随着 2021 年 12 月《互联网信息服务算法推荐管理规定》（以下简称《算法推荐规定》）的公布，算法合规成为新的企业管理标准。《算法推荐规定》提出建立算法分级分类安全管理制度，基于算法服务的舆论属性、内容类别等因素进行分类管理。同时，进一步细化了算法备案制度，明确了备案细则，包括主体、适用情形、时限和法律责任等，《算法推荐规定》的出台标志着我国算法推荐技术的治理进入新的阶段。

与此同时，随着"元宇宙"概念的兴起，深度合成技术作为其发展的关键技术，也引起了社会的广泛关注。为促进深度合成技术的规范发展，2022 年 11 月，国家互联网信息办公室等公布了《互联网信息服务深度合成管理规定》（以下简称《深度合成规定》），明确了深度合成技术的适用范围、监管部门和基本原则，并提出了加强行业自律、履行消费者及其个人信息保护义务等要求。

此外，知识图谱作为人工智能的另一重要技术，通过关联各种信息形成网络化知识结构，为人工智能的应用提供了有力支持。2022 年 12 月，国家市场监督管理总局、国家标准化管理委员会发布了《人工智能 知识图谱技术框架》（GB/T 42131—2022）标准，明确了知识图谱的概念模型、技术框架，以及各方的输入输出、主要活动和质量要求。

2023 年初，由 OpenAI 开发的一款名为 ChatGPT 的聊天机器人程序在全球范围内迅速走红。ChatGPT 是一种基于深度学习技术的大型语言模型，具备了与人类进行自然语言交互的能力。用户可以通过最日常的语言与 ChatGPT 进行对话，而 ChatGPT 凭借其强大的语言处理能力和庞大的知识库，能够迅速地给出准确的回答或完成任务。由此，"ChatGPT""大模型"这些此前鲜为人知的术语，逐渐成为各行各业热议的焦点。而中国在生成式人工智能的治理上亦有大动作。

2023 年 3 月，中国信息通信研究院正式发布了《生成式人工智能技术及产品评估方法》，从"技术能力"和"产品能力"两部分阐述了相应的人工智能标准，为行业赋能，助力核心技术迭代，同时保障生成式人工智能的安全可信。

2023 年 7 月，国家互联网信息办公室等正式公布了《生成式人工智能暂行办法》，这是中国出台的首个针对生成式人工智能的监管文件，强调包容审慎、分类分级的监管思路，并推动基础设施建设和自主创新。《生成式人工智能暂行办法》不仅体现出中国对新一代人工智能监管工作的高度重视，亦为全球生成式人工智能提供了可参考的监管样板。

2024 年 2 月，全国网络安全标准化技术委员会发布《生成式人工智能服务安全基本要求》（TC260-003），提出了生成式人工智能服务在安全方面的基本要求，适用于服务提供者开展安全评估、提高安全水平，也可为相关主管部门评判生成式人工智能服务安全水平提供参考。

为贯彻落实《生成式人工智能暂行办法》中对生成内容进行标识的要求，2023 年 8 月，全国信息安全标准化技术委员会秘书处组织发布了《网络安全标准实践指南—生成式人工智能服务内容标识方法》（TC260-PG-20233A），规定了生成式人工智能服务提供者利用生成式人工智能技术向公众提供生成文本、图片、音频、视频等内容时应对生成内容进行显示水印或隐式水印标识，并详细介绍了标识方式和标识信息，以便公众明确知晓该内容使用了人工智能技术，提示公众注意该等内容的真实性与准确性，从而满足《生成式人工智能暂行办法》的要求。

除此之外，为规范人脸识别技术，保护个人信息及权益，维护社会秩序，2022 年 10 月，国家市场监督管理总局、国家标准化管理委员会发布《信息安全技术　人脸识别数据安全要求》（GB/T 41819—2022），明确了人脸识别数据处理的安全通用要求。2023 年 8 月，国家互联网信息办公室发布《人脸识别技术应用安全管理规定（试行）（征求意见稿）》，对人脸识别技术的使用提出了严格限制，仅允许在特定目的和必要条件下，且采取严格保护措施时使用。此外，征求意见稿还详细规定了公共场所和经营场所中人脸识别技术的应用要求，并强调了对处理人脸信息的个人信息保护影响评估和记录的要求。

综上所述，中国在人工智能技术治理上已构建出以规范引领、分类监管、促进创新为核心的基本框架。特点在于实行包容审慎的监管策略，同时注重分类分级管理，鼓励基础设施建设和自主创新。然而，在实际治理过程中监管部门也面临诸多挑战，需考虑如何确保监管的及时性和有效性，同时不抑制技术创新。此外，数据安全和隐私保护也是治理中的重要问题，需要不断完善相关标准和法规。总体来说，中国在人工智能治理上展现了前瞻性和系统性，有助于推动人工智能及其相关技术的健康有序发展。

4. 其他方面的合规治理

人工智能的发展，在影响和改变社会关系的同时，使得传统的法律关系面临着新的挑战。一方面，人工智能技术的应用使得数据成为一种新的资产，数据的收集、使用、传输和存储等活动都需要受到法律的严格规制；另一方面，人工智能技术的算法决策也可能引发责任归属的争议，如何界定算法决策的责任，成为法律界需要探讨的新问题。目前人工智能领域现行相关法律主要有《网络安全法》《数据安全法》《个人信息保护法》《反不正当竞争法》《反垄断法》《著作权法》，企业提供生成式人工智能产品或服务时应严格遵守前述法律法规要求。

《著作权法》（1990 年 9 月通过，2020 年 11 月修正）规定了著作权人的权利，规范了作品的使用和保护，包括文字、美术、音乐、影视等多个领域。尤其是第 13 条规定了"改编、翻译、注释、整理已有作品而产生的作品"属于著作权保护的范围。生成式人工智能模型对资料需求很高，无论是训练模型需要的原始材料，还是人工智能模型最终输出的"作品"都可能出现涉及侵犯著作权人合法权益的情况。一旦涉及著作权侵权问题，则不可避免会参照《著作权法》进行规制。

《反不正当竞争法》（1993 年 9 月通过，2019 年 4 月修正）规定了经营者实施不正当竞争的行为内容。根据当前司法实践，如果生成式人工智能使用的数据为非法爬取获得，产出的数据内容达到足以实质性替代被爬取经营者提供的产品或服务的程度，那么可能会构成不正当竞争。因此，《反不正当竞争法》为AI技术的公平竞争提供了法律保障。

《反垄断法》（2007年8月通过，2022年6月修正）规定经营者不得滥用市场支配地位，排除、限制竞争，不得利用数据和算法、技术、资本优势及平台规则等从事该法禁止的垄断行为。而人工智能技术属于尖端科技，掌握该技术的企业为少数，很容易成为企业垄断市场的新型手段，因此，《反垄断法》为人工智能技术的市场竞争提供了法律规制。

《网络安全法》（2016年11月通过，2017年6月起施行）系网络安全和监管领域的基础性法律。顾名思义，网络安全就是保护计算机系统和网络及其中存储或传输的数据不受恶意攻击或破坏的技术和措施。一方面生成式人工智能的发展有利于提升网络安全水平，使系统设备和数据免受攻击或破坏，另一方面应警惕不法分子利用生成式人工智能技术进行新型网络犯罪，给网络安全带来新的风险和挑战。因此，发展人工智能的前提必须遵守《网络安全法》，不得危害网络安全，不得利用网络从事违法犯罪行为。

数据是促进人工智能发展的基础要素之一，在人工智能发展中数据安全显得尤为重要。《数据安全法》（2021年6月通过，2021年9月起施行）构建了中国数据安全的顶层设计，完善了包括数据分类分级、重要数据保护、跨境数据流动和数据交易管理等多项重要制度。人工智能技术的滥用与管理的失控是伴随人工智能技术发展而生的两大难题，如何防止用户的恶意使用问题、如何防止用户使用人工智能技术恶意攻击网站，以及如何防止交互过程中产生的数据泄露风险是人工智能发展道路上必须解决的问题。因此，人工智能的发展必须严格遵循《网络安全法》和《数据安全法》等相关法律法规的要求。

《个人信息保护法》（2021 年 8 月通过，2021 年 11 月起施行）系中国个人信息保护领域的基础性法律。《个人信息保护法》规定了个人信息获取、使用、对外提供等原则上均须取得信息主体同意，确立了处理个人信息的五大基本原则：合法正当必要诚信原则、目的限制原则与最小化原则、公开透明原则、质量原则，以及主体责任原则与安全保障原则。《个人信息保护法》建立了个人信息的基本保护制度，以及敏感个人信息特别处理规则，个人信息跨境规则，规定了企业对个人信息进行分类管理，采取安全措施，制定应急预案，进行合规审计，个人信息保护影响评估，配合个人行使个人信息权益等义务和相应责任。大数据时代，生成式人工智能不可避免地要进行大量个人信息收集、使用、对外提供等信息处理活动，在此过程中极有可能存在侵犯信息主体权益的风险。

虽然，在人工智能治理的道路上已经有上述法律，但人工智能的迅猛发展，使上述法律在实际执行过程中仍然面临一些挑战。首先，由于人工智能技术的复杂性和创新性，如何准确界定人工智能技术的法律属性，成为一个难题。其次，由于人工智能技术的快速发展，相关法律法规的更新速度往往跟不上技术的发展速度，导致法律滞后。最后，由于人工智能技术的跨国性特点，如何加强国际合作，共同应对人工智能技术带来的全球性问题，这些都亟须人工智能领域专门的基础法律加以明晰。为了解决上述挑战，中国正在积极推进人工智能法的制定工作。2023 年 5 月，人工智能法草案被国务院列入 2023 年度立法工作计划。人工智能法的出台必然在确保人工智能技术安全性、保护知识产权、促进公平竞争、提高道德标准、防范技术失控等方面发挥至关重要的作用。通过制定专门的基础法律来规范人工智能技术的发展和应用，将有助于提高人工智能技术的透明度和可解释性，增强公众对人工智能技术的信任度，推动人工智能技术在各领域得到规范化应用，从而推动人工智能产业健康有序发展。

（三）小结

尽管在人工智能治理方面中国已经取得了相当多的进展，但在进一步推动人工智能高质量发展的过程中仍面临着不小的挑战。如何推动构建系统性的人工智能法律规范，形成以人工智能立法为基础，数据、知识产权、信息保护等领域的法律为补充，生成式人工智能的专门性管理办法为抓手的系统性规范体系是当前亟待解决的问题。此类系统性规范不仅能为人工智能技术的发展提供清晰指引，还能确保其在伦理和法律的框架内健康运行。未来，我们需要在科学合理的法律规范和伦理准则的共同作用下，坚持创新发展与依法治理的有机结合，确保人工智能技术的可持续发展，实现技术进步与社会进步的和谐共赢。

表 5-1 中国人工智能治理相关文件（按发布时间顺序排列）

序号	发布时间	实施时间	法规名称	文号	发布人
1	2001.07.16	2002.03.01	《信息技术词汇 第28部分：人工智能 基本概念与专家系统》	GB/T 5271.28—2001	国家质量监督检验检疫总局
2	2016.11.07	2017.06.01	《网络安全法》	中华人民共和国主席令第五十三号	全国人民代表大会常务委员会

续表

序号	发布时间	实施时间	法规名称	文号	发布人
3	2017.07.08	2017.07.08	《新一代人工智能发展规划》	国发〔2017〕35号	国务院
4	2019.06.17	2019.06.17	《新一代人工智能治理原则——发展负责任的人工智能》	—	国家新一代人工智能治理专业委员会
5	2020.07.27	2020.07.27	《国家新一代人工智能标准体系建设指南》	国标委联〔2020〕35号	国家标准化管理委员会 中央网信办 国家发展改革委 科技部 工业和信息化部
6	2021.01.05	2021.01.05	《网络安全标准实践指南—人工智能伦理安全风险防范指引》	TC260-PG-20211A	全国信息安全标准化技术委员会秘书处
7	2021.06.10	2021.09.01	《数据安全法》	中华人民共和国主席令第八十四号	全国人民代表大会常务委员会
8	2021.08.20	2021.11.01	《个人信息保护法》	中华人民共和国主席令第九十一号	全国人民代表大会常务委员会

续表

序号	发布时间	实施时间	法规名称	文号	发布人
9	2021.09.17	2021.09.17	《关于加强互联网信息服务算法综合治理的指导意见》	国信办发文〔2021〕7号	国家互联网信息办公室 中央宣传部 教育部 科学技术部 工业和信息化部 公安部 文化和旅游部 国家市场监督管理总局 国家广播电视总局
10	2021.09.25	2021.09.25	《新一代人工智能伦理规范》	—	国家新一代人工智能治理专业委员会
11	2021.12.24	2022.01.01	《科学技术进步法》	中华人民共和国主席令第一〇三号	全国人民代表大会常务委员会
12	2021.12.31	2022.03.01	《算法推荐规定》	国家互联网信息办公室、中华人民共和国工业和信息化部、中华人民共和国公安部、国家市场监督管理总局令第9号	国家互联网信息办公室 工业和信息化部 公安部 国家市场监督管理总局

续表

序号	发布时间	实施时间	法规名称	文号	发布人
13	2022.03.20	2022.03.20	《关于加强科技伦理治理的意见》	—	中共中央办公厅国务院办公厅
14	2022.07.29	2022.07.29	《关于加快场景创新以人工智能高水平应用促进经济高质量发展的指导意见》	国科发规〔2022〕199号	科技部教育部工业和信息化部交通运输部农业农村部国家卫生健康委
15	2022.08.12	2022.08.12	《关于支持建设新一代人工智能示范应用场景的通知》	国科发规〔2022〕228号	科技部
16	2022.10.12	2023.05.01	《信息技术 人工智能 术语》	GB/T 41867—2022	国家市场监督管理总局国家标准化管理委员会
17	2022.11.25	2023.01.10	《深度合成规定》	国家互联网信息办公室、中华人民共和国工业和信息化部、中华人民共和国公安部令第12号	国家互联网信息办公室工业和信息化部公安部

序号	发布时间	实施时间	法规名称	文号	发布人
18	2022.12.08	2022.12.08	《关于规范和加强人工智能司法应用的意见》	法发〔2022〕33号	最高人民法院
19	2022.12.30	2023.07.01	《人工智能知识图谱技术框架》	GB/T 42131—2022	国家市场监督管理总局 国家标准化管理委员会
20	2023.07.10	2023.08.15	《生成式人工智能暂行办法》	国家互联网信息办公室、中华人民共和国国家发展和改革委员会、中华人民共和国教育部、中华人民共和国科学技术部、中华人民共和国工业和信息化部、中华人民共和国公安部、国家广播电视总局令第15号	国家互联网信息办公室 国家发展改革委 教育部 科技部 工业和信息化部 公安部 广电总局

续表

序号	发布时间	实施时间	法规名称	文号	发布人
21	2023.08.08	—	《人脸识别技术应用安全管理规定（试行）（征求意见稿）》	—	国家互联网信息办公室
22	2023.08.25	2023.08.25	《网络安全标准实践指南—生成式人工智能服务内容标识方法》	TC260-PG-20233A	全国信息安全标准化技术委员会秘书处
23	2024.02.29	—	《生成式人工智能服务安全基本要求》	TC260-003	全国网络安全标准化技术委员会

二、中国人工智能监管框架

（一）人工智能的多元化监管机构体系

1. 国家互联网信息办公室发挥重要监管作用

2023 年 7 月，国家互联网信息办公室联合国家发展改革委、教育部、科技部、工业和信息化部、公安部、广电总局公布《生成式人工智能暂行办法》，自 2023 年 8 月起施行。这是中国首次以部门规章形式针对生成式人工智能研发及服务作出专门规定。《生成式人工智能暂行办法》第 16 条第 1 款明确提出，国家互联网信息办公室、国家发展改革委、教育部、科技部、工业和信息化部、公安部、广电总局、国家新闻出版署等部门，依据各自职责依法加强对生成式人工智能服务的管理。

此外，近年来两个与人工智能密切相关的立法规定，亦由国家互联网信息办公室联合相关部门制定。2021 年 12 月公布的《算法推荐规定》第 3 条规定了相关部门在算法管理方面的分工和职责："国家网信部门负责统筹协调全国算法推荐服务治理和相关监督管理工作。国务院电信、公安、市场监管等有关部门依据各自职责负责算法推荐服务监督管理工作。……"第 34 条规定："国家互联网信息办公室会同工业和信息化部、公安部、国家市场监督管理总局负责解释。"2022 年 11 月公布的《深度合成规定》体例与前述《算法推荐规定》高度相似，其第 3 条第 1 款规定了相关部门的工作职责——"国家网信部门负责统筹协调全国深度合成服务的治理和相关监督管理工作。国务院电信主管部门、公安部门依据各自职责负责深度合成服务的监督管理工作"。该规定由国家互联网信息办公室 2022 年第 21 次室务会议审议通过，并经工业和信息化部、公安部同意后公布。

实践中，多个部门主体联合制定规章，常常针对的是一些需要各个部门紧急配合、共同完成规制任务且影响范围广、涵盖主体多、规制对象广泛的应急性、综合性事项。针对此类事项的部门联合立法，需要专业权威的牵头部门发起并主导相关联合立法过程，其他部门发挥好配合和协调作用。[1]国家互联网信息办公室在上述 3 个规章制定中起到了类似的作用。国家互联网信息办公室成立于 2011 年 5 月，根据《国务院关于机构

---

[1] 封丽霞：《部门联合立法的规范化问题研究》，载《政治与法律》2021 年第 3 期。

设置的通知》（国发〔2018〕6号）及《国务院关于机构设置的通知》（国发〔2023〕5号）的内容，国家互联网信息办公室职责含有互联网信息内容管理、网络新闻业务及其他相关业务的审批和日常监管、指导互联网基础管理工作、网络安全、数据治理、信息化等。[1]当前国家对人工智能的发展主要聚焦于技术层面，由此衍生到产业层面，在提供技术服务进行应用的过程中，主要涉及互联网信息内容服务，并由此产生网络安全、数据安全、个人信息保护等具体治理需求，从这方面来说，国家互联网信息办公室在当前人工智能服务的治理中起到了重要监管作用。

2. 其他多部门联合监管

从公共治理的角度出发，部门联合立法是"合力式治理"或政府"整体性治理"的一种典型立法要求和政府意志表达，"代表一种职责法定型的政府内部整合机制"。[2]鉴于人工智能在国内正处于高速发展阶段，相关法律规范正在逐步完善之中，当前不断出现创新性治理问题时，国家互联网信息办公室单独立法难以完全覆盖，而国务院一次性出台整体规定也不现实，因此，通过多部门联合立法，进而形成统一的部门规章或规范性文件，为相关领域确立一套清晰、统一的监管标准和执法依据，由此形成了在人工智能领域国家互联网信息办公室联合其他多部门共同监管的框架情况。

综观《算法推荐规定》《深度合成规定》及《生成式人工智能暂行办法》3个部门规章，其对国家互联网信息办公室以外

---

〔1〕 参见国家互联网信息办公室网站，http://www.cac.gov.cn/2014-08/01/c_11 11903999.htm? from=singlemessage，最后访问日期：2024年4月29日。

〔2〕 叶敏：《从运动式治理方式到合力式治理方式：城市基层行政执法体制变革与机制创新》，载《行政论坛》2017年第5期。

的其他部门在人工智能监管方面的职责作出了详细规定。工业和信息化部、公安部、国家市场监督管理总局等有关部门协同国家互联网信息办公室建立算法分级分类安全管理制度，工业和信息化部、公安部依据职责对深度合成服务开展监督检查，国家发展改革委、教育部、科技部、工业和信息化部、公安部、广电总局、国家新闻出版署等部门，依据各自职责依法加强对生成式人工智能服务的管理。

人工智能领域相关法律规制问题错综复杂，网络安全、数据安全、个人信息保护、数据跨境流动、知识产权保护、反不正当竞争等系列问题，对生成式人工智能发展而言均需统筹考虑。目前人工智能领域现有的 3 个部门规章——《算法推荐规定》《深度合成规定》及《生成式人工智能暂行办法》——均为国家互联网信息办公室领衔、多部门联合发布，参与联合发布的相关部门有工业和信息化部、公安部、市场监管总局、国家发展改革委、教育部、科技部、广电总局等，在不同领域、不同模块对人工智能服务发挥治理监管作用。其中，工业和信息化部与公安部作为承担多项政府职责的综合性政府部门，在 3 个部门规章中均作为联合发布者，凸显了在人工智能治理的监管框架中的重要影响力。

人工智能，尤其是生成式人工智能发展过程中涉及海量的数据、极其复杂的算法，其中不可避免地会涉及网络安全和数据安全问题。2021 年 12 月公布的《网络安全审查办法》，由国家互联网信息办公室会同其他 12 个部门联合发布，除参与发布《算法推荐规定》《深度合成规定》及《生成式人工智能暂行办法》的相关部门之外，还包括国家安全部、财政部、商务部、中国人民银行、中国证监会、国家保密局、国家密码管理局等。参考《网络安全审查办法》的实践，上述部门均可能参与人工智能的监管实践。

3. 具有政策影响力的官方组织、行业组织

人工智能技术是数字化、网络化、智能化时代的重要支撑，其进展备受各界瞩目，近十年来，国家也在技术化浪潮中不断出台扶持人工智能发展的相关政策，部分高层级的官方组织、行业组织更是起到了先行者的作用。

（1）新一代人工智能发展规划推进办公室。2017年7月，国务院印发《新一代人工智能发展规划》，发展人工智能上升为国家战略。2017年11月，科技部召开新一代人工智能发展规划暨重大科技项目启动会，宣布成立由科技部、国家发展改革委、财政部、教育部、工业和信息化部、中国科学院、中国工程院、军委科技委、中国科协等15个部门组成的新一代人工智能发展规划推进办公室，负责推进新一代人工智能发展规划和重大科技项目的组织实施。新一代人工智能发展规划推进办公室是国家推动人工智能发展的当前层级高、影响力大的推进组织机构，由科技部主导，针对我国在人工智能领域发展的薄弱环节，发挥举国体制的优势加强在相关领域的投入，其在人工智能发展方面的整体规划与布局，对人工智能技术与产业的发展产生了深远的影响，其规划发展的导向性政策也因此具备部分监管导向的价值，是人工智能领域极具影响力的泛监管组织之一。新一代人工智能发展规划推进办公室设在科技部，科技部作为新一代人工智能发展规划推进办公室的核心成员会同相关部门加快推进规划任务的落实，支持新一代人工智能基础理论、核心算法、关键共性技术、创新应用等研究，支持北京、上海、天津等地建设国家新一代人工智能创新发展试验区，支持建设一批可复制可推广的标杆型人工智能示范应用场景，围绕基础软硬件、智能语音、智能视觉、智能医疗等领域布局建设了数十

个人工智能开放创新平台。此外，新一代人工智能发展规划推进办公室还推动了人工智能治理，将伦理道德融入人工智能全生命周期，加快人工智能立法工作。

（2）国家科技伦理委员会。2019 年 7 月，中央全面深化改革委员会第九次会议审议通过了《国家科技伦理委员会组建方案》，正式确立国家科技伦理委员会为国家级的科技伦理管理机构。2019 年 10 月，中共中央办公厅、国务院办公厅印发通知宣告成立国家科技伦理委员会，负责指导和统筹协调推进全国科技伦理治理体系建设工作。按照《国家科技伦理委员会组建方案》的部署，国家科技伦理委员会先后成立了人工智能、生命科学、医学 3 个分委员会，推动相关部门成立科技伦理专业委员会，指导各地方结合工作实际，建立或者筹建地方科技伦理委员会。2022 年 3 月，中共中央办公厅、国务院办公厅印发的《关于加强科技伦理治理的意见》，由国家科技伦理委员会指导，科技部研究起草，进一步明确了国家科技伦理委员会指导和统筹协调推进全国科技伦理治理体系建设工作等管理职责，科技部承担国家科技伦理委员会秘书处日常工作，国家科技伦理委员会各成员单位按照职责分工负责科技伦理规范制定、审查监管、宣传教育等相关工作；有关行业主管部门和各地方要定期向国家科技伦理委员会报告履行科技伦理监管职责工作情况并接受监督。2023 年 3 月，中共中央、国务院印发了《党和国家机构改革方案》，宣布组建中央科技委员会，国家科技伦理委员会作为中央科技委员会领导下的学术性、专业性专家委员会，不再作为国务院议事协调机构。2023 年 9 月印发的《科技伦理审查办法（试行）》第 40 条规定，科技部负责统筹指导全国科技伦理监管工作，有关科技伦理审查监管的重要事项应听取国家科技伦理委员会的专业性、学术性咨询意见，充分显示了国家科技伦理委员会的高规格、高层次，其在科技伦理方面的职责也使其成为人工智能监管领域非常重要的行政组织之一。

（3）国家标准化管理委员会。国家标准化管理委员会是国务院直属机构，负责下达国家标准计划，批准发布国家标准，审议并发布标准化政策、管理制度、规划、公告等重要文件，协调、指导和监督行业、地方、团体、企业标准工作。在人工智能领域，国家标准、行业标准、团体标准将在基础共性、伦理、安全隐私等方面起到重要的引领作用。2020 年 7 月，国家标准化管理委员会会同中央网信办、国家发展改革委、科技部、工业和信息化部印发了《国家新一代人工智能标准体系建设指南》，确定人工智能标准体系框架主要由基础共性、支撑技术与产品、基础软硬件平台、关键通用技术、关键领域技术、产品与服务、行业应用、安全/伦理 8 个部分数十份标准构成。此后，人工智能领域已有一批国家标准先后制定和发布。例如，2022 年 12 月，国家市场监督管理总局、国家标准化管理委员会发布《人工智能　知识图谱技术框架》（GB/T 42131—2022），给出了知识图谱的概念模型和技术框架，规定了知识图谱供应方、知识图谱集成方、知识图谱用户、知识图谱生态合作伙伴的输入、输出和主要活动和质量一般性能等要求；2023 年 5 月，国家市场监督管理总局、国家标准化管理委员会发布《人工智能　面向机器学习的数据标注规程》（GB/T 42755—2023），规定了人工智能领域面向机器学习的数据标注框架流程。尽管国家标准化管理委员会没有执法权限，且截至目前，人工智能相关领域的国家标准都是"推荐性"标准，但是该等标准在实践中被众多执法机构用作"最佳实践"的参考。人工智能处于飞速发展之中，政府及相关组织团体需要准确把握人工智能发展大势，为人工智能发展制定更具前瞻性的标准体系、管理规范，持续跟进领域内最新动态，并对研发、制造、使用等环节进行监测和管理。[1]因此，国家标准化管理委员会在人工智能的监管中也扮演着重要角色。

（4）新一代人工智能战略咨询委员会和新一代人工智能治理专业委员会。在关注人工智能发展的同时，人工智能治理工作也成为顶层关注的重要问题。2017年，在成立新一代人工智能发展规划推进办公室的同时，科技部宣布成立由院士、公共政策研究者，还有包括 BAT 等五家企业界代表在内的新一代人工智能战略咨询委员会。该咨询委员会成立的目的是为规划和重大科技项目实施，以及国家人工智能发展的相关重大部署提供咨询。2019年2月，新一代人工智能发展规划推进办公室召开 2019 年工作会议，为进一步加强人工智能相关法律、伦理、标准和社会问题研究，深入参与人工智能相关治理的国际交流合作，新一代人工智能发展规划推进办公室决定在新一代人工智能战略咨询委员会基础上成立新一代人工智能治理专业委员会，由来自高校、科研院所和企业的相关专家组成。2019年6月，新一代人工智能治理专业委员会发布了《新一代人工智能治理原则——发展负责任的人工智能》；2021年9月，新一代人工智能治理专业委员会发布《新一代人工智能伦理规范》。国家新一代人工智能治理专业委员会定期推出关于人工智能发展的治理原则、伦理规范，在人工智能治理中发挥政策研究、风险防范、伦理规范构建及国际交流与合作等多方面的作用，对人工智能发展过程中重要的伦理风险给予极大关注，对行业自律发展形成一定指引作用，也是人工智能领域极具影响力的行业组织之一。

---

[1] 卢卫红：《发展负责任的人工智能》，载 https：//www.cssn.cn/skgz/bwyc/202208/t20220803_ 5463371. shtml，最后访问日期：2024 年 3 月 8 日。

以上几个重要的官方组织中，科技部发挥了重要的指导作用，新一代人工智能发展规划推进办公室由科技部牵头，国家科技伦理委员会中科技部主要负责人担任副主任，新一代人工智能治理专业委员会由科技部主要负责人在新一代人工智能发展规划推进办公室的重要会议上宣布成立，科技部在人工智能的规划、发展和科技伦理方面的相关工作同样具有较大的职责权重，负责统筹指导全国科技伦理监管工作，有关科技伦理审查监管的重要事项应听取国家科技伦理委员会的专业性、学术性咨询意见。

此外，其他部分行业组织或官方组织在人工智能发展过程中也起到了很大的作用，如中国人工智能学会、中国人工智能产业发展联盟等。中国人工智能学会成立于 1981 年，是经民政部正式注册的我国人工智能科学技术领域唯一的国家级学会，属于学术社团组织，充分发挥学会的学术资源优势，探索开展建议咨询等社会服务工作，积极拓展服务领域与服务范围，提升学会活力，为政府科学决策提供支持。中国人工智能产业发展联盟系在国家发展改革委、科技部、工业和信息化部、中央网信办等部门的指导和支持下，中国信息通信研究院牵头会同相关单位共同发起成立；其作为人工智能的行业组织，着力聚集产业生态各方力量，联合开展人工智能技术、标准和产业研究，共同探索人工智能的新模式和新机制，推进技术、产业与应用研发。

（二）人工智能监管的价值导向探析

对于人工智能监管价值导向的观察，业内通常从国家互联网信息办公室和人工智能 3 个部门规章的角度出发来分析，通常可以得出某一个角度的价值导向，但通过对人工智能发展过程进行分析，此种观察可能有待进一步丰富，更需要根据人工智能的发展阶段和人工智能监管机构的序列来进行综合考量，不同的监管机构序列在不同的时期，会有各自具体语境下的价值导向。

1. 持续鼓励创新发展的价值导向

人工智能作为战略性新兴技术，人工智能技术新模式、新业态不断涌现，与实体经济融合持续深化，日益成为科技创新、产业升级和生产力提升的重要驱动力量。各国都在加速布局人工智能，我国政府对生成式人工智能的发展也给予了高度重视和大力支持。

（1）出台举国体制下人工智能发展系列战略及政策。

2016 年全球科技巨头对人工智能投资已达 300 亿美元，重视人工智能已成为全球共识。但与世界领先国家相比，虽然我国人工智能在部分领域核心技术实现重要突破，但仍缺少重大原创成果，在基础理论、核心算法及关键设备、高端芯片等方面差距较大。[1]从科技自主可控与安全的国家战略视角来看，人工智能发展的高地不容有失，在政府顶层建筑关注下，我国充分发挥举国体制的优势，不断成立高层级的协调组织来负责推进新一代人工智能发展规划和重大科技项目的组织实施。2016 年《"互联网+"人工智能三年行动实施方案》、2017 年《新一代人工智能发展规划》、2017 年《促进新一代人工智能产业发展三年行动计划（2018—2020 年）》、2019 年《国家新一代人工智能创新发展试验区建设工作指引》、2022 年《关于支

---

〔1〕《构筑人工智能先发优势　把握新一轮科技革命战略主动——科技部党组书记、副部长王志刚解读我国首个人工智能发展规划》，载 https://www.most.gov.cn/mtjj/mtzf/201709/t20170908_ 134826. html，最后访问日期：2024 年 3 月 15 日。

持建设新一代人工智能示范应用场景的通知》等，内容覆盖人工智能产业政策、创新发展试验区政策、促进政策、治理政策、三年行动计划、人才政策、场景应用政策、高质量发展政策、综合政策、"十四五"规划等，均是人工智能发展系列宏观战略和落地政策的组成部分。

（2）加大对生成式人工智能领域的投入。

科技部及其他相关部门通过国家科技计划和专项资金的支持，推动关键技术攻关和成果转化，加速生成式人工智能技术的进步，形成"1+N"的人工智能项目群；积极推动生成式人工智能的应用示范和产业集聚，通过建设人工智能产业园、培育骨干企业、促进创新创业等方式，启动了人工智能重大科技项目，确定了以基础软硬件为主体，基础理论和创新应用为两翼的"一体两翼"研发布局，同时依托龙头企业，建立了一批人工智能开放创新平台，一方面带动中小企业发展，另一方面提升整个行业的技术进步速度；加强对产业的规划和引导，布局建设人工智能创新发展试验区和人工智能驱动的科学研究前沿科技研发体系，支持建设示范应用场景，鼓励各地因地制宜，发展具有各地特色的应用场景，推动产业链上下游协同发展，建设多个国家创新发展试验区，形成完整的产业生态圈。根据工业和信息化部数据，截至 2023 年 7 月，我国人工智能核心产业规模已超 5000 亿元，企业数量超过 4300 家，算力规模位居全球第二，已建成 2500 多个数字化车间和智能工厂。[1]

（3）基于治理和竞争态势下的发展考量。

在人工智能进入快速发展的阶段，世界主要国家都在相关

---

〔1〕 周琳、龚雯：《我国人工智能蓬勃发展　核心产业规模达 5000 亿元》，载《河北经济日报》2023 年 7 月 7 日，第 4 版。

赛道加大投入，除欧盟外其他主要国家总体上采取了鼓励创新发展的思路。我国在《生成式人工智能暂行办法》征求意见稿和正式发布的《生成式人工智能暂行办法》中也体现了这一点，加入了坚持发展、促进创新的重要指导原则，鼓励探索优化应用场景，构建应用生态体系、支持多方面开展协作等，该办法正式发布后，相对柔性灵活的监管规范成为人工智能企业发展的风向标和催化剂，指导企业把握新兴机会，应对面临的挑战。与此同时，为有效应对来自美国的技术封锁、技术体系存在短板和头部平台企业技术升级相对缓慢带来的相关挑战，该反向应力也在支撑人工智能产业集群国际竞争力提升，加强与世界各国的技术合作，推动通用人工智能和专用人工智能的融合。

深入探析我国对人工智能的治理思路可以发现，当下主要导向是保证商业化应用的安全，促进行业健康发展，在以安全为基石的前提下助力发展，以治理为引擎鼓励发展、鼓励创新。类似的监管思路，因各国对人工智能发展安全的重视，也在纷纷效仿，尤其是海湾地区部分国家。

2. 基于安全基座的风险治理导向

（1）因应人工智能前沿技术安全风险规制的立法导向。

人工智能相关技术高速发展同时伴随着诸多风险，深度合成、算法推荐、生成式人工智能等技术衍生出一系列风险问题：深度合成技术一旦被滥用，会造成巨大风险与实质性危害，可能给个人、企业造成肖像、名誉等人格和财产权益损害，也可能给社会秩序、国家政治稳定和安全造成巨大威胁。[1] 算法安

---

〔1〕　时建中：《专家解读丨规范深度合成服务　营造风清气正的网络空间》，载 http://www.cac.gov.cn/2022-12/12/c_ 1672217053955777.htm，最后访问日期：2024 年 4 月 16 日。

全风险既包括算法自身存在的算法漏洞、算法脆弱性、算法黑箱等"技术风险"，也包括算法不合理应用带来的算法偏见、算法霸凌、算法共谋等"社会风险"。[1]目前主流的生成式人工智能属于"黑箱"模型，在应用中可能会产生有害言论、虚假信息、隐私泄露、偏见歧视等风险。[2]

人工智能技术的快速发展所带来的新型问题，是普通民商事法律关系难以覆盖的区域，更多地聚焦在社会民生等安全领域，对人工智能的风险治理提出了非常高的要求，国家互联网信息办公室也对人工智能前沿技术快速发展中暴露的相关安全问题进行及时的立法规制，连续出台《算法推荐规定》《深度合成规定》与《生成式人工智能暂行办法》3个部门规章，以期实现智能化革命中关键性的"技术—法律"综合创新。

（2）以安全管理为内核的风险治理框架。

国家互联网信息办公室已经颁布的与人工智能治理相关的3个部门规章，以安全管理为内核，确立了关于人工智能风险治理的基本框架，主张安全与发展双轮并驱，但注重安全是国家互联网信息办公室在风险治理方面更为核心的基调。

《算法推荐规定》明确规定，不得利用算法推荐服务从事危害国家安全和社会公共利益的活动，服务提供者要落实算法安全主体责任，加强信息安全管理，为未成年人及老年人提供算法安全予以特别规定，要求有关监管部门须建立算法分级分类安全管理制度。《深度合成规定》明确规定，不得利用深度合成

---

[1] 沈华伟：《专家解读｜构建互联网信息服务算法安全监管体系》，载 http://www.cac.gov.cn/2022-03/01/c_ 1647766985400876. htm，最后访问日期：2024 年 4 月 16 日。

[2] 乔宇：《专家解读｜以安全助发展　以治理促创新》，载 http://www.cac.gov.cn/2023-08/29/c_ 1694965943880030. htm，最后访问日期：2024 年 4 月 16 日。

服务从事危害国家安全和利益的活动，服务提供者应当落实信息安全主体责任，应用程序分发平台应当落实安全管理责任，对涉及生物识别、国家安全的模型，对具有舆论属性或者社会动员能力的产品等应当进行安全评估。《生成式人工智能暂行办法》明确提出安全与发展并重，要求生成式人工智能不得危害国家安全和利益，要求服务提供者履行网络信息安全义务，对提供具有舆论属性或者社会动员能力的生成式人工智能服务的，要求按照国家有关规定开展安全评估。

《算法推荐规定》《深度合成规定》与《生成式人工智能暂行办法》3个部门规章均表明《网络安全法》和《数据安全法》为其制定依据，联合发布方中都有国家互联网信息办公室、工业和信息化部和公安部，相关条款中也多有涉及网络安全和数据安全的内容，从某种程度上均体现了网络安全治理和数据安全治理的基调。国家互联网信息办公室的风险治理框架通过加强事前安全评估、事中安全防护，以及提升事后网络安全事件的应急响应能力，初步梳理全流程安全管理机制，锚定全面、系统的治理策略，为人工智能技术的健康发展提供了有力保障。

3. 多元化监管框架中科技伦理价值导向有待进一步落地

（1）人工智能科技伦理发展稳步前进。

在人工智能快速发展过程中，关于科技伦理治理的人工智能模型的伦理与社会偏见问题也日益引发关注。GPT-4包含了许多伦理失范的功能；许多问答网站的答案，未曾考虑答案背后所蕴含的价值取向；如果训练数据含有偏见，人工智能模型很可能会继承并放大这些偏见，从而在应用过程中产生不公平甚至具有歧视性的决策等。学界普遍共识，大模型的出现正在对经济社会发展产生积极影响，但也伴随着很多挑战和风险，其科技伦理建设至关重要、任务艰巨。

自 2019 年以来，我国关于人工智能科技伦理治理从此前的学界理论层面正式进入国家层面的统筹规划，组建国家科技伦理委员会，负责指导和统筹协调推进全国科技伦理治理体系的建设，并在科技部、外交部、中国人民银行等部门的大力推进下，出台了系列关于科技伦理治理的政策法规和标准，包括《网络安全标准实践指南—人工智能伦理安全风险防范指引》《新一代人工智能伦理规范》《中国关于规范人工智能军事应用的立场文件》《科学技术进步法》《关于加强科技伦理治理的意见》《金融领域科技伦理指引》《中国关于加强人工智能伦理治理的立场文件》《涉及人的生命科学和医学研究伦理审查办法》等。

在科技伦理领域，现有法规和规章更多地体现为国家科技伦理战略规划、理论和原则、方向指引等，多数法规和规章并未包含执行层面的具体程序和标准。2023 年 9 月印发的《科技伦理审查办法（试行）》，在此前完善科技伦理审查规则流程机制的基础上，进一步对科技伦理审查的基本程序、标准、条件等提出统一要求，为各地方和相关行业主管部门、创新主体等组织开展科技伦理审查提供了制度依据。关于人工智能科技伦理方面的治理从理论到组织架构到立法再到具体的操作层面逐步落地，稳步发展，保障人工智能科技在善行规约中茁壮成长。

（2）相对柔性的科技伦理治理面临挑战。

尽管科技伦理治理在稳步发展，但是与当前人工智能技术跃迁式发展的态势相比仍相对滞后；与人工智能以安全管理为内核的风险治理相比，国内关于人工智能科技伦理方面的治理相对柔性，还有很多地方需要进一步完善。

人工智能科技伦理的治理主要由科技部牵头，科技部在人工智能发展规划战略、重大项目部署等方面发挥了重大作用，在人工智能治理框架体系中也起到了不可或缺的作用。科技部虽由相关规章和规范性文件明确授权负责统筹指导全国科技伦理监管工作，但是相关规章和规范性文件对其监管职责及对应的管理措施、惩戒条款规定有待进一步明确，在管理方面，关于科技伦理监管的职责分工也有待进一步清晰，关于科技部与科技伦理委员会的关系有待进一步明确，科技部与地方、行业的相关主管部门之间的权责关系的边界有待进一步明确，高等学校、科研机构、医疗卫生机构、企业等履行科技伦理管理主体责任与科技部的科技伦理监管之间的关系、边界也有待进一步清晰，关于科技部对人工智能科技伦理多元治理体系中的统筹问题、职责边界问题、操作性问题均有待于进一步廓清。

在《算法推荐规定》《深度合成规定》与《生成式人工智能暂行办法》3 个部门规章中，对人工智能科技伦理的表述较为宽泛，有提及尊重社会公德与伦理道德及科技伦理审查，但没有具体的实施细则可供落地执行参照适用。在国家互联网信息办公室主导的人工智能治理相关规范性文件中，对科技伦理方面的规范内容相对较少，而且在立法目的条款中主要援引社会主义核心价值观来进行人工智能方面的规制。社会主义核心价值观与伦理道德并不当然重合，立法规制导向的不同，使人工智能产业未来发展出现不同的路径走向。从核心价值观导向来看，世界各国都出现一种趋势，希望对人工智能技术进行一定程度的控制。生成式人工智能的学习能力或者说意识形态，高度取决于其语料库中被"投喂"的数据，"投喂"什么类型的数据，则注入怎样的意识形态和价值观念，因此，在国防、金融或生物医疗等敏感领域，各国均不希望依赖由人工智能技术发达的国家输入的智能技术，这类导向并不为我国特有或独有，在业内被定义为"人工智能民族主义"。[1]

在上述趋势下，人工智能产业发展过程中，对科技伦理治理的重视程度高度依赖于产业结构中各主体的高度自觉，尽管这种态势与当前人工智能治理多元监管框架相对分散有一定关系，但是也与相关监管部门对人工智能伦理风险方面的重视程度尚待提高有着一定关系。发展负责任的人工智能也包括和谐友好和安全可控原则，利用人工智能"必须由各国展开协调设定红线"。

（三）人工智能监管实践的现状与挑战

各国已逐步开展人工智能治理实践，探索制定了一系列规范性文件，以规避人工智能技术快速发展带来的系列风险。例如，对于现象级人工智能产品 ChatGPT，意大利政府数据保护局（Garante）2023 年 3 月要求禁止 ChatGPT 在意大利使用，对 ChatGPT 应用程序涉嫌违反隐私规则展开调查（ChatGPT 后续于 2023 年 4 月底在意大利恢复上线）；而加拿大联邦隐私监管机构 2023 年宣布对 Open 人工智能涉嫌"未经同意收集、使用和披露个人信息"展开调查。我国政府在这一进程中也积极作为，倡导"智能向善"，发展"负责任的人工智能"。[2]

在近十年来人工智能技术爆发式发展的阶段，政府在顶层架构层面快速推动人工智能战略发展规划，并根据不同人工智能技术的风险制定相应的法律规范，积极探索人工智能立法框

〔1〕 邵文：《"人工智能民族主义"时代到来：由国家主导 AI 发展与监管》，载 https://www.thepaper.cn/newsDetail_ forward_ 25898976，最后访问日期：2024 年 4 月 16 日。

〔2〕《发展负责任的人工智能：新一代人工智能治理原则发布》，载 https://www.most.gov.cn/kjbgz/201906/t20190617_ 147107.html，最后访问日期：2024 年 4 月 16 日。

架，并在相关立法治理指引下对人工智能行业发展进行监管实践。《算法推荐规定》《深度合成规定》与《生成式人工智能暂行办法》3 个部门规章中明确规定了提供相关技术及服务的主体应当承担算法安全或数据安全的主体责任，国家有关主管部门应制定相应的分类分级监管规则或者指引，对算法备案和变更、注销备案手续进行审核，对相关人工智能服务开展监督检查，指导相关机构和人员对人工智能服务进行安全评估，对有关违规违法行为进行处置处罚。科技伦理治理相关法律规范、指引则规定科技部、国家科技伦理委员会等机构负责科技伦理规范制定、审查监管、风险处置、违规处理、宣传教育，相关单位要履行科技伦理管理主体责任，促进行业自律。

1. 国家互联网信息办公室的主要监管实践

（1）对人工智能的安全评估方面。

《算法推荐规定》《深度合成规定》与《生成式人工智能暂行办法》均提出了对人工智能服务的安全评估要求。《算法推荐规定》第 27 条规定，"具有舆论属性或者社会动员能力的算法推荐服务提供者应当按照国家有关规定开展安全评估"；《深度合成规定》第 20 条规定，"深度合成服务提供者开发上线具有舆论属性或者社会动员能力的新产品、新应用、新功能的，应当按照国家有关规定开展安全评估"；《生成式人工智能暂行办法》第 17 条规定，"提供具有舆论属性或者社会动员能力的生成式人工智能服务的，应当按照国家有关规定开展安全评估"。几个规定都提及"具有舆论属性或者社会动员能力"，但并未作出明确定义；同时也都提及"国家有关规定"。截至 2024 年 4 月，与此相关的"国家有关规定"应指 2018 年国家互联网信息办公室和公安部联合发布的规范性文件《具有舆论属性或社会动员能力的互联网信息服务安全评估规定》（以下简称《安全评估规定》）。

根据《安全评估规定》，网信部门统筹协调具有舆论属性或社会动员能力的互联网信息服务安全评估工作，实务中相关安全评估工作主要对接机关是公安机关，公安机关的安全评估工作情况定期通报网信部门。互联网信息服务提供者可以自行实施安全评估，也可以委托第三方安全评估机构实施；[1]安全评估的范围是对信息服务和新技术、新应用的合法性，落实法律、行政法规、部门规章和标准规定的安全措施的有效性，以及防控安全风险的有效性等情况进行全面评估。安全评估报告须通过全国互联网安全管理服务平台提交至所在地地市级以上网信部门和公安机关；地市级以上网信部门和公安机关应当依据各自职责对安全评估报告进行书面审查，并有权开展现场检查。

相关部门规章和规范性文件虽然对安全评估作出要求，但并未设定评估标准。在这方面，全国网络安全标准化技术委员会于 2024 年 2 月发布的《生成式人工智能服务安全基本要求》可以作为生成式人工智能安全评估的参考依据，《生成式人工智能服务安全基本要求》整体从语料安全、模型安全，以及生成式人工智能服务的安全措施、词库题库等维度上对服务提供者提出了一系列较为细致的合规义务，要求境内外提供生成式人工智能服务的主体进行算法备案和安全评估，涉及主体信息、算法信息、产品及功能信息等方面。

（2）人工智能的算法备案及模型备案。

《算法推荐规定》《深度合成规定》和《生成式人工智能暂行办法》均规定"具有舆论属性或者社会动员能力的"算法推

---

〔1〕 目前市场上比较明确的安全评估机构，主要为云计算服务提供安全评估，当前已进行大模型备案的机构并非全部拥有自有的云计算机构，部分大模型的安全评估为自行评估。

荐服务、深度合成服务、生成式人工智能服务的提供者须依照《算法推荐规定》履行算法备案和变更、注销备案手续。《算法推荐规定》进一步明确，省、自治区、直辖市网信部门是算法模型备案的主管机构；网信部门会同电信、公安、市场监管等有关部门建立算法分级分类安全管理制度，根据算法推荐服务的舆论属性或者社会动员能力、内容类别、用户规模、算法推荐技术处理的数据重要程度、对用户行为的干预程度等对算法推荐服务提供者实施分级分类管理。

根据以上要求，相关算法服务提供企业应当在互联网信息服务算法备案系统进行填报和履行备案手续，所需信息包括服务提供者的名称、服务形式、应用领域、算法类型、算法自评估报告、拟公示内容等。国家互联网信息办公室自 2022 年 8 月起发布互联网信息服务算法备案信息，截至 2024 年 4 月已发布六批备案信息，共计 372 款互联网信息服务算法完成备案；此外，国家互联网信息办公室自 2023 年 6 月起发布深度合成服务算法备案信息，截至 2024 年 4 月已发布五批备案信息，共计940 款深度合成服务算法已完成备案。虽然公布备案信息的名称是《境内互联网信息服务算法备案清单》和《境内深度合成服务算法备案清单》，但从公布的备案信息来看，已备案的算法模型中包括多个大模型算法、多模态算法、内容生成算法等各类算法，实际覆盖了《算法推荐规定》《深度合成规定》和《生成式人工智能暂行办法》所要求的各类算法备案。

国家互联网信息办公室公布相关算法备案信息旨在加强对算法推荐、深度合成、生成式人工智能等新技术应用的规范管理。2023 年 7 月底 8 月初，在《生成式人工智能暂行办法》生效前夕，曾有应用商店运营商宣布下架近 100 款提供 ChatGPT相关服务的应用程序，要求生成式人工智能服务提供者确保符合《深度合成规定》的要求。

除了互联网信息服务算法备案系统的备案手续，生成式人工智能服务上线前，须通过属地网信部门履行备案程序。2023年8月，首批8家大模型通过《生成式人工智能暂行办法》备案，百度、抖音、智谱人工智能等均在其中；2023年11月，第二批通过备案的11款人工智能大模型产品对外公布，包括蚂蚁、美团、网易等；2023年12月，第三批9款人工智能大模型备案落地，包括京东"言犀大模型"、快手"快意大模型"等；2024年1月，第四批共有13家企业的14款国产大模型通过备案；截至2024年3月，我国共有117个GenAI完成了备案。大模型也有自己的算法，原则上大模型的备案前提是大模型算法先行备案，即模型与算法的双备案。

（3）对人工智能的监督检查。

国家互联网信息办公室依据职责对生成式人工智能服务开展监督检查，提供者应当依法予以配合，按要求予以说明，并提供必要的技术、数据等支持和协助。国家互联网信息办公室主要通过专项行动、集中整治等方式开展对人工智能的监督检查。

国家互联网信息办公室在"清朗·整治短视频信息内容导向不良问题"专项行动中，对利用技术生成虚假短视频，使用人工智能等技术编造、拼接内容，违法使用他人肖像和声音进行人脸替换或人声合成，生成虚假短视频等情况进行重点整治。在"清朗·2023年暑期未成年人网络环境整治"专项行动中，国家互联网信息办公室经排查发现"我＊Ai""连＊Ai""＊晓AI智能助手"等APP存在利用人工智能技术发布低俗色情内容的问题，被排查下架，对问题严重、屡次违规的，依法依约将开发者列入黑名单。[1]此外国家互联网信息办公室也下架了"AI写作导师""写作全能王"等一批未按国家有关规定开展安全评估工作的移动应用程序，依法依规查处怠于履行网络安全和数据安全义务的违法违规企业。[2]

总体而言，国家互联网信息办公室在网络安全、数据安全、个人信息保护等领域经常主动发力，持续加强网络执法监督检查力度，但对大模型的深度监督目前还没有实践消息。

2. 科技部的主要监管实践

科技部在支持人工智能发展方面起到了重要作用，在科技伦理治理方面也不断发力。政府先成立顶级科技伦理机构国家科技伦理委员会，2023年3月，《关于加强科技伦理治理的意见》对科技伦理治理的基本模式、监管框架、制度体系等作出顶层设计，明确提出科技伦理是科技活动必须遵循的价值准则，并将科技伦理纳入顶层政策设计。而在科技伦理治理方面，科技伦理的审查和监管是公认重要的内容。

《科技伦理审查办法（试行）》于2023年9月印发。根据该办法，科技部在伦理审查方面的主要职责是负责统筹指导全国科技伦理监管工作，协调各地、行业成立相应的科技伦理（审查）委员会，目前各省级政府已基本设立科技伦理委员会及区域科技伦理审查中心，统筹指导和协调推进全省科技伦理治理工作，已切实负起治理责任，有效支撑科技伦理治理工作在

---

〔1〕《"清朗·2023年暑期未成年人网络环境整治"专项行动曝光第一批典型处置案例》，载 https://www.cac.gov.cn/2023-08/28/c_ 1694881465143261.htm，最后访问日期：2024年4月16日。

〔2〕《网信系统持续推进网络执法　查处各类网上违法违规行为》，载 https://www.cac.gov.cn/2024-01/31/c_ 1708373600499439.htm，最后访问日期：2024年4月16日。

全国范围内开展。另外，科技部主要通过建设国家科技伦理管理信息登记平台作为支点，按该办法要求高等学校、科研机构、医疗卫生机构、企业等单位成立科技伦理（审查）委员会或开展需要伦理审查复核的科技活动的，通过国家科技伦理管理信息登记平台进行登记，对全国范围内的科技创新、高风险科技伦理活动进行系统性掌控。

按照该办法规定的科技伦理管理主体责任要求，科技伦理的管理和审查均由各类机构自行掌控，尽管这也是参照国际通行做法，但有能力自建伦理（审查）委员会的机构较少，主要为头部创新平台、科技企业，如百度、阿里均已成立相应的科技伦理委员会；有意愿对自我科技创新进行伦理强审核的也不会太多，科技部及各地构建全流程管控机制，注重从源头宣传教育、事前声明承诺、事中抽查检查、事后动态评估，着力防范化解科技领域重大伦理风险。

此外，科技部还在探索建立伦理（审查）委员会认证机制，提升伦理（审查）委员会的能力和水平；探索落地关于科技伦理高风险的科技活动复核机制，以加强监管；探索建立应急审查机制，对突发公共卫生事件等紧急状态进行应急审查，提高效率。

3. 当前人工智能监管实践中面临的挑战

国家互联网信息办公室与科技部是当前人工智能治理的两个主要监管机构，两者之间基于当前的组织架构各有自己的分工，并共同发布了《生成式人工智能暂行办法》。尽管《科学技术进步法》也是《生成式人工智能暂行办法》的重要法律依据之一，但这样较为薄弱的连接点仍难以弥补国家互联网信息办公室与科技部之间的相对独立及监管协同问题。

在当前的分工框架下，国家互联网信息办公室基于职责，对人工智能的监管更多偏重数据安全、网络安全层面，在包容审慎的基调下进行分类分级监管，鼓励人工智能产业发展及科技伦理治理部分主要由科技部来主导。但国家互联网信息办公室作为强力执法部门，其对人工智能的风险治理中缺乏科技伦理治理这一环节，有可能使其对人工智能网络安全、数据安全的治理受到很大的影响。人工智能的安全风险已经不是过往意义上的安全问题，管理能力越来越强的人工智能系统越来越呼唤将伦理原则应用到具体的安全实践中。此外在实操层面也存在有待进一步沟通和衔接的地方，如科技伦理审查的结果与安全评估之间是否有直接关联，结果发生冲突或分歧时如何协调等。

多元监管体系中其他监管机构在人工智能3个部门规章中也多次出现，相对模糊的表述中其他监管机构如何开展人工智能风险治理的工作呢？当某一个立法规范有七八个甚至十几个发布机构时，大部分的监管机构在该规范中多数只是在某些具体的领域或场景中可能涉及，从而可能成为形式监管。因此，如何实现跨部门监管资源的整合，进一步提升对人工智能的监管效率，也是未来有待进一步提升之处。

当前生成式人工智能涉及的安全评估及科技伦理审查，均涉及自评估、自审查的问题，即使相应主管部门有事中和事后的管控措施，但是在快速发展的人工智能技术面前，这种靠企业自觉的风险管理来实现真正意义上的安全和合规，无异于缘木求鱼。

在其他创新领域多次使用的监管沙盒机制，已经在自动驾驶场景、人工智能医疗等领域落地，且沙盒测试时间非常长，非常审慎；而在生成式人工智能大模型的开放服务过程中，监管沙盒尚未正式进行，这固然与我国生成式人工智能的发展水平有关，同时也可能侧面显示了监管机构在大模型发展形势上的焦虑。北京市《2024 年市政府工作报告重点任务清单》中显示，将在大模型训练领域探索沙盒监管机制，或可有效提供生成式人工智能服务安全开放的样板路径。

三、《生成式人工智能暂行办法》的内容及分析

（一）适用范围及域外效力

1. 适用范围

《生成式人工智能暂行办法》第 2 条明确了适用范围的 3 个判断要素，即"提供服务""公众""面向境内"。同时，从反面列举了不适用《生成式人工智能暂行办法》的几种例外情形，如行业组织、企业、教育和科研机构、公共文化机构、有关专业机构等研发、应用生成式人工智能技术，未向境内公众提供生成式人工智能服务的情形，以及国家对从事新闻出版、影视制作、文艺创作等活动另有规定的情形。即便如此，针对《生成式人工智能暂行办法》中的义务主体——"生成式人工智能提供者"是否包含"技术支持者"，以及"公众"是否包含"to B 服务"的问题仍有一些疑惑的声音存在。

就前者而言，虽然《生成式人工智能暂行办法》并未像《深度合成规定》一样，将"生成式人工智能服务提供者"区分为服务提供者和技术支持者两类主体，但《生成式人工智能暂行办法》第 22 条规定，利用生成式人工智能技术提供生成式人工智能服务包括通过提供可编程接口等方式。公布的已完成深度合成算法备案的技术支持者中有许多以 API 接口方式提供服务，因此可以认为通过提供可编程接口等方式提供服务的"技术支持者"仍在《生成式人工智能暂行办法》下受到监管。

另外，针对"to B 服务"是否被纳入"公众"范畴的问题，从目前主流的观点来看，应将"公众"一词理解为"不特定多数"较为合理，即包括不特定多数企业和个人。反之，只要属于"面向境内非公众"的研发和应用生成式人工智能服务的情形，如企业内部研发、提升办公效率、工业应用等目的使用的服务皆不适用《生成式人工智能暂行办法》。目前，针对面向境内企业提供生成式人工智能服务（to B 服务）是否属于"面向公众"的这一问题，实务中存在不同的观点，但主流观点偏向于将不特定企业同样视为"公众"。原因在于，无论该企业是以研发产品、内部办公管理或工业建模设计等目的引入生成式人工智能技术或服务，还是引入后最终提供给 C 端使用，只要面向的企业同样属于"不特定多数"，则构成面向公众提供服务，因此适用《生成式人工智能暂行办法》。

2. 域外效力

就域外效力而言，《生成式人工智能暂行办法》第 20 条规定："对来源于中华人民共和国境外向境内提供生成式人工智能服务不符合法律、行政法规和本办法规定的，国家网信部门应当通知有关机构采取技术措施和其他必要措施予以处置。"可见，根据该条款，只要属于向中国境内公众提供服务，无论提供服务的主体或其运营实体位于境内还是境外都应纳入《生成式人工智能暂行办法》的监管范畴。

实践中，境外实体向境内提供服务的方式包括直接提供和 API 接口等间接提供两种。若符合后者情形的情况下，相关企业无论是嵌入式集成还是通过应用程序接口在产品和服务中封装等方式使用境外生成式人工智能服务，均应考量该等服务在中国法下的合法合规性，以及因此导致的供应中断的风险，乃至可能承担的连带责任等。

此外，生成式人工智能服务提供者仍需特别关注其是否属于外国投资者在中国经营或投资生成式人工智能服务的范畴。若属于其中，则须符合外商投资相关法律、行政法规的规定要求，尤其是提供者是否获得了经营或投资的细分行业的准入资质的问题。

（二）监管原则及监管思路

从《生成式人工智能暂行办法》第 3 条可以看出，我国对生成式人工智能是以"发展和安全并重、促进创新和依法治理相结合"为原则，实行"包容审慎和分类分级"的监管思路。

一方面，考虑生成式人工智能技术落地场景多样且应用场景跨行业的特点突出，因此除了国家互联网信息办公室，《生成式人工智能暂行办法》第 16 条还增加了国家发展和改革委员会、教育部、科学技术部、工业和信息化部、公安部、广电总局、新闻出版署等多部门作为生成式人工智能的监管机关，并规定"有关主管部门针对生成式人工智能技术特点及其在有关行业和领域的服务应用，完善与创新发展相适应的科学监管方式，制定相应的分类分级监管规则或者指引"，以加强对生成式人工智能服务的建立。这或许意味着，此后对生成式人工智能服务的监管将以行业为线索，逐步呈现差异和针对性。这种行业导向的监管模式符合生成式人工智能的强技术属性，也有利于各行业根据具体需求为生成式人工智能服务制定更合理的监管标准和措施，既能充分发挥生成式人工智能服务的经济价值，又能有效防范合规风险。

另一方面，分类分级的监管思路则是借鉴了欧盟《人工智能法案》将人工智能系统分为不可接受的风险、高风险、有限风险、极低风险的规定。分类分级是指根据人工智能技术及其应用场景对可能产生的风险和影响进行不同程度的划分，并采取相应强度的监管措施。通过这种分类分级的监管框架，根据人工智能系统的应用领域、风险程度和技术成熟度，各监管机构可以制定相应的监管要求和措施，可以确保监管更加精准和更有针对性，避免"一刀切"的监管模式。另外，这种监管方式也与《网络安全法》和《数据安全法》对数据分类分级保护的手段一致，不排除后续行业主管部门或可就人工智能分类分级和数据分类分级两方面要求形成相关联的分类分级规则。

（三）从《生成式人工智能暂行办法》看人工智能服务提供者的主要义务

1. 网络安全与数据管理

（1）算法备案与安全评估义务。

《生成式人工智能暂行办法》第17条规定："提供具有舆论属性或者社会动员能力的生成式人工智能服务的，应当按照国家有关规定开展安全评估，并按照《互联网信息服务算法推荐管理规定》履行算法备案和变更、注销备案手续。"可见，"具有舆论属性或者社会动员能力"与安全评估和算法备案密切绑定，是提供者开展安全评估和算法备案的前提条件。针对如何判断"具有舆论属性或社会动员能力的互联网信息服务"，其实早在《生成式人工智能暂行办法》发布之前的2018年，国家互联网信息办公室和公安部联合发布过《安全评估规定》。根据《安全评估规定》第2条，具有舆论属性或社会动员能力的互联网信息服务包括开办论坛、博客、微博客、聊天室、通讯群组、公众账号、短视频、网络直播、信息分享、小程序等信息服务或者附设相应功能，以及开办提供公众舆论表达渠道或者具有发动社会公众从事特定活动能力的其他互联网信息服务等两种情形。

然而，就生成式人工智能的安全评估而言，虽然《安全评估规定》第 3 条、第 5 条进一步明确了应自行开展安全评估的具体情形及重点评估的事项，但实务中对何为"具有舆论属性或者社会动员能力"的判断仍相对宽泛，几乎囊括所有具备互联网信息交互渠道功能的产品。并且，依据《安全评估规定》第 7 条规定，依据上述内容完成安全自评估报告的，应"通过全国互联网安全管理服务平台提交所在地地市级以上网信部门和公安机关"。

不过，尽管《安全评估规定》是与《生成式人工智能暂行办法》项下的安全评估要求最直接相关的法规，但随着监管部门对生成式人工智能风险的关注和监管力度的不断加强，不排除监管部门对安全评估提出更高要求或就此制定更为详细的规则与评估标准，这也可能是《生成式人工智能暂行办法》第 17条将此前《生成式人工智能服务管理办法（征求意见稿）》的"按照《具有舆论属性或社会动员能力的互联网信息服务安全评估规定》向国家网信部门申报安全评估"的表述改为"按照国家有关规定开展安全评估"的原因。因此，建议从事生成式人工智能服务的企业应当持续关注相关法规和监管要求的变化。

就算法备案而言，作为算法治理体系的重要监管内容，其背后的本质是算法透明原则的落地方式之一，旨在保护用户权益，维护产品安全和信息安全。《算法推荐规定》第 4 条要求提供算法推荐服务遵循公开透明原则；第 16 条则要求"算法推荐服务提供者应当以显著方式告知用户其提供算法推荐服务的情况，并以适当方式公示算法推荐服务的基本原理、目的意图和主要运行机制等"。依据《生成式人工智能暂行办法》第 17 条以及《深度合成规定》第 15 条、第 19 条、第 20 条，提供"具有舆论属性或者社会动员能力"的深度合成服务提供者、深度合成服务技术支持者、生成式人工智能服务提供者应当按照国家有关规定开展安全评估，并按照《算法推荐规定》在提供服务之日起十个工作日内通过互联网信息服务算法备案系统填报服务提供者的名称、服务形式、应用领域、算法类型、算法自评估报告、拟公示内容等信息，履行备案手续。2023 年 6 月起，国家互联网信息办公室陆续公布了《境内深度合成服务算法备案清单》，截至 2024 年 4 月已共计公布五批。清单显示，目前大模型以语言大模型为主，应用场景集中于对话和问答，生成文本内容。

需要注意的是，实践中大模型备案除上述需要通过互联网信息服务算法备案系统填报之外，在正式上线向用户提供服务前，应当向属地互联网信息办公室线下履行备案程序，通过备案后方可上线提供服务；已上线的生成式人工智能应用或功能，应在显著位置或产品详情页面公示所使用的已备案生成式人工智能服务的情况，注明模型名称及备案号。2024 年 4 月，国家互联网信息办公室发布《生成式人工智能服务已备案信息》，该文件显示，已有 117 项生成式人工智能完成备案。

此外，各大应用商店也开始加强对 APP 完成算法备案情况的审核。根据《深度合成规定》第 13 条规定，互联网应用商店等应用程序分发平台应当落实上架审核、日常管理、应急处置等安全管理责任，核验深度合成类应用程序的安全评估、备案等情况；对违反国家有关规定的，应当及时采取不予上架、警示、暂停服务或者下架等处置措施。由此可见，算法自评估与算法备案义务已成为生成式人工智能产品合规上市的必由之路。

（2）数据管理义务。

①数据源管理义务。

《生成式人工智能暂行办法》第 7 条第 1 项规定"使用具有合法来源的数据和基础模型"，第 7 条第 3 项规定"涉及个人信息的，应当取得个人同意或者符合法律、行政法规规定的其他情形"。目前，生成式人工智能训练数据的收集方式分为直接收集和间接收集，直接收集主要为从个人信息主体处收集及公开数据爬取，间接收集则主要为企业间的数据交易。数据收集均应符合《个人信息保护法》和《数据安全法》的要求，同时，针对不同的数据采集形式，其合规风险点也会有所不同。

从个人信息主体采集数据，其应当符合《个人信息保护法》等法律法规的规定，即在采集时明确告知将使用个人信息用于算法训练，并告知数据使用的目的和方式等，以及取得个人信息主体的同意。如涉及敏感个人信息，应获得个人信息主体的单独同意，并采取有效的安全措施以保护个人信息的安全。公开数据爬取，顾名思义，抓取的数据应符合"公开"这一条件，不得通过侵入被抓取方的计算机系统或采用其他违法技术手段抓取平台业务信息等，其抓取行为应当符合 Robots 协议和网站协议，不得妨碍网站的正常运营。

此外，数据交易也是企业常见的数据收集方式，为了确保数据交易活动采集的数据符合现行法律法规，尤其是《个人信息保护法》的规定。一方面，企业一般会将数据准入审查作为前置程序，以切断数据源不合规给企业带来的传导性风险。在数据交易过程中，应要求数据供应方提供充分的信息，包括数据来源、采集方式、使用目的、使用范围等。另一方面，与数据供应方签署相关合作协议，要求数据供应方承诺其数据来源的合法性及数据提供行为的合法性，并明确相应的补救措施及违约责任。

②提高数据质量。

众所周知，训练数据集的质量和数量对人工智能大模型性能的突破有至关重要的作用。质量高、数量大的训练数据可以帮助大模型更好地学习数据的规律和特征，从而提高模型的泛化能力和性能。另外，训练数据集的分布和多样性也会影响模型的性能。如果训练数据集与实际应用场景不一致，模型的性能可能会下降。根据牛津、剑桥等机构的研究报告，人工智能大模型训练中如果大量使用其自身生成的内容，可能会导致"模型崩溃"。这也从反面证明了人工智能的发展离不开高质量的数据，其对模型训练内容生成发挥着决定性作用，直接影响人工智能的效果。

对此，《生成式人工智能暂行办法》第7条第4项规定，生成式人工智能服务提供者应"采取有效措施提高训练数据质量，增强训练数据的真实性、准确性、客观性、多样性"。虽然尚未有更加细节的规定，但参考生成式人工智能行业的实践做法，要提高数据质量，可采取以下几种措施：一是在数据源的选择上应充分考虑数据源的可靠性和权威性；二是对原始数据的清洗和筛选，即去除重复、错误、不完整或不相关的数据；三是通过多种渠道和方式收集数据；四是确保训练数据中各类样本的数据平衡，提高模型的泛化能力；五是数据标注。

上述提高数据质量的措施中，针对"数据标注"，此前美国媒体报道 OpenAI 为了训练 ChatGPT，雇用了大量的数据标注人员，甚至还投入了大量博士级别的专业人士来完成高质量的标注任务，其目的是通过调整 GPT-3.5 的参数以提升数据集的质量，使 GPT-3.5 具备理解人类指令的能力。可见，高质量的数据标注在人工智能模型改进过程中是关键因素，直接影响算法的性能和准确性。对此,《生成式人工智能暂行办法》第 8 条也作出了相关规定,要求提供者在生成式人工智能技术研发过程中进行数据标注的,应当制定符合本办法要求的清晰、具体、可操作的标注规则;开展数据标注质量评估,抽样核验标注内容的准确性;对标注人员进行必要培训,提升守法意识,监督指导标注人员规范开展标注工作。但对于"数据标注"的定义及标注方法等内容,《生成式人工智能暂行办法》没有明确规定。2024 年 4 月,全国信息安全标准化技术委员会秘书处发布《信息安全技术 生成式人工智能数据标注安全规范》征求意见稿,针对生成式人工智能产品研制中的人工标注环节,对人工标注规则制定、标注实施安全、标注质量及安全性核验要求、标注人员安全管理要求、过程安全控制要求、安全证实方法等方面提出规范指引,虽然尚未正式发布,但亦可为企业开展数据标注工作提供指导。此外,可同时参考其他已发布的标准,如《人工智能 面向机器学习的数据标注规程》(GB/T 42755—2023)等,该标准对数据标注的全流程均有详细规定。

2. 内容管理

(1)内容审核及发布审核义务。

针对生成内容的治理,《生成式人工智能暂行办法》第 9 条第 1 款明确"(生成式人工智能服务)提供者应当依法承担网络信息内容生产者责任",与《网络信息内容生态治理规定》中的"网络信息内容生产者"的相关义务做了有效衔接。同时需注意的是,依据《网络信息内容生态治理规定》第 41 条第 1 款对"网络信息内容生产者"的定义"本规定所称网络信息内容生产者,是指制作、复制、发布网络信息内容的组织或者个人",生成式人工智能服务使用者和提供者均可成为"网络信息内容生产者"。因此,《生成式人工智能暂行办法》第 4 条进一步补充了"使用"生成式人工智能服务的情形，即使用生成式人工智能服务同样需要遵守内容合规方面的要求，使其在信息内容治理领域的主体责任方面保持逻辑自洽。同时，《生成式人工智能暂行办法》第4条第1项罗列了提供和使用生成式人工智能服务时不得生成的内容类型，这也与《网络信息内容生态治理规定》第6条、第7条规定的禁止生成的违法信息，以及应采取措施防止产生、传播的不良信息等内容形成了进一步的链接。

提供和使用生成式人工智能服务时不得生成的内容类型有以下几种，见表5-2。

表5-2 提供和使用生成式人工智能服务时不得生成的内容类型

序号	内容类别	禁止内容
1	国家安全	1. 煽动颠覆国家政权、推翻社会主义制度 2. 危害国家安全和利益 3. 损害国家形象或歪曲、丑化、亵渎、否定英雄烈士事迹和精神，以侮辱、诽谤或者其他方式侵害英雄烈士的姓名、肖像、名誉、荣誉
2	国家统一	煽动分裂国家、破坏国家统一
3	社会稳定	1. 宣扬恐怖主义、极端主义 2. 煽动实施恐怖活动、极端主义活动 3. 散布谣言，扰乱经济秩序和社会秩序
4	民族关系	1. 宣扬民族仇恨、民族歧视 2. 煽动人群歧视、地域歧视等
5	道德伦理	暴力、色情、赌博、凶杀、恐怖或者教唆犯罪
6	信息真实性	虚假有害信息等法律、行政法规禁止的内容

依据《生成式人工智能暂行办法》第14条规定，导致生成违法违规内容的原因存在两种，一种是生成式人工智能产品或服务本身存在违法内容，另一种是使用者即用户输入特定内容，

甚至诱导生成式人工智能产品或服务输出违法违规内容。因此，区分生成违法违规内容的原因，生成式人工智能产品或服务提供者应采取不同的处置措施。

如果因生成式人工智能产品或服务本身的问题，如产品或服务的缺陷导致在用户输入正常内容时仍然会输出违法违规内容，此时生成式人工智能产品或服务提供者需及时采取停止生成、停止传输、消除等处置措施，采取屏蔽生成内容、模型优化训练等多种措施进行整改，以免产品或服务再次生成违法违规内容，以便控制生成的违法违规内容的影响范围。

但若用户主动输入特定内容，"诱导"生成式人工智能产品或服务输出违法违规的内容，生成式人工智能产品或服务提供者认为用户有违反法规或违反使用规范的行为，生成式人工智能产品或服务提供者可采取警示、限制功能、暂停或终止向其提供服务等处置措施，保存有关记录并进一步分析是否生成式人工智能或服务本身存在缺陷。

此外，在《深度合成规定》第 6 条、第 7 条、第 10 条也可以看到内容合规的相关规定，该规定将深度合成服务提供者作为信息安全责任主体，要求其承担对使用者的输入数据和合成结果进行审核，并建立健全信息发布审核管理制度等；同时，《深度合成规定》第 6 条还要求使用者不得利用深度合成服务制作、复制、发布、传播法律、行政法规禁止的信息。

（2）内容标识义务。

AIGC 的图像处理和分析能力远远超越了传统软件，随着相关技术的爆火，网络环境中生成式图片、音频、视频的数量日益增多。Sora、HeyGen 等展示了 AIGC 在创造性内容生成方面的巨大潜力，导致很难从肉眼直接区分人工智能生成和实际存在实物。目前，人工智能生成内容带来的混乱，越发成为公众需要面对的现实问题。

2023 年 7 月，美国总统拜登与美国人工智能领域的 7 家领军科技企业亚马逊、Anthropic、谷歌、Inflection、Meta、微软和 OpenAI 的负责人会面并签署协议，承诺采取自愿监管措施管理人工智能技术开发风险，其中就包括开发数字水印系统等强大技术机制，确保帮助用户识别人工智能生成内容，从而减少欺诈和误导的风险。

对此，《生成式人工智能暂行办法》第 12 条也要求生成式人工智能服务提供者应当按照《深度合成规定》对图片、视频等生成内容进行标识。根据《生成式人工智能暂行办法》第 12 条、《深度合成规定》第 16 条至第 18 条的规定，内容标识的责任主体为服务提供者，任何组织和个人包括使用者不得采用技术手段删除、篡改、隐匿内容标识。依据上述规定，标识方式区分为隐性标识和显著标识两种。为了指导服务提供者做好标识工作，2023 年 8 月，全国信息安全标准化技术委员会秘书处组织发布了《网络安全标准实践指南—生成式人工智能服务内容标识方法》，具体规定了隐式水印和显示水印的定义，以及对人工智能生成文本、图片、音频等内容提出了可作为参考的标识方式和信息。

3. 知识产权管理

（1）模型训练阶段。

《生成式人工智能暂行办法》第 7 条第 2 项规定，生成式人工智能服务提供者应当依法开展预训练、优化训练等训练数据处理活动，如涉及知识产权的，不得侵害他人依法享有的知识产权。但在实践场景下，由于生成式人工智能的训练数据往往涉及大量且多样的数据源，其中必然涉及被著作权保护的数据，若采用此类数据进行训练，生成式人工智能所输出的内容有可能包含训练数据源中他人享有著作权作品的部分或全部特征。对于这一部分内容，若不能适用"合理使用"或其他免责事由，则会引发侵权纠纷。

模型训练过程中，采集和训练数据通常会伴随对数据复制及处理和存储。在进行特征提取和降维等过程中，也需要对数据进行复制和重构，以便训练模型生成新的艺术作品或内容，此时，可能构成复制权侵权行为。对此，广州互联网法院于2024年2月审理并宣判了首例 AIGC 知识产权侵权案件。[1] 该案中，被告公司通过其运营的 Tab 网站生成的"奥特曼"图片，被判定侵犯了原告公司对"奥特曼"美术形象的著作权。这起案件作为全球首例 AIGC 平台侵权案例，自立案至判决仅历时两个月，迅速在业界引起了广泛讨论。法院在审理此案时，重点关注了复制权、改编权及信息网络传播权这三个方面。法院认为，被告公司生成的图片部分或全部复制了"奥特曼"的美术形象，构成了对原告复制权的侵犯；同时，这些图片在保留原作独创性的基础上加入了新的特征，从而侵犯了原告的改编权。鉴于被告的侵权行为已经涵盖了复制权与改编权，法院并未再单独对信息网络传播权进行评价。

（2）应用运行阶段。

除了模型训练阶段的训练数据，使用最终用户输入的内容对生成式人工智能的优化和更新，有助于模型变得更准确、更有针对性地解决用户的具体问题。虽然不能排除其有可能带来的侵权风险，不过这类风险相较于数据训练阶段的风险而言相对可控，因为生成式人工智能服务提供方可以通过在其服务协议、隐私政策或其他相关协议文本中进行约定而获得针对用户

---

〔1〕 广州互联网法院（2024）粤 0192 民初 113 号民事判决书。

输入内容的用户授权。以 OpenAI 为例，根据最终用户输入内容的类型，OpenAI 采取了不同的处理方式。一是最终用户对其输入内容享有全部权利并承担相应责任；二是对于通过 API 方式交互，使用"选择—进入"的模式，只有在用户明确同意的情况下，OpenAI 才会利用 API 交互内容进行相关服务的优化和升级；三是对于通过非 API 方式交互，使用"选择—退出"的模式。

尽管如此，即使通过用户协议、隐私政策或相关协议文本获取用户授权也需结合自身业务场景，根据具体的细分业务场景评估使用用户输入内容作为训练素材对模型优化的价值大小，否则也可能会引发不必要的风险甚至公关危机。就如 2013 年 11 月某办公软件因隐私政策中提到"我们将对您主动上传的文档材料，在采取脱敏处理后作为模型训练的基础材料使用"而引发大量用户的担忧。事发后，该公司立即更新了隐私政策并就此作出回应，声明所有用户文档不会被用于任何模型训练的目的。

此外，与数据训练阶段相似，生成式人工智能在内容生成阶段，其输出的内容也主要依赖于背后庞大的数据库。因此，在进行特征提取、降维、清洗和预处理等过程中可能构成对原作品的复制权或改编权的侵权。生成式人工智能是否构成对他人知识产权的侵犯，构成对何种著作权具体权利的侵犯，按照传统观点，需根据"接触+实质性相似"标准来判断。

实质性相似是指两个作品在表达方式、构成要素、情节安排、人物塑造、主题等方面具有相似性，达到了足以构成侵权的程度。由于生成的内容是从海量的素材中提炼抽象的元素并进行多种组合和变化所产出，如果生成的内容与已有作品在表达方式、构成要素、情节安排、人物塑造等方面具有实质性相似，达到了足以构成侵权的程度，就可能构成复制权行为；如生成式人工智能保留了原作品的基础表达，同时形成了新的表达，则可能构成对原作品改编权的侵权行为。[1]

4. 伦理管理

《生成式人工智能暂行办法》第4条以及《算法推荐规定》《深度合成规定》等均对算法技术的伦理管理设定了要求。一是防歧视义务。依据《生成式人工智能暂行办法》第4条第2项规定，提供者在算法设计、训练数据选择、模型生成和优化、提供服务等过程中，采取有效措施防止产生民族、信仰、国别、地域、性别、年龄、职业、健康等歧视。二是算法机制机理和科技伦理的审核义务。依据《算法推荐规定》第8条，算法推荐服务提供者应当定期审核、评估、验证算法机制机理、模型、数据和应用结果等，不得设置诱导用户沉迷、过度消费等违反法律法规或者违背伦理道德的算法模型。《深度合成规定》第7条也规定，深度合成服务提供者应当落实信息安全主体责任，建立健全算法机制机理审核、科技伦理审查等管理制度。

5. 平台管理

（1）平台运营合规。

《生成式人工智能暂行办法》第23条第1款规定，法律、行政法规规定提供生成式人工智能服务应当取得相关行政许可的，提供者应当依法取得许可。因此，为了保障大模型服务的合规运营，服务提供方作为互联网信息服务提供者，在正式面向用户提供服务前应当依据《互联网信息服务管理办法》及《电信条例》的规定，取得相关许可或者履行相关备案手续，否

---

[1] http://ipr.mofcom.gov.cn/article/gnxw/sf/fxyj/202310/1981693.html, last visited on Apr. 21, 2024.

则不得从事互联网信息服务。

由于业务性质的不同，许可也分为多种，但通常而言，大模型服务往往会涉及经营性互联网信息服务。《电信业务分类目录（2015年版）》对信息服务业务的定义为"通过信息采集、开发、处理和信息平台的建设，通过公用通信网或互联网向用户提供信息服务的业务"，其具体包括信息发布平台和递送服务、信息搜索查询服务、信息社区平台服务、信息即时交互服务、信息保护和处理服务等。

根据《互联网信息服务管理办法》，互联网信息服务可分为许可制的经营性互联网信息服务和备案制的非经营性互联网信息服务两类，其区别在于服务是否无偿。经营性互联网信息服务是指通过互联网向上网用户有偿提供信息或者网页制作等服务活动；非经营性互联网信息服务是指通过互联网向上网用户无偿提供具有公开性、共享性信息的服务活动。从事经营性互联网信息服务的，需要获得相应许可。因此，在正式上线大模型之前，服务提供者应当取得由国务院信息产业主管部门或者省、自治区、直辖市电信管理机构颁发的ICP证。

（2）平台管理合规。

①用户权益保护义务。

平台对用户的指导、保护义务主要集中在《生成式人工智能暂行办法》第10条、第13条。其规定，提供者应当明确并公开其服务的适用人群、场合、用途，指导使用者科学理性认识和依法使用生成式人工智能技术，采取有效措施防范未成年人用户过度依赖或者沉迷生成式人工智能服务。同时，在其服务过程中，提供安全、稳定、持续的服务，保障用户正常使用。

需要注意的是，《生成式人工智能暂行办法》第10条特别强调了提供者对未成年人用户的保护义务，即防沉迷义务。其实，对未成年人用户的防沉迷义务要求，早在 2004 年就出现在游戏行业的相关规定中。2004 年 4 月，广电总局就以保护未成年人的身心健康为由发布过《国家广电总局关于禁止播出电脑网络游戏类节目的通知》，当时该通知一经发布，无数游戏类电视栏目被直接叫停。

虽然《生成式人工智能暂行办法》目前尚未明确未成年人防沉迷义务的具体要求，但可参考未成年人保护领域的上位法《未成年人保护法》，其第 74 条第 1 款至第 2 款明确规定，网络产品和服务提供者不得向未成年人提供诱导其沉迷的产品和服务。网络游戏、网络直播、网络音视频、网络社交等网络服务提供者应当针对未成年人使用其服务设置相应的时间管理、权限管理、消费管理等功能。同时，也可以参考《未成年人网络保护条例》中的相关规定，特别是第五章专门对防止未成年人网络沉迷的条款，以及《生成式人工智能服务安全基本要求》中有关防止未成年人网络沉迷的相关规定。

②建立健全投诉举报机制义务。

为保障用户申诉、投诉、举报权，《生成式人工智能暂行办法》第 15 条明确要求服务提供者应当设置便捷有效的用户申诉和公众投诉、举报入口，明确处理流程和反馈时限，及时受理、处理并反馈处理结果。该规定与《网络信息内容生态治理规定》相衔接，其第 16 条规定，网络信息内容服务平台应当在显著位置设置便捷的投诉举报入口，公布投诉举报方式，及时受理处置公众投诉举报并反馈处理结果。

第六章

对 AIGC 治理的现状与未来的思考

一、从 ChatGPT 看人工智能生成内容的著作权法规制思路

随着美国人工智能公司 OpenAI 研发的聊天机器人程序 ChatGPT 的问世，生成式人工智能日益普及，AIGC 及相关技术也涵盖了文字处理、文生图像、视频制作、音乐创作等领域，覆盖金融、传媒、自动驾驶、法律等各行各业，在展现强大创造力和应用前景的同时，给既有的法律规则带来了挑战。生成式 AI 通过数据收集，利用人类反馈强化学习的方式，对海量数据和语料库进行机器学习、模型优化训练，并根据用户输入的信息指令生成新的内容，且高度近似人类产出。[1] 但供生成式 AI 训练学习的源数据中可能含有未经授权内容造成对权利的侵犯，而关于 AIGC 的作品认定和权属保护、生成内容侵权责任分配等版权问题，也成为在跨越式的技术革新和飞速的商用化布

---

〔1〕 朱光辉、王喜文：《ChatGPT 的运行模式、关键技术及未来图景》，载《新疆师范大学学报（哲学社会科学版）》2023 年第 4 期。

局中滋生的亟待回应和解决的现实问题。[1]国内外已有多起相关案件进入司法程序并作出裁决，引发了广泛的争议、担忧和混乱。在这场新产业与旧秩序的较量中，双方相互角力，使整个局面显得错综复杂，难以捉摸。

AIGC 的应用中主要涉及生成式 AI 服务提供者、接受服务的用户、模型训练所用数据的原始权利人（包含作品类数据的权利人，以下简称源著作权人）、生成式 AI 产品的平台使用者等，生成式 AI 内容保护与侵权治理问题的讨论与著作权高度相关，主要围绕服务提供者、用户、原始数据权利人的利益分配问题展开。本章旨在通过传统著作权法的审视，探讨现阶段生成式 AI 发展趋势下的法律规制需求，以期为人工智能时代全面到来的法律准备提供思路。

（一）人工智能生成内容版权保护与治理现状

1. 对 AI 生成内容进行版权保护的局限性

从立法保护上看，国内现行法律并未承认 AI 的权利主体地位。《著作权法》第 2 条第 1 款规定，"中国公民、法人或者非法人组织的作品"享有著作权，第 3 条则规定了作品须为智力成果，AI 不符合权利人要件，其生成内容也非智力成果，并不能获得著作权法的保护。《民法典》将民事主体分为自然人、法人和非法人组织，民事主体依法享有知识产权。而 AI 受代码指令的约束，不会突破既定的算法框架违背人的指令作出独立的意思表示，更不能承担责任，无法成为民事主体并享有民事权利。如果为 AI 生成内容直接赋予著作权保护，也会对传统民法体系造成冲击。

---

[1] 本章所论 AI 生成内容仅指没有人类对内容的干预，由 AI 算法或程序自主自动生成的内容。如果在内容生成的过程中有自然人的价值添附，则应属于人借助工具的创作而非单纯的 AI 自动生成内容。

司法裁判上对 AI 生成内容的保护也缺乏统一标准，菲林律师事务所诉百度著作权侵权纠纷案中，北京互联网法院认为自然人创作完成应是著作权法上作品的必要条件，不能认定威科先行库是作者并享有著作权法规定的相关权利。[1]而在腾讯公司诉他人著作权侵权系列案件中，广东省深圳市南山区人民法院认为 Dreamwriter 软件生成文章的表现形式是由人的个性化安排与选择决定，具有独创性，是腾讯公司主持创作的法人作品。[2]在 AI 图片"春风送来了温柔"案中，北京互联网法院认为人工智能生成图片只要能体现出人的独创性智力投入，就应当被认定为作品，受著作权法保护，对生成图片产生智力投入和进行个性化表达的自然人在不违反相关约定的情况下为作品作者。[3]不难看出，著作权法保护 AI 生成内容立法上存在缺位，司法裁判上又尚未形成统一标准，暂时难为社会生产活动提供明确的法律指引和预判。

同时，对于 AI 的主体地位及其生成内容的可版权性学界未有统一共识，有观点认为生成式 AI 作为工具可以帮人类节约时间精力来创造更高质量的作品，承认 AI 生成内容的作品性有利于激励人类创作。[4]但事实上，ChatGPT 发布后很多高校学生过度依赖其生成论文、软件代码等，减损了个体创作动力，甚至 AI 未经许可对他人作品的再加工剥夺了原作者获得回报激励的权利。[5]因此，当前阶段基于著作权法确定 AI 生成内容的

〔1〕　北京互联网法院（2018）京 0491 民初 239 号民事判决书。

〔2〕　广东省深圳市南山区人民法院（2019）粤 0305 民初 14005 号民事判决书。

〔3〕　北京互联网法院（2023）京 0491 民初 11279 号民事判决书。

〔4〕　丛立先、李泳霖：《生成式 AI 的作品认定与版权归属——以 ChatGPT 的作品应用场景为例》，载《山东大学学报（哲学社会科学版）》2023 年第 4 期。

〔5〕　朱光辉、王喜文：《ChatGPT 的运行模式、关键技术及未来图景》，载《新疆师范大学学报（哲学社会科学版）》2023 年第 4 期。

权属保护并不是合适路径。

2. 版权纠纷中的权责失衡

生成式 AI 的内容生产过程主要有数据收集筛选阶段、模型训练阶段、内容输出阶段，其"智慧"主要依赖于对海量数据资源的学习，[1] 这些模型训练数据是从各种来源收集和选择的，包含新闻文章、论文、社交媒体帖子、开放数据集信息等，虽然是从公开渠道获取，但会涉及有版权保护的内容作品、有商业竞争价值的企业数据资源，AI 对他人作品内容的复制、使用、改编可能会损害作者权益，甚至损害同一市场内其他竞争者的权益，目前，全球已存在多起对人工智能未经授权使用新闻来源、受版权保护图像、代码等进行训练的未决诉讼。例如，AI 绘画工具 Stable Diffusion 和 Midjourney 等被控未经许可从网络上抓取大量原创图片训练 AI 工具给市场和艺术家等造成损害。

生成式 AI 的损害过程和结果具有较强的隐蔽性，责任承担可能横跨国家、地区、部门、私权利主体等多层次，如何承担责任难以界定。[2] 从内容应用层的版权侵权纠纷中私权利主体的责任来看，由于生成式 AI 输出的内容是通过对海量数据加工组合取得，且当前该类产品并不会在输出结果中标注内容来源，用户可能在不知情的情况下获取他人作品，并对内容进行二次利用和传播，导致侵犯他人权利受到财产损害，[3] 这种情况下

---

〔1〕 OpenAI. Introducing ChatGPT, https://openai.com/blog/chatgpt, last visited on Apr. 5, 2024.

〔2〕 商建刚：《生成式人工智能风险治理元规则研究》，载《东方法学》2023 年第 3 期。

〔3〕 马治国、赵龙：《文本与数据挖掘对著作权例外体系的冲击与应对》，载《西北师大学报（社会科学版）》2021 年第 4 期。

会产生提供者和用户之间的责任分配问题。一般情况下，若证明用户是通过 AI 获取作品并向 AI 提供者主张损害赔偿具有客观困难，况且大多数生成式 AI 产品的用户协议中不会对内容进行不侵权担保。因此，即便能够通过用户二次利用行为抓到对作品权利的显性侵犯，但生成式 AI 提供者的后端侵权行为很可能被完全隐藏，从而免责。此外，现行著作权法对侵权行为的规制属于事后规制，仅能发现部分侵权情况，大量后端的隐蔽侵权行为无法被有效发现。因此，生成式 AI 提供者在当前法律规定下承担的义务和责任相对较轻。著作权法本是对利益平衡的制度设计，[1]而在 AIGC 的应用中却逐渐出现利益调节的失灵。

3. 生成式 AI 数据训练中的利益冲突

从生成式 AI 后端的数据训练来看，数据获取后需要输入生成式 AI 程序进行学习训练，而数据源中会包括文字、图片、音视频、源代码等他人享有著作权利的作品，输入需要将作品从网络服务器或他人计算机中下载到本地计算机，符合著作权法有关复制行为的构成要件，而未经许可对他人作品复制的行为侵犯了著作权人的复制权。[2]同时，在用户信息交互中，生成式 AI 会对作品进行选择编排加工，向不特定公众提供的行为也会侵犯作者的改编权、翻译权、汇编权、信息网络传播权等权利。[3]这些数字化的爬取、复制、加工行为都是隐秘不公开的，[4]证明

---

〔1〕 Richard Stallman. Reevaluating copyright: the public must prevail, oregon law review, 1996, 75（1）: 291-298.

〔2〕 ［匈］米哈依·菲彻尔:《版权法与因特网（上）》，郭寿康、万勇、相靖译，中国大百科全书出版社 2009 年版，第 132 页。

〔3〕 马治国、赵龙:《文本与数据挖掘对著作权例外体系的冲击与应对》，载《西北师大学报（社会科学版）》2021 年第 4 期。

〔4〕 商建刚:《生成式人工智能风险治理元规则研究》，载《东方法学》2023年第 3 期。

著作权侵权所需要的"接触"和"实质性相似"要件[1]非常困难，AI 技术突破了知识产权的可追溯性，使为 AI 智慧添附学习内容的创作者损失应得的报酬。而如果 AI 提供者想要做到绝对化的合法，则需要获得所有作品权利人的许可并支付使用报酬，但对于所使用的作品量级来说，这将是较为繁重的义务。生成式 AI 提供者与源著作权人的利益平衡是数字化发展不能回避的问题。

同时，如果数据训练所抓取的内容来源于内容服务平台，即便通过著作权法弥补了作者的权益，但内容服务平台的竞争利益也很难获得实质修复。网络公开资源的取得往往伴随爬虫等数据抓取技术手段，需要突破网站技术安全等措施，可能会对他人的网站经营造成负担和干扰。在搜索引擎时代，数据获取手段的调整依靠 Robots 协议，搭建网络内容服务商与搜索引擎之间的合同关系，这个过程中网站没有被隐藏且可以通过搜索引擎的来源展示提高曝光，获取用户流量，达到网站、搜索引擎、用户之间的互益。公开的数据信息即便存在无版权的内容，但也包含提供者的选择和付出，是市场主体在经营活动中加工产生的具有商业价值的数据，也可能构成汇编作品，由内容服务经营者享有著作权利，[2]公开并不代表进入了公有领域可以被自由无限制的使用，而在 AI 的数据学习和训练中，网站经营者成为被动的内容提供方，无法从数据抓取行为中获益，甚至随着生成式 AI 在内容服务领域的发展，可能逐渐挤占内容

---

〔1〕《最高人民法院关于发布第 28 批指导性案例的通知》规定，判断被诉侵权产品是否构成侵害他人受著作权法保护的作品，应当从被诉侵权人是否"接触"权利人主张保护的作品、被诉侵权产品与权利人主张保护的作品之间是否构成"实质相似"两个方面进行判断。

〔2〕 汤曼：《数据库版权问题的困惑与出路》，载《东方法学》2007 年第 4 期。

服务提供商的市场份额。[1]

综上所述，生成式 AI 后端数据训练过程中对他人享有权益的数据资源的获取、存储复制、加工等环节存在的侵权问题，因隐藏于后端往往难以被发现，不管从侵权行为的证明上还是权利保护的实现上都存在客观的困难，原始数据权利人也很难举证其实质受到的损害，当前著作权法框架下，合法的利用更多地依赖于生成式 AI 提供者的诚实信用和商业道德自律，缺乏有效的外部监管和强制力度。而随着 AI 学习覆盖的数据越广泛，提供者从原始数据基础上衍生出的权益就越多，在内容服务等领域中也会扰乱内容市场的竞争秩序，也不利于原创市场的发展。知识产权相关的法律具有被动性，并不能及时地对侵权行为进行调整，单单依靠当前著作权法事后侵权发现的救济手段无法有效调节生成式 AI 提供者、用户、源著作权人、内容服务提供者等主体间的利益平衡，需要引入其他的法律规制思路。

（二）现行法律体系下的其他规制路径

1. 利益修复视角下对 AIGC 的保护路径

通过对若干作品、作品的片段或者不构成作品的数据或者其他材料的内容进行选择或者编排，如果产生了体现独创性的作品则可作为汇编作品给予著作权保护。虽然 AI 生成内容本身在经过数据选择、重组、计算、编排、融合等方式后可能产生新的"表达"，达到作品所要求的独创性价值，[2]客观上具有

---

〔1〕 孔祥俊：《论反不正当竞争法"商业数据专条"的建构——落实中央关于数据产权制度顶层设计的一种方案》，载《东方法学》2022 年第 5 期。

〔2〕 著作权只保护"表达"，不保护"思想"，在著作权侵权诉讼中，只有被控侵权的成果与原告在作品中的表达相似才可能认定为侵权。王迁：《著作权法》，中国人民大学出版社 2023 年版，第 63 页。

了与人类创作产物同等的保护价值，但是不对 AI 生成内容进行著作权保护并不是否认这种价值，生搬硬套地对其使用著作权法进行保护反而不利于纠纷的解决。从当前的 AI 发展来看，不应盲目对原有立法进行扩张解释，应适用相宜的法律进行解释补充。

AI 生成内容属性之争的现实意义是回应实践中内容使用的权利纠纷。对于生成式 AI 将所产生的具有财产价值的内容可依据用户与 AI 提供者之间的合同确定财产权益的权利主体，而当合同未约定权属时，则需要根据合同性质进行推定。一般情形下，生成式 AI 应用中，AI 提供者利用其底层数据库资源通过 AI 技术加工按照用户指令输出内容成果，底层数据资源、算法、技术手段均是其提供服务所具有的物质材料、能力技巧，用户与 AI 提供者之间形成了概括性的委托关系，委托事项包括内容生成、问题咨询、技术协助等服务，符合广义的委托合同的形式要件。而根据民法规定，受托人处理委托事务取得的财产，应当转交给委托人，当合同未约定标的权属时，具有无形财产价值属性的 AI 生成内容所有权则归属用户。当然实践中，用户与 AI 开发者之间订立的合同形式还包括软件产品买卖、技术许可、技术开发等形式，在特定的应用场景下则根据相应的有名合同的规定进行权属推定。

确定了 AI 生成内容的权利人后，则需要确定以何种法律依据主张损害赔偿。具有商业价值的 AI 生成内容背后是开发者的大量技术投入和用户的契约利益，如果不能通过法律对其进行保护，可能会挫伤技术利用的积极性。应当通过法律保障利益的实现，在基于 AIGC 产生的合法利益受到侵害后，通过法律手段修复失衡的私人关系，弥补受损主体，以促进技术使用中的利益主体间的平衡。

当第三方因未经授权且没有法律依据的复制、传播、利用等行为取得收益时，意定权利主体对其因此遭受的损失可以依据《民法典》第 122 条关于不当得利之债的规定，请求其返还因此取得的不当利益。以 ChatGPT 为例，OpenAI 的使用条款第 3 条第（a）款约定，OpenAI 将其基于用户输入指令生成内容的所有权益转让给了用户，[1]享有权利的用户则可依据该约定向没有法律依据利用内容获益的主体主张权利。这也能够回应 AI 生成内容不唯一带来的纠纷问题，当出现内容相同导致多重权利的问题时，以不当得利之债为思路，一方取得利益与他方受损之间若没有因果关系则无权追责，所有依合同取得权利的主体之间均是平等的，若出现损失则应依据合同向 AI 提供者主张责任。

因此，现阶段 AI 生成内容保护所面临的困境可以通过对现有法律制度的解释适用回应。另外，《著作权法》第 12 条第 1 款规定在作品上署名的自然人、法人或者非法人组织为作者。以上观点是立足当下 AIGC 的发展适用于内容发表后署名为 AI 的情况下的应然状态下的学理探讨，而在现实应用场景中，如果内容发表时有明确的民事主体署名，按照署名推定的原则，该内容仍然会被认定为人所创作的作品并受著作权法的保护，不会对著作权法形成挑战。[2]

2. 依契约确定责任承担与利益分配

现阶段 AI 的发展显然是不能独立责任承担的，而责任的本职是需要有行为人对行为进行应答，[3]在内容输出阶段用户利

---

〔1〕　OpenAI. Terms of use, https://openai. com/policies/terms-of-use, Last visited on Apr. 16, 2024.

〔2〕　王迁：《论人工智能生成的内容在著作权法中的定性》，载《法律科学（西北政法大学学报）》2017 年第 5 期。

〔3〕　刘艳红：《人工智能的可解释性与 AI 的法律责任问题研究》，载《法制与社会发展》2022 年第 1 期。

用 AI 生成内容导致侵权的场景中，由行为人承担侵权责任，AI 提供者和用户内部之间的责任承担应根据《民法典》第 1172 条的规定确定，二人以上分别实施侵权行为造成同一损害，能够确定责任大小的，各自承担相应的责任；难以确定责任大小的，平均承担责任。对于责任大小的确定需要依据 AI 提供者与用户之间的合同约定划分。

以 ChatGPT 为例，在免费模式下由终端用户承担全部责任，OpenAI 在 2023 年 3 月 14 日更新的用户使用条款中进行了免责宣称，不对产品服务的不侵权作保证。在该种模式下，当用户接受实质性服务时，即以使用行为表示了对合同条款的认可，知晓其 AI 生成内容可能侵犯第三方的权利，认可自己承担二次利用行为带来的侵权责任，且无权向 OpenAI 主张损失赔偿。且该种免费授权模式下，"OpenAI-ChatGPT 用户"阶段可以拟制为用户个人控制下利用 OpenAI 提供的技术进行学习的行为，ChatGPT 所代表的技术实现对源数据的整合为非营利性的研究学习过程，用户利用技术获取参考物料。该种模式下，由 OpenAI 作为技术许可方，用户经授权使用 AIGC 技术，作为行为责任人决定对获取到的资料的后续利用行为。

当未约定侵权责任的承担时，如果通过技术许可合同进行合作，可以理解为 AI 开发者授权用户使用 AIGC 技术工具，而对于工具的利用则可能由行为人也就是用户控制支配并承担责任。如果将合同关系推定为委托关系，根据委托合同的规定，有偿的委托合同，因受托人的过错造成委托人损失的，委托人可以请求赔偿损失。无偿的委托合同，因受托人的故意或者重大过失造成委托人损失的，委托人可以请求赔偿损失。侵权责任的承担主要依靠双方谈判地位形成契约自治，通过真实意思表示确定责任大小。因此，在对 AIGC 等人工智能技术尚未有明确的法律指引时，用户作为技术的使用方或者服务的接受方，需要尽到一定的审慎义务尽可能保障自己的权利，充分认识到技术应用可能带来的法律瑕疵以做好事前风险控制，特别是在商业合作中，企业用户应加强相应的合规管控，根据谈判地位对风险条款进行博弈，注意关于 AI 生成内容的权属约定，并要求供方对不侵犯第三方知识产权作出保证，约定侵权赔偿责任。

在著作权法不足以应对技术带来的纠纷时，可以通过民法对受损利益进行修复，调整民事主体之间的利益平衡，毕竟法律是对人的行为的规制，现阶段技术的发展尚不足以颠覆既有法律框架。

3. 通过反不正当竞争法补充利益调节手段

根据《反不正当竞争法》第 12 条第 2 款的规定，经营者不得利用技术手段，通过影响用户选择或者其他方式，实施妨碍、破坏其他经营者合法提供的网络产品或者服务正常运行的行为。生成式 AI 提供者与网络内容服务商之间在内容服务的提供上存在竞争关系，而生成式 AI 对目标网站内容的数据进行加工、反馈一定程度上替代了被抓取对象，使网络内容服务商损失了潜在的内容提供机会，这种单方受益行为不只违反了基本的商业道德，也会妨碍其他经营者合法提供服务的机会，损害经济利益，在存在相应证据的佐证下可能被认定为不正当竞争行为。因此，在内容服务等可能存在市场替代性的行业应用场景中，对生成式 AI 提供者与内容服务提供者之间的利益失衡可以借助《反不正当竞争法》进行调整。当然，受侵权行为的隐蔽性、被抓取网站的不特定性、反不正当竞争保护的事后性等因素影响，该种规制手段的补充也存在明显的不足，在后端治理中还需要公权力手段的介入调控。[1]

（三）对建立完善我国 AIGC 著作权治理相关制度的展望

如前所述，AIGC 技术使知识产权的可追溯性变得困难，隐性侵权行为发现难、举证难，为 AIGC 提供内容价值资源的原始数据权利人、原创作者不仅无法获得公平的报酬，反而逐渐在竞争市场中被 AI 取代。应当引入新的立法或者监管手段对 AIGC 基础技术层、产品应用层进行治理，通过在重点风险领域加强 AI 提供者的义务责任，调整现行法律框架下产生的利益失衡问题。

1. 通过司法指导探索裁量标准

《著作权法》第 24 条规定了可以不经著作权人许可，不向其支付报酬的情形，[2]AI 对海量作品数据的收集、处理、利用行为并不能涵盖在 12 种法定著作权例外情形中，当然在实际 AIGC 的应用中，存在不影响原作品正常使用、不损害著作权人权益的情形，如智能客服等领域的应用。在司法指导上，建议通过司法解释或典型案例等形式，在必要时超出《著作权法》的规定确定 AIGC 未经授权利用作品的行为不侵犯著作权的免责情形，完善在 AIGC 技术领域下对著作权法合理使用条件的解释适用，从而对监管政策和企业管理判断形成确定的法律指引和参

---

〔1〕 孔祥俊：《论反不正当竞争法"商业数据专条"的建构———落实中央关于数据产权制度顶层设计的一种方案》，载《东方法学》2022 年第 5 期。

〔2〕《著作权法》第 24 条规定："在下列情况下使用作品，可以不经著作权人许可，不向其支付报酬，但应当指明作者姓名或者名称、作品名称，并且不得影响该作品的正常使用，也不得不合理地损害著作权人的合法权益：（一）为个人学习、研究或者欣赏，使用他人已经发表的作品；（二）为介绍、评论某一作品或者说明某一问题，在作品中适当引用他人已经发表的作品；……（六）为学校课堂教学或者科学研究，翻译、改编、汇编、播放或者少量复制已经发表的作品，供教学或者科研人员使用，但不得出版发行；……"

考。例如，参考美国基于"四要素"与司法判例为指导的开放性标准。[1]通过综合考虑生成式 AI 应用的领域，从作品利用的性质和目的、对特定市场行业领域的后果影响程度等层面细化 AIGC 使用作品的免责条件，逐步摸索出适合 AIGC 治理的裁判思路。

2. 引入"基于风险"的监管政策，明确 AI 提供者的责任边界

根据《深度合成规定》第 12 条的规定，深度合成服务提供者应当设置便捷的用户申诉和公众投诉、举报入口，公布处理流程和反馈时限，及时受理、处理和反馈处理结果，该种机制规定适用于 AIGC 技术服务提供者，能够提高对侵权信息的识别处理。[2]但在实际场景中，对于权利人来说能够恰好通过生成式 AI 获取到使用了自身权利作品的内容存在偶发性，无法有效遏制侵权内容。此外，国家互联网信息办公室于 2023 年 4 月发布了《生成式人工智能服务管理办法（征求意见稿）》，要求用于生成式 AI 产品的预训练、优化训练数据不得含有侵犯知识产权的内容，但具体如何治理并未有详细的规制方案。可以看出，当前对生成式 AI 后端信息获取和学习中的知识产权侵权问题尚缺乏有效的监管对策。

以 ChatGPT 为代表的生成式 AI 能够提供的不只是画图、新闻采编、搜索引擎等信息内容生成服务，潜在应用场景还覆盖客服系统、智能汽车等载体，该类技术正逐渐发展为一种科技

---

[1] 美国《版权法》第 107 条列举了法院在个案中判断未经许可利用作品不侵权的四个要素：（1）使用目的和性质；（2）被使用作品的性质；（3）被使用部分的数量和重要性；（4）对作品市场的潜在影响。王迁：《著作权法》，中国人民大学出版社 2023 年版，第 405 页。

[2] 《深度合成规定》第 23 条第 1 款对深度合成技术作出定义：深度合成技术，是指利用深度学习、虚拟现实等生成合成类算法制作文本、图像、音频、视频、虚拟场景等网络信息的技术。

基础设施，渗透社会生活的不同领域，应形成更加高效的事前监管能力，将责任和义务落实在前面。[1]而如果对生成式 AI 采取绝对严格的监管，要求作品数据必须获得授权，无疑会加重 AI 提供者的识别审核成本，在一定程度上阻碍技术的发展，对知识产权的侵权问题解决应当考虑训练数据的体量问题和提供者的成本，不宜施加过度义务导致矫枉过正。因此，建议对生成式 AI 的监管综合考虑实际应用领域、风险程度及市场危害性，从服务应用层的市场推导技术服务提供者的义务，引入"基于风险"的监管（risk-based regulation），摒弃传统路径中全有全无的"二元化"判断，进行"程度性"评估，通过对风险的识别、评估和优先排序，以最小化、监测和控制不幸事件的概率或者影响，细化监管治理重点，创新监管方法。[2]

2023 年 3 月 29 日，英国政府发布了支持创新的人工智能监管方法白皮书，在监管机构之间分配管理人工智能的责任，利用监管机构特定领域的专业知识，关注 AI 应用层面，根据使用人工智能的特定环境定制原则的实施，采取相称的、平衡的方法权衡收益与潜在风险，该种利用监管机构的专业知识评估各自行业的风险并采取相称治理的政策就是基于风险监管的思路，避免了可能扼杀创新的严厉立法。[3]同年 4 月 30 日，七国集团（G7）部长会议发布联合声明，同意对人工智能采取"基于风险"的监管，同时为人工智能技术的发展"保持开放和有利的

---

〔1〕 钟祥铭、方兴东、顾烨烨：《ChatGPT 的治理挑战与对策研究——智能传播的"科林格里奇困境"与突破路径》，载《传媒观察杂志》2023 年第 3 期。

〔2〕 范为：《大数据时代个人信息保护的路径重构》，载《环球法律评论》2016 年第 5 期。

〔3〕 Gov. uk. A pro-innovation approach to AI regulation，https://www.gov.uk/government/publications/ai-regulation-a-pro-innovation-approach/white-paper，last visited on Apr. 18，2024.

环境"的态度。[1]

"基于风险"的监管主要有 4 个特征：（1）风险提供了规制的对象；（2）风险成为规制的正当化依据；（3）风险架构和塑造了规制组织和规制程序；（4）风险塑造了责任关系。[2]对于 AIGC 技术领域的著作权侵权风险规制来说，侵权高风险主要在于 AI 绘图、新闻编撰等信息内容生成服务领域，存在较高概率损害原创作者权益和内容市场发展，而对于智能客服等应用领域，后端机器对源作品数据的复制获取行为可以看作一次性学习行为，其最终的利用很难对版权市场产生影响，缺乏版权风险规制的必要性。对于现阶段国内 AIGC 技术应用产生的版权风险而言，引入"基于风险"的监管方法需考虑技术具体应用场景和潜在风险，对每个行业领域的版权风险进行评估定级，进而制定与风险程度相适应的版权监管措施、标准和要求。例如，对于 AI 绘图软件服务行业，应要求披露数据学习所涉及的所有作品材料。

综上所述，AIGC 技术的应用会存在于不同的领域，而风险也可能具有较大差异，引入"基于风险"的监管模式，通过对 AIGC 应用带来的版权风险进行识别、评估、分配和管理，根据所涉及的风险对生成式 AI 提供者的义务进行调整，[3]既能够避免"一刀切"式的监管给数字经济发展带来不必要的负担从而限制技术发展，又能合理分配责任义务、保障市场秩序的良性运行。

---

〔1〕叶桢：《AI 监管国际标准要来了？ G7 部长会议达成 5 大原则，同意采用"基于风险"的监管》，载 https://finance. sina. com. cn/stock/usstock/c/2023－04－30/doc-imysecmt9031518. shtml，最后访问日期：2024 年 4 月 20 日。

〔2〕[英] 罗伯特·鲍德温、马丁·凯夫、马丁·洛奇：《牛津规制手册》，宋华琳等译，上海三联书店 2017 年版，第 340 页。

〔3〕张涛：《探寻个人信息保护的风险控制路径之维》，载《法学》2022 年第 6 期。

3. 通过完善数据基础制度规范数据版权市场秩序

欧盟议会就《人工智能法案》提案达成临时政治协议，而当前世界范围内多数国家对人工智能相关的立法持保守态度，就当前国内生成式 AI 尚处于辅助工具的发展阶段而言，过早的人工智能立法可能会缺乏风险预见性，提高试错成本，而基于现有法律框架仅在司法与监管手段上创新可以对技术发展中出现的利益失衡等问题进行适当调控，能即时通过与技术发展的磨合试错调整法律手段，循序渐进地摸索符合人工智能发展的立法方向。如果现阶段需要从立法调控入手，不如从数据产权入手，毕竟支撑生成式 AI 运行的是数据的流动，而本章所述涉嫌侵犯著作权的作品使用行为也均是数据要素流通环节中的一部分，如爬虫等数据信息获取手段很难甄别出其中的作品数据或者需要授权的数据，单独的作品数据治理无疑需要较高的技术或人工识别成本，而统一的数据要素治理更具有可操作性，能够促进资源的有效合法整合。

《民法典》第 127 条宣告了数据的财产地位，2022 年 12 月，《中共中央、国务院关于构建数据基础制度更好发挥数据要素作用的意见》发布，提出探索建立数据产权制度、建立健全数据要素各参与方合法权益保护制度，"充分保护数据来源者合法权益，推动基于知情同意或存在法定事由的数据流通使用模式，保障数据来源者享有获取或复制转移由其促成产生数据的权益"。通过数据相关的立法，可以对数据挖掘、学习等利用行为"合理使用"、免授权、免付费等免责情形进行细化规定，弥补现行法律对后端作品数据授权问题的调节失灵。因此，数据财产权益相关制度的建立健全，是当前顺应中国立法发展、合乎时机的干预途径，且不会冲击原有的立法框架，与原有的法律体系具有一致性，能够推动数据市场的有序发展、规范数据资源的合法流动，从而能对作品数据的获取、交易、限制等进行有效规制，促进作品信息在内的数据商业化市场的规范发展，提供作品数据源权利人获得报酬变现的机会，合理平衡原始数据权利方、创作者、科技主体等之间的利益。

（四）小结

AIGC 技术的发展革新了传统的商业模式和竞争格局，现行法律对维持技术进步、原创激励、市场秩序之间的平衡显得较为乏力，探索新的调控手段是必然趋势。但任何新制度的开展都不是一蹴而就的，对法律的探索更是一个长期渐进的过程，应顺应技术发展的规律，依托现有的立法、司法、监管等资源摸索新的法律规制手段，如创新监管手段，引入"基于风险"的监管思路进行治理，确保法律措施与技术发展的背景和风险结果成比例，具有相称性。当下人工智能立法的留白给制度的摸索带来了诸多可能性，在人工智能技术发展的新形势下，应规范现有的法律机制适用，打牢基础，确保人工智能立法的承载能力，再搭建上层建筑，寻求技术发展与权利保障、市场秩序之间的平衡。

二、人工智能时代数据权利归属的探讨与思考

数据作为新型生产要素，是数字化、网络化、智能化的基础，已快速融入生产、分配、流通、消费和社会服务管理等各环节，深刻改变着生产方式、生活方式和社会治理方式。在大数据时代，于国家而言，信息掌握的多寡、信息能力的强弱成为衡量国家竞争力的重要标志；[1]于企业而言，数据已成为

---

〔1〕 孟国庆：《牢握发展主动权 构筑信息化优势》，载 https://www.cac.gov.cn/2016-09/12/c_ 1119552904. htm? from=timeline，最后访问日期：2024 年 4 月 18 日。

"兵家必争之地"。手握海量数据的企业则掌握了竞争资本，凭借庞大的数据筑起了一道坚固的市场壁垒，使后来者难以逾越。

正因为数据作为一种新型的财产类型，如果数据权利的归属不明，则纠纷的产生将成为常态。持续的权利争夺可能不利于数据生产和高效流通，同时增加数据资源的开发利用成本，给数据安全治理与个人信息保护带来巨大压力。如欲止争，必先定分。因此，明确数据权利的归属，构建合理的数据权利体系，对保障数据资源的可持续利用和促进数据经济的健康发展至关重要。

（一）数据权益的属性探讨

按照权益性质的维度，数据权益可被细分为数据人格权益和数据财产权益。数据人格权益主要关注数据与个人身份、隐私、尊严等相关的权益，是数据权利体系中的基础。数据财产权益则侧重于数据作为一种经济资源的价值，旨在明确数据在经济活动中的地位和作用，为数据的合法交易、利用和投资提供法律保障。通过确立数据财产权益，鼓励数据的创新应用。

1. 数据人格权益

各国及地区对个人的数据人格权益都通过立法的形式给予了充分的保护。例如，GDPR第三章"数据主体的权利"赋予了数据主体访问权、更正权、删除权（又称被遗忘权）、限制处理权、反对权等多种权利。其中，访问权确保了数据主体有权了解其个人数据的处理情况，从而保障了数据主体的知情权；更正权则允许数据主体在发现其个人数据存在错误或不准确时，要求数据处理者进行更正，确保了个人数据的完整性和准确性；删除权，即"被遗忘权"，赋予了数据主体在特定情况下要求删除其个人数据的权利，有效维护了数据主体的隐私权。我国的

《民法典》第四编"人格权"中专门设置了第六章"隐私权和个人信息保护",以及《个人信息保护法》中明确规定了个人"对其个人信息的处理享有知情权、决定权,有权限制或者拒绝他人对其个人信息进行处理","有权向个人信息处理者查阅、复制其个人信息",有权"请求将个人信息转移至其指定的个人信息处理者","发现其个人信息不准确或者不完整的,有权请求个人信息处理者更正、补充","有权请求删除","有权要求个人信息处理者对其个人信息处理规则进行解释说明",以及行使作为死者近亲属对死者的个人信息处理的权利。可见,我国个人数据保护法的立法目的主要也是保障个人数据所承载的人格权。[1]

2. 数据财产权益

20 世纪 70 年代初,美国学术界已涌现出将数据视为财产的观点。美国教授劳伦斯·莱斯格(Lawrence Lessig)于 1999 年出版的《代码和网络中的其他法律》(Code and Other Laws of Cyberspace)首次阐述了数据财产化的构想,为数据的价值交换和市场流通提供了有力的理论支撑。

在我国,《民法典》第 240 条、第 323 条分别规定了所有权与用益物权。其中,所有权是指"所有权人对自己的不动产或者动产,依法享有占有、使用、收益和处分的权利",用益物权则是指"用益物权人对他人所有的不动产或者动产,依法享有占有、使用和收益的权利"。因此,如果将数据看作一种无形资产,是否也可以区分数据的所有权和用益物权?此外,根据《中共中央、国务院关于构建数据基础制度更好发挥数据要素作

---

[1] 杨翱宇:《数据财产权益的归属判定》,载《重庆大学学报(社会科学版)》2023 年第 1 期。

用的意见》，[1]数据财产权益包括数据资源持有权、数据加工使用权、数据产品经营权等权利。那么上述数据权利又归属于谁？

相较于数据人格权益已有成熟立法予以调整，数据财产权益存在较大争议。目前主要有以下五类代表性观点。

第一类观点：数据所有权的基本原则是谁的数据归谁所有。[2]个人对其产生的数据拥有不可剥夺的财产权，不论这些数据如何被转移、流通或进一步加工产生新的数据，其所有权始终归属个人所有。

第二类观点：用户利用互联网企业提供的服务所产生的数据，按照"谁投资，谁所有""谁产生，谁所有""谁记录，谁所有"的商业原则和行业惯例，企业作为服务提供者、数据记录者及管理者，拥有用户数据所有权。

第三类观点：按照基础数据和增值数据的二元划分维度，基础数据是最本源的数据，主要指正常理性人采取通常的方式方法可以识别的特定身份的数据。这些数据是构成用户个人信息的基础，包括但不限于个人身份信息、联系方式等。而增值数据，则是由数据处理者通过对网络用户进行各种活动的收集、整理等增值处理行为所产生的数据。这些数据涵盖了搜索引擎记录、用户交易记录和使用习惯等。用户作为个人数据的提供

---

〔1〕《中共中央、国务院关于构建数据基础制度更好发挥数据要素作用的意见》关于建立保障权益、合规使用的数据产权制度规定："探索数据产权结构性分置制度。建立公共数据、企业数据、个人数据的分类分级确权授权制度。根据数据来源和数据生成特征，分别界定数据生产、流通、使用过程中各参与方享有的合法权利，建立数据资源持有权、数据加工使用权、数据产品经营权等分置的产权运行机制，推进非公共数据按市场化方式'共同使用、共享收益'的新模式，为激活数据要素价值创造和价值实现提供基础性制度保障。"

〔2〕 吴晓灵：《大数据应用：不能以牺牲个人数据财产权为代价》，载《中国人大》2016年第14期。

者，拥有其个人基础数据的所有权。这意味着用户有权决定其基础数据的使用范围、方式以及是否允许他人进行处理。而数据处理者，在尊重用户基础数据所有权的基础之上，享有基于基础数据进行加工、编辑、分析所产生的增值数据的所有权。[1]

第四类观点：从主体视角来看，数据经济中的关键参与者包括用户和数据从业者。用户既是个人信息的原始主体，也是数据经济中初始数据的提供者。而数据从业者，包括专业的数据服务商和其他依法进行数据活动的处理主体。他们首先通过初始交易关系或第三方合作平台，直接或间接地从用户那里获取初始数据，成为数据的接收者。随后，他们通过数据的集合、利用、加工和交易，转变为数据产品的制造者、持有者，以及数据资产的经营者和获益者。用户对其个人信息拥有类似所有权的信息财产权，有权在财产意义上对其个人信息进行占有、使用、受益与处分，保障了用户对其个人信息的控制权和收益权。而对于数据从业者来说，他们则享有数据经营权，这是一种对数据业务的专业化、排他性权利。此外，他们还拥有类似于工业知识产权的绝对的、排他的数据资产权，这种权利保证了数据从业者对数据资产的所有权和独占权，激励他们更加积极地投入数据资源的开发、利用和保护。[2]

第五类观点：从数据全生命周期的角度出发，数据的产生源自用户。因此，赋予数据原发者，即用户，相应的权利，是数据权利配置的首要环节。作为数据处理者的企业，在数据处理过程中投入了大量的技术和资金。鉴于不同主体在数据形成

---

〔1〕　丁道勤：《基础数据与增值数据的二元划分》，载《财经法学》2017 年第 2 期。

〔2〕　龙卫球：《数据新型财产权构建及其体系研究》，载《政法论坛》2017 年第 4 期。

过程中贡献的来源和程度各异，我们可以参考自物权与他物权、著作权与邻接权的权利分割模式，确立数据原发者拥有数据所有权，而数据处理者则享有数据用益权。这样的配置旨在公平地反映各方在数据生态中的角色和贡献。[1]

（二）数据财产权益分配的经典裁判案例

随着数字经济的蓬勃发展，数据财产权益的分配问题日益凸显，成为法律领域的重要议题。在这一趋势的推动下，一系列具有里程碑意义的裁判案例应运而生，为我们深入理解并合理解决数据财产权益分配问题提供了宝贵的经验和指导。这些案例不仅揭示了数据权益的复杂性和多样性，也为未来的法律实践指明了方向，推动数据资源能够在公平、公正的基础上得到合理利用和共享。

1. 大众点评网诉爱帮网案

商业数据权益纠纷一直是互联网领域备受关注的重要议题，而最早引起广泛关注的案例可追溯到 2010 年的大众点评诉爱帮网案。这一案件不仅引发了公众对商业数据权益保护的热烈讨论，也为后续的类似纠纷提供了重要的法律参考。

（1）案件概况。

在大众点评诉爱帮网案中，大众点评网的商户介绍和用户点评已经成为中国消费者选择相关商家和服务的重要参考资料，并为网站运营主体上海汉涛信息咨询有限公司（原告）取得了良好的社会效益和经济效益。爱帮聚信（北京）科技有限公司（被告一）与爱帮聚信（北京）信息技术有限公司（被告二）是爱帮网的经营者。爱帮网与大众点评网在受众人群、盈利模

---

[1] 申卫星：《论数据用益权》，载《中国社会科学》2020 年第 11 期。

式、经营范围、客户群落等方面完全重合，构成同业竞争。被告一通过爱帮网长期大量复制大众点评网站内容的"搭便车"行为，获取不当的浏览量和竞争优势。原告请求判令被告一立即停止不正当竞争行为，在爱帮网首页明显位置向原告公开赔礼道歉、消除影响，赔偿原告经济损失 900 万元、诉讼合理支出 5 万元及诉讼费用。

（2）裁判要点。

在一审中，法院认为大众点评网的商户简介和用户点评，是原告收集、整理和运用商业方法吸引用户注册而来。原告为此付出了人力、财力、物力和时间等经营成本，由此产生的利益应受法律保护。对于大众点评网的商户简介和用户点评，被告一未付出劳动、未支出成本、未作出贡献，却直接利用技术手段在爱帮网上展示，并以此获取商业利益，属于反不正当竞争法理论中典型的"不劳而获"和"搭便车"的行为。被告一在爱帮网上使用大众点评网的商户简介和用户点评，构成对大众点评网的实质性替代，属于不正当竞争。被告一应当立即停止不正当竞争行为，并赔偿原告所受损失。因此，一审法院判令被告一停止在爱帮网使用源自大众点评网的商户简介和用户点评，并停止虚假宣传。[1]

在二审中，法院对案件的争议焦点进行了深入的审理。二审法院认为，原告通过商业运作吸引用户在大众点评网上注册、点击、评论，并有效地收集和整理信息，进而获得更大的商业利润，该合法权益应受法律保护。被告一作为提供搜索、链接服务的网络服务商，应遵守法律规定和相关行业规范，对于特定行业网站的信息的利用，须控制在合理的范围内。但爱帮网

---

〔1〕 北京市海淀区人民法院（2010）海民初字第 24463 号民事判决书。

对大众点评网的点评内容使用，已达到了网络用户无须进入大众点评网即可获得足够信息的程度，超过了适当引用的合理限度，事实上造成爱帮网向网络用户提供的涉案点评内容对大众点评网的相应内容的市场替代。因此，二审法院维持原判。[1]

大众点评网诉爱帮网案虽然已经过去了多年，但其对商业数据权益保护的影响却深远而持久。在数据权利归属的界定尚不够清晰的背景下，反不正当竞争法的保护模式在处理该案件中的企业数据争议发挥了重要作用。特别是在反不正当竞争法逐渐拓展至数据领域这一新兴行业之际，关于如何合理设置并界定对企业数据权益提供保护的门槛与边界，无疑成为亟待明确和完善的关键议题。

2. 新浪微博诉脉脉案

随着互联网技术的迅猛进步，数据已经成为企业重要的商业资本。通过科学的策略来分析和利用用户信息，是企业一项重要的经济投入，由此开辟出的全新经济增长点使企业形成独特的竞争优势。但能否未经企业授权就使用企业积累的平台用户数据？新浪微博诉脉脉案的裁判思路为我们提供了新的探索方向。

（1）案件概况。

北京微梦创科网络技术有限公司（原告），是新浪微博的经营人，是网站 www.weibo.com、www.weibo.com.cn、www.weibo.cn 的备案人。北京淘友天下技术有限公司（被告一）与北京淘友天下科技发展有限公司（被告二）（二者合称两被告）共同经营脉脉软件及脉脉网站。被告二为脉脉网站与淘友网备案人。

原告曾与两被告通过微博平台 Open API 进行合作。原告允许脉脉软件接入新浪微博开放平台，获取微博平台上包括用户

---

[1]　北京市第一中级人民法院（2011）一中民终字 7512 号民事判决书。

名称、性别、头像、邮箱等相关用户信息，两被告将所获取的新浪微博用户信息在脉脉软件中进行展示并向用户提供新浪微博账号注册、登录入口。双方实现了微博用户数据信息的共享。合作关系终止后，原告认为两被告仍在抓取新浪微博用户信息，侵犯了新浪微博的竞争利益并危害新浪微博用户的信息安全，诉请两被告立即停止不正当竞争行为，并消除影响、赔偿原告经济损失 1000 万元及合理开支 30 万元。

（2）裁判要点。

一审法院经过审理后认为原告和两被告本质上都是提供网络社交服务，在对相关用户社交类信息的使用等方面存在竞争利益，具有竞争关系。原告在多年经营活动中，积累了数以亿计的新浪微博用户。这些用户信息不仅是支撑原告作为庞大社交媒体平台开展经营活动的基础，也是其向不同第三方应用软件提供平台资源的重要内容。规范、有序、安全地使用这些用户信息，是原告维持并提升用户活跃度、开展正常经营活动、保持竞争优势的必要条件。用户信息是互联网经营者重要的经营资源，两被告的行为违反了诚实信用的原则，违背了公认的商业道德，危害到新浪微博平台用户信息安全，损害了原告的合法竞争利益，对原告构成不正当竞争。[1]

在二审中，法院维持了一审判决，并进一步强调，在信息时代，数据信息资源已经成为重要的资源，是竞争力也是生产力，更是促进经济发展的重要动力。大数据持续激发商业模式创新，不断催生新业态，已成为互联网等新兴领域促进业务创新增值、提升企业核心价值的重要驱动力。因此，在 Open API 开发合作模式中，第三方通过 Open API 获取用户信息时应坚持

---

〔1〕　北京市海淀区人民法院 2015 年海民（知）初字第 12602 号民事判决书。

"用户授权＋平台授权＋用户授权"的三重授权原则。两被告未经新浪微博用户的同意，获取并使用非脉脉用户的新浪微博信息，节省了大量的经济投入，变相降低了同为竞争者的新浪微博的竞争优势，侵害了原告的商业资源，因此被判定为不正当竞争行为。[1]

3. 淘宝诉美景案

（1）案件概况。

淘宝（中国）软件有限公司（原告，以下简称淘宝公司）系阿里巴巴卖家端"生意参谋"零售电商数据产品的开发者和运营者。淘宝公司通过"生意参谋"面向淘宝网、天猫商家提供可定制、个性化、一站式的商务决策体验平台，为商家的店铺运营提供数据化参考。"生意参谋"提供的数据内容是淘宝公司经用户同意，在记录、采集用户于淘宝电商平台（包括淘宝、天猫）上进行浏览、搜索、收藏、加购、交易等活动所留下的痕迹而形成的海量原始数据基础上采取脱敏处理，在剔除涉及个人信息、用户隐私后再经过深度处理、分析、整合，加工形成的诸如指数型、统计型、预测型的衍生数据。安徽美景信息科技有限公司（被告）系"咕咕互助平台"软件、"咕咕生意参谋众筹"网站的开发商与运营商。被告的前述软件及平台允许已订购淘宝"生意参谋"的用户分享和共用其子账户，通过此种方式，用户可以获得佣金作为回报。被告不仅提供了这一共享机制，并为用户通过远程登录等方式查看"生意参谋"产品数据内容提供技术帮助，并从中牟利。原告认为被告的行为对其数据产品已构成实质性替代，直接导致了原告数据产品订购量和销售额的减少，极大损害了原告的经济利益，已构成不正当竞争行为，因此

---

[1] 北京知识产权法院（2016）京 73 民终 588 号民事判决书。

诉请被告停止侵权，并赔偿原告经济损失及合理维权费用 500 万元。

（2）裁判要点。

一审法院经审理认为，首先，涉案"生意参谋"数据产品中的数据内容虽然来源于原始用户信息数据，但经过淘宝公司的深度开发，在巨量原始网络数据基础上通过一定的算法与深度分析过滤、提炼整合及匿名化脱敏处理后，已经成为预测型、指数型、统计型的衍生数据。其次，该产品能够直观地呈现给用户，给用户全新的感知体验，已成为网络大数据产品。网络大数据产品自身已成为市场交易的对象，已实质性具备了商品的交换价值。对于网络运营者而言，网络大数据产品已成为其拥有的一项重要的财产权益。同时，网络数据产品的开发与市场应用已成为当前互联网行业的主要商业模式，是网络运营者市场竞争优势的重要来源与核心竞争力所在。因此"生意参谋"数据产品系淘宝公司的劳动成果，其所带来的权益，应当归淘宝公司享有。一审法院支持了原告对其涉案"生意参谋"数据产品享有竞争性财产权益的诉讼主张。

但同时，基于"物权法定"原则，由于我国法律目前对数据产品的权利保护尚未作出具体规定，一审法院对于原告对其涉案原始数据享有财产权的诉讼主张未予支持。一审法院认为，财产所有权作为一项绝对权利，如果赋予网络运营者享有网络大数据产品财产所有权，则意味不特定多数人将因此承担相应的义务。[1] 通过本案可见，数据纠纷的复杂性已逐渐显现，这一复杂性不仅体现在数据本身的特性上，更在于数据上所附加的权利的多样性与归属的不确定性。对于数据权属规则形成统

---

[1]　杭州铁路运输法院（2017）浙 8601 民初 4034 号民事判决书。

一的标准和共识，显得尤为迫切。

4. 腾讯诉搜道网络技术、聚客通案

（1）案件概况。

深圳市腾讯计算机系统有限公司、腾讯科技（深圳）有限公司（合称两原告）系微信应用软件的著作权人及涉案微信平台的共同运营者，为消费者提供即时社交通信服务。两原告认为浙江搜道网络技术有限公司、杭州聚客通科技有限公司（合称两被告）监测、抓取微信用户账号信息、好友关系链信息及用户操作信息（含朋友圈点赞评论、支付等）存储于自己的服务器，攫取两原告数据资源，损害了两原告对于微信数据享有的合法权益，因此，诉请法院要求两被告立即停止对两原告微信产品的不正当竞争行为。

（2）裁判要点。

一审法院经审理认为，两原告主张数据权益的微信数据包括微信用户账号信息、好友关系链信息及用户操作信息（含朋友圈点赞评论、支付等），该部分数据均源自微信平台。两原告通过微信产品的运营，积累了巨量数据资源，获得了开发衍生产品获取增值利润的机会空间，这已成为两原告获取市场收益的基本商业模式及核心竞争力。因此，微信产品数据资源系两原告投入了大量人力、物力，经过合法经营而形成的，两原告对于微信产品数据资源应当享有竞争权益。两被告已构成不正当竞争且损害了两原告的合法权益，依法应承担相应的侵权责任，赔偿两原告经济损失及为制止不正当竞争行为所支付的合理费用共计 260 万元。[1]

从本案的裁判思路中，我们可以看出平台方通过长期投入

---

［1］ 杭州铁路运输法院（2019）浙 8601 民初 1987 号民事判决书。

大量的人力、财力和物力，累积了能够为其带来显著商业利益和竞争优势的整体数据资源，因此对这些资源享有竞争性权益。对于平台中单个的原始数据，平台方基于与用户的明确约定以及平台运营的实际需要，对这些数据享有适当的使用权，而非绝对控制权。在司法实践中，我们应当在充分尊重和保护个体用户对其数据的控制权和支配权的基础上，合理界定并平衡个体用户与平台之间的权益与义务关系。[1]

（三）人工智能：数据驱动的未来

数据是人工智能系统的核心驱动力，在人工智能系统的开发、训练、验证和部署过程中都扮演着至关重要的角色。从模型训练开始，多样化和高质量的数据是确保人工智能系统能够准确理解和应对现实世界复杂情况的基础。在人工智能的价值链中，数据不仅是起点，也是持续优化模型的关键。随着人工智能系统的应用和运行，新的数据不断产生，这些数据可以为模型提供反馈，帮助系统实现优化训练，进而提高其性能，更好地满足用户需求。

因此，对于人工智能系统提供者而言，特别是生成式人工智能的大模型厂商，哪些数据权益可以归属他们，作为他们的底层数据资源，帮助他们形成独特的竞争性优势，就成为亟待明确的问题。笔者结合上文提到的五类数据权属的代表性观点与过往涉及商业数据的纠纷案件裁判思路，尝试从人工智能的数据分类、数据来源、数据活动参与主体、数据权利的归属等四个维度进行探讨与分析。

---

[1] 刘新宇、葛舒：《从互联网平台企业与社交电商营销软件公司的不正当竞争纠纷看数据权益的权属争议》，载 https://mp.weixin.qq.com/s/WEqG08iCyznm-ql-pQFaQ，最后访问日期：2024 年 4 月 20 日。

1. 人工智能的数据分类

（1）个人信息与非个人信息。

2021 年 1 月 1 日正式生效并实施的《民法典》在个人信息保护与数据保护方面，展现了高度的前瞻性。《民法典》第 111 条规定了"自然人的个人信息受法律保护"，并在第四编"人格权"之第六章"隐私权和个人信息保护"中专门制定了第 1034 条至第 1039 条等六个条款，为个人信息的人格法益保护体系提供了坚实的法律支撑。而《民法典》第 127 条〔1〕对数据的保护规则作出了规定，将数据规定在财产权之后。这一里程碑式的法律认可，凸显了数据在商业社会中的重要经济价值。《民法典》通过构建个人信息与数据相区分的差序体系，细化数据权益的法律理念在《数据安全法》《个人信息保护法》等一系列已经施行的法律法规和未来数据保护领域的相关法律法规中逐步落地。

因此在人工智能领域，当我们探讨人工智能数据的时候，也先按照是否能够识别到特定自然人的维度区分个人信息数据与非个人信息数据。按照《个人信息保护法》第 4 条第 1 款对个人信息的定义，"个人信息是以电子或者其他方式记录的与已识别或者可识别的自然人有关的各种信息，不包括匿名化处理后的信息"。《信息安全技术　个人信息安全规范》（GB/T 35273—2020）之附录 A 对个人信息进行了举例，包括姓名、出生日期、身份证件号码、个人生物识别信息、住址、通信通讯联系方式、通信记录和内容、账号密码、财产信息、征信信息、行踪轨迹、住宿信息、健康生理信息、交易信息等。可见个人信息与人格尊严直接相关，因此通常是人格权的保护对象。

---

〔1〕《民法典》第 127 条规定："法律对数据、网络虚拟财产的保护有规定的，依照其规定。"

非个人信息则是指不能直接或间接识别到特定自然人的数据，主要包括三类：（1）与机构相关的数据，如政府数据、企业财务数据等；（2）由自然人产生的但无法识别或关联到特定个人的数据，如个人信息经过处理无法识别特定自然人且不能复原的匿名化数据；（3）数据处理者经过数据挖掘技术，对个人信息进行了深度清洗和精准建模生成的数据集，如用户画像、分层标签等高维变量数据。非个人信息因为与个人的关联度已不大，因此，业内在讨论非个人信息的时候，更多的是探讨非个人信息的财产权益。

（2）原始数据与衍生数据。

通过上文所提及的经典裁判案例，根据人工智能数据的形成过程不同，是否经过加工处理及是否具有新的使用价值，又可以将人工智能数据划分为原始数据和衍生数据。

原始数据是指那些自行产生、不依赖于现有数据加工的数据。它们通常是第一手资料，如个人信息、用户使用软件平台的日志数据、公司留存的商业信息和交易记录等。这些数据通常未经任何处理，直接反映了实际发生的情况或事件。因此，原始数据只是用户信息转换为电子符号的外在形式，原始数据对于社会的价值贡献仍未脱离用户信息所包含的资讯内容。[1]

衍生数据则是从原始数据中派生、加工、修改、计算、整合后形成的系统性、有使用价值的数据产品。衍生数据是在原始数据的基础上，通过特定的算法、模型或技术处理得出的，通常用于提供更深层次的见解、分析或预测。例如，通过对用户购物数据的分析，可以衍生出用户的购物偏好、消费习惯等有价值的信息。因此，衍生数据一般不涉及人格权益保护的问

---

〔1〕　杭州铁路运输法院（2019）浙 8601 民初 1987 号民事判决书。

题，但财产权益也并非当然归属于数据处理者，而是需要综合考虑数据在形态和性质上的差异，以及数据持有者和加工者在数据采集、加工或处理过程中的投入与贡献。例如，在数据采集过程中，尽管数据采集主体投入了一定的劳动与时间成本，但并未产生创造性的劳动成果。因此，数据采集主体无法主张对原始数据的全部价值拥有权利，仅能根据其与个人信息主体之间的约定，享有对原始数据有限的使用权，有权对其在数据收集过程中所作贡献的附加价值主张权利。

2. 人工智能的数据来源

数据来源的多样性是确保大模型训练和优化成功的关键因素之一，按数据的来源又可分为以下几个方面。

（1）公开爬取的数据：通过网络爬虫技术，可以从互联网上爬取已合法公开的数据作为训练数据源。这些数据可能来自网页、社交媒体、论坛、博客等各种渠道，包含文本、图像、音频、视频等多种类型的数据。

（2）企业自采数据：企业在日常经营过程中合法收集和产生了大量的用户信息、业务数据、系统数据等。企业可以利用这些数据来训练模型，提升产品或服务的智能化水平。

（3）商业共享数据：伙伴之间的数据共享也是一种常见的数据来源方式。通过与合作伙伴建立合作关系，企业可以获得对方拥有的数据资源，以丰富自身的数据集。这些数据可能来自不同的领域和行业，能够为大模型的训练提供多样化的数据支持，降低数据获取的成本，促进双方的合作和共赢。

（4）用户行为数据：用户行为数据包括用户输入的内容和用户生成的内容（User Generated Content，UGC），如社交媒体上的帖子、评论、图片和视频等，以及在线社区中的讨论和问答等。通过用户的互动、行为和使用记录，系统能够收集到大量真实、实时的数据。这类数据不仅可以帮助模型理解用户需求和偏好，还能向模型提供真实场景下的用户反馈，从而不断改进和提升性能。

（5）采购第三方数据：在某些情况下，企业可能需要通过采购来获取特定类型或领域的数据。这些数据可能来自专业的数据提供商、研究机构或政府机构等。通过数据采购，企业可以获得更有针对性的训练数据资源。

（6）合成数据：在某些情况下，真实数据可能无法满足训练需求，这时可以使用合成数据来增强训练数据集。合成数据可以通过模拟真实数据生成过程来创建，或者通过已有的数据进行变换和增强来生成。

其中，最具争议的便是用户行为数据。大模型首发者通过爆发式的用户增长和场景扩展，获得了海量、多元的新增数据。这些数据能够高效反馈训练和微调模型，提升优化模型效果，形成产品质量与用户规模的"飞轮效应"，不仅进一步加固了先行者在市场中的领导地位，也相应地拉大了与其他市场参与者之间的竞争差距。[1]业内对于用户行为数据的权益归属路径也不尽相同。2023 年 11 月，某公司宣布旗下具备大语言模型能力的人工智能办公应用 WPS AI 开启公测，AI 功能面向全体用户陆续开放体验。因被质疑将用户主动上传的文档材料脱敏后用于 AI 训练的做法，超出了使用用户信息的必要限度，WPS 于官方微博作出回应，在向用户致歉的同时，承诺用户文档不会被用于 AI 训练目的。OpenAI 则是根据最终用户输入内容的类型采取了不同的处理方式：其一，最终用户对其输入内容享有全部

---

〔1〕　张欣主编：《智能新纪元：生成式人工智能的发展与治理》，中国工商出版社 2024 年版，第 77 页。

权利并承担相应责任；其二，对于通过 API 方式交互，适用"选择—进入"（opt-in）的模式，即只有在用户明确同意的情况下，OpenAI 才会利用 API 交互内容进行相关服务的优化和升级；其三，对于通过非 API 方式交互，适用"选择—退出"（opt-out）的模式，即在没有用户的明确同意下，OpenAI 默认会使用用户输入内容进行模型训练，但用户可以主动选择退出，用户作出选择后 OpenAI 停止使用用户输入内容。

As noted above, we may use Content you provide us to improve our Services, for example to train the models that power ChatGPT. Read our instructions on how you can opt out of our use of your Content to train our models.
如上所述，我们会使用您提供的内容来改进我们的服务，例如用于训练支持Chat GPT的模型。请阅读我们的说明，了解如何选择退出同意您提供的内容用于训练我们的模型。

图片来源：https://openai.com/policies/privacy-policy/。

3. 人工智能的数据活动参与主体

《个人信息保护法》第 73 条第 1 项规定，"个人信息处理者，是指在个人信息处理活动中自主决定处理目的、处理方式的组织、个人"；第 20 条第 1 款规定，"两个以上的个人信息处理者共同决定个人信息的处理目的和处理方式的，应当约定各自的权利和义务……"；第 21 条第 2 款规定，"受托人应当按照约定处理个人信息，不得超出约定的处理目的、处理方式等处理个人信息……"。因此，个人信息处理全生命周期包括了个人信息主体、个人信息处理者、个人信息共同处理者（或有）及个人信息受托处理者（或有）这几类主体。《数据安全法》规制的主体也主要是数据处理者，而根据第 3 条第 2 款之规定，"数据处理，包括数据的收集、存储、使用、加工、传输、提供、公开等"。因此数据处理者根据数据处理行为的多样性，可以划分为数据收集者、数据加工者、数据提供者等多个主体。人工智能系统从基础技术研发到最终产品应用，其价值链上往往涉及多个主体。如果每个主体都参与了数据处理活动，我们应该如何确定数据权益归属哪个主体？例如，A 公司收集了大量的数据之后，委托 B 公司存储数据，同时委托 C 公司加工数据，此时数据的权属主体是谁？在数字经济中，数据的价值创造和分享需要多方共同参与和协作，因此具有多方共同参与创设、利益期待多元化[1]的特点。不同的主体在数据的价值链中各自扮演着重要角色，但确切地界定哪一方是数据价值的主要生产者，并因此赋予其权利人的地位，确实是一个复杂且具有挑战性的问题。

4. 人工智能的数据权利归属的探讨

在人工智能时代，人工智能系统服务提供者通过一系列数据处理行为，激活了先前未被充分利用的数据价值。这些处理过程将原本分散且单个价值较低的数据转化为一个可被高效开发利用且价值显著提升的数据集合。这一转变不仅优化了数据的利用方式，而且极大地提升了数据的整体价值，为数据驱动的决策和业务创新提供了强有力的支持。数据权属的重点应是让价值创造者获得数据权益。在法律与经济学的双重视角中，社会通过创制和界定财产权，旨在构建一个能够鼓励生产的制度框架。这种激励机制的核心在于通过确立和保障个人对财产的权利，从而激发社会成员持续创造和积累财产的动机。在激励分析理论的框架下，法律被视作一种对未来行为具有深远影响的激励系统。它通过明确和规范权利与义务，为个体提供了清晰的行动指南，从而引导社会成员在追求个人利益的同时，

---

〔1〕　包晓丽：《数据权属论》，法律出版社 2024 年版，第 74 页。

促进社会的整体繁荣与发展。因此，建立明确的数据权属规则能够保护数据主体的合法权益，确保数据不被非法获取、滥用或泄露。这有助于建立数据的安全和信任机制，为数据的合法使用和交易提供有力的法律基础。同时，清晰的数据权属规则能够消除数据的流通和价值实现因权属规则不明而受到的阻碍，推动数据的自由流通和高效利用，进一步释放数据的价值。

第一，建立数据处理的合法性基础，是拥有数据权益的首要前提。

从过往涉及商业数据的纠纷案件中，我们可以观察到数据的合法获取途径对法院判断数据权益基础具有决定性影响。数据的获取过程必须合法合规，不得侵犯他人的合法权益，数据持有者方可拥有受法律保护的竞争性利益。

人工智能系统不论处理了何种类型的数据、来源于何处的数据，首先应当满足《网络安全法》《数据安全法》《个人信息保护法》及相关数据保护领域的法律法规及强制性国家标准的相关要求，满足数据处理的合法性基础。在人工智能时代，数据是人工智能系统训练和运行的核心要素，数据的合法性是讨论权益归属的前提和基础。只有确保数据的合法性，才能在此基础上根据数据活动参与主体在数据生产中的贡献度来分配数据的财产权益，进而为数据权益归属者提供稳定的商业利益，促进市场形成公平竞争的环境。如果数据的获取和处理存在违法行为，那么数据参与主体的权益将无法得到保障，甚至可能面临法律风险。

2017年6月1日《网络安全法》正式施行，其中第41条第1款规定："网络运营者收集、使用个人信息，应当遵循合法、正当、必要的原则，公开收集、使用规则，明示收集、使用信息的目的、方式和范围，并经被收集者同意。"这是首次确立个人信息同意授权机制，确保个人信息的合法、正当和透明使用。《数据安全法》再次强调了数据收集的合法性基础，其中第 32 条第 1 款规定："任何组织、个人收集数据，应当采取合法、正当的方式，不得窃取或者以其他非法方式获取数据。"而《个人信息保护法》在前两部法律的基础上，对个人信息处理的合法性基础进行了细化与延伸。除"告知+同意"外，《个人信息保护法》第 13 条第 1 款第 2 项至第 7 项还提供了其他六种不需要取得个人同意即可处理个人信息的合法路径，包括"（二）为订立、履行个人作为一方当事人的合同所必需，或者按照依法制定的劳动规章制度和依法签订的集体合同实施人力资源管理所必需；（三）为履行法定职责或者法定义务所必需；（四）为应对突发公共卫生事件，或者紧急情况下为保护自然人的生命健康和财产安全所必需；（五）为公共利益实施新闻报道、舆论监督等行为，在合理的范围内处理个人信息；（六）依照本法规定在合理的范围内处理个人自行公开或者其他已经合法公开的个人信息；（七）法律、行政法规规定的其他情形"。这些路径主要基于特定情形下的公共利益考量、个人信息已公开的状态及处理活动的性质等因素，旨在平衡个人信息保护与合理利用之间的关系。

除上述三部数据保护领域的基本法外，《生成式人工智能暂行办法》作为在人工智能领域的专门性法规于 2023 年 8 月 15 日正式生效，对生成式人工智能服务进行了全面的规范和管理。其中第 7 条、第 9 条、第 11 条分别对数据和个人信息的合法使用、生成式人工智能服务提供者的个人信息保护义务进行了规定。而对于上文中提到争议较大的用户行为数据的使用，2024 年 5 月 1 日起正式施行的《生成式人工智能数据应用合规指南》（T/CECC 027—2024）作出了回应，其中第 9.5 条"使用者信息保护"规定:"提供者对使用者的个人信息、输入信息和使用记录应依法履行如下保护义务:a)根据必要性原则,仅收集与提供服务目的直接相关的个人信息;b)不得非法留存能够识别使用者身份的输入信息和使用记录;c)不得非法向他人提供使用者的输入信息和使用记录,除非获得使用者同意,或具有其他合法性基础;d)未进行明确告知并取得使用者同意的,提供者不得擅自将使用者的输入信息用于后续模型训练,除非具备其他合法性基础。"

在人工智能系统的数据处理过程中,拥有合法性基础是前提,但仅满足这一点还不足以确保数据处理的合规性。数据处理者还必须严格遵守正当和必要原则,即确保在收集和使用个人信息及其他数据时,不超出用户明确授权或数据约定的使用范围和必要性。否则即使数据处理者在前端获取了用户的授权同意,但由于授权的使用目的和使用范围超出了必要性,也可能使前述授权被视为概括性授权,从而被认定为授权无效的后果。因此,数据权益的享有和行使应以尊重信息主体享有的各项信息权益为前提,并且必须在法律规定和合同约定的权限范围内行使数据权利。

在数字化时代,个人信息是数字经济的重要驱动力,它不仅是企业提供服务、改进产品和优化用户体验的关键,也是消费者享受个性化服务、便捷交易和社交互动的基础。然而,个人信息泄露、滥用和非法获取等风险的存在,常常让消费者在分享个人信息时感到担忧和不安。因此,立法者构建严格的个人信息和数据保护制度并非意图抑制或阻碍数据的正常、合理和有益的使用,而是旨在创立一个全面、有效且安全的数据保护体系,以提供一个值得信赖的数据流通环境。在充分的保护和尊重消费者的隐私权和数据安全的基础上,增强消费者参与数字经济活动的积极性和信心，确保数据价值的合法利用与个体权益的充分保护相辅相成，以此促进数据财产权制度的构建和完善。

第二，数据财产权益权利束，或是满足多方利益期待的权利架构与配置。

20 世纪 20 年代，美国著名法学家霍菲尔德（Wesley Hohfeld）提出了"权利束"（bundle of rights）的初步构想，即财产权的本质并不是人对物的关系，而是人与人之间的法律关系，而且是由一系列复杂权利，即请求权（claim）、特权（privilege）、权力（power）和豁免（immunity）构成的关系集合。[1]鉴于数据的来源纷繁多样，其形成过程中往往交织着个人信息权益、著作权、商标权、专利权等多重权利类型。同时，在数据的多次流通与利用中数据权益主体的多元化使各种利益互动关系错综复杂。通过数据的流动和共享，无论是针对个人信息、企业数据还是公共数据，都逐渐构筑起一个涉及多元主体间的复杂权益网络。因此以数据为载体的各种权益交织在一起，形成了一种"你中有我，我中有你"的独特而复杂的权利结构特征。对此，我们需要摒弃传统的财产所有权观念，意识到数据的财产权并非单一且排他的，而是呈现多元共享的特点，转而采用更为开放和包容的权利束理论，来理解和构建数据产权体系，从而更好地促进数据的价值共享。

（1）权利束理论的重点不在于归属，而在于利用。

在数字时代，数据的核心价值源于其被利用的能力。这种利用不仅是数据价值产生的源泉，而且随着利用方式的多样化，数据的价值越发得以凸显。数据不同于传统财产权的客体，它

---

〔1〕［美］霍菲尔德：《基本法律概念》，张书友编译，中国法制出版社 2009 年版，第 144 页。

可以被多人同时拥有，且被多次利用不会导致其价值损耗，反而可能因为反复多次利用而提升其价值。大数据技术正是通过有效地整合碎片化的个人信息，分析和处理海量的数据，从而释放数据的商业潜能。因此，通过数据的充分利用和共享以实现数据价值的最大化是数据权益立法的重要目标。

权利束理论为我们探讨数据权益提供了全新的视角，使我们充分认识到一宗财产或者一宗有价值的经济资源上的权利主张的多样性和可分割性，并认为同一客体上可以同时并存多元主体的多种权益主张。基于此，各个数据权益主体利用数据权利的绝对排他性受到了消解，各个权利人对数据的利用权则呈现叠合与并行的共赢局面。只要这些权益主张之间的边界是清楚的，那么各权利人就可以和谐共处，并行不悖地行使自己的权利。[1]同时，这些权利"束体"通常以结构化的模块形式呈现，以便于各权利人和潜在的交易方能够快速识别和易于理解各自在特定客体上可能享有的权益或需承担的义务。这种模块化的安排不仅促进了权利主体对其可主张权利的认知，还有助于一宗财产上的权利分割、流通和利用。[2]

（2）动态平衡利用与保护，构建共享共赢的数据权益体系。

数据作为新型生产要素，其权利从"所有、占有、支配"向"共建、共享、共有"转型。[3]由于数据权益具有多元化的属性，通过法益位阶原则平衡不同主体各自的利益期待，是构建数据权益体系的关键。在构建数据权益体系的过程中，我们

---

〔1〕 王利明：《论数据权益：以"权利束"为视角》，载《政治与法律》2022年第7期。

〔2〕 See Thomas W. Merrill, property as modularity , harvard law review, Vol. 125, pp. 151-163（2012）.

〔3〕 齐延平：《数智化社会的法律调控》，载《中国法学》2022年第1期。

可以将法益位阶原则细化为以下 3 个原则。

其一，公共利益优先原则。公共利益优先原则是现代社会治理和法治建设中的一项基本原则。这一原则旨在确保社会整体利益的最大化。当个体利益与公共利益发生冲突时，应以公共利益为首要考量，通过法律、政策等手段，合理地限制或调整个体利益，平衡不特定社会公众的利益与个体利益的关系，以实现社会的和谐稳定与持续发展。正如前文所述，数据的合法性基础通常建立在个人信息主体的明示同意的基础上，但该原则也有例外，对公共利益的保护即为其例外。《个人信息保护法》第 13 条第 1 款规定，"符合下列情形之一的，个人信息处理者方可处理个人信息：……（五）为公共利益实施新闻报道、舆论监督等行为，在合理的范围内处理个人信息；……"。《民法典》里也有类似的内容，其第 1036 条明确规定："处理个人信息，有下列情形之一的，行为人不承担民事责任：……（三）为维护公共利益或者该自然人合法权益，合理实施的其他行为。"

其二，人格利益优先于财产利益原则。在数据保护领域，人格利益与财产利益之间的权衡一直是一个重要的议题。随着信息技术的飞速发展，个人信息的收集、使用和共享变得日益普遍，这也使数据上的人格利益越发凸显其重要性。例如，直接关联到个人的身份信息、性取向、健康状况等敏感个人信息，一旦被不当利用或泄露，将可能对个人造成极大的精神困扰、经济损失甚至社会声誉的损害。数据作为个人信息的重要载体，其安全和隐私的保护直接关系个人的人格尊严和自主权的实现。因此，保护数据上的人格利益是维护个人基本权利的必要条件。我们应当在数据保护领域坚守人格利益优先的原则。

其三，财产利益按贡献度分配原则。在数字财产权益的分配上，笔者建议同位阶的财产利益按贡献度进行公正分配。这一原则明确体现了"谁投入，谁获益"的核心理念，意味着在数据的生产过程中，无论是用户通过投入时间、联网费用和个人信息作为生产资料，还是数据企业在数据开发中所投入的人力和物力，都应按其贡献程度享有相应的利益。然而，需要强调的是，后权利的正当性应当建立在不侵害前权利的基础之上。即便数据收集者因投资或加工劳动而对被收集数据拥有主张权利的基础，他们的权利也应当优先让位于数据主体的权益。在数字经济时代，这种按贡献度分配的方式，正是公平原则在数字财产领域的具体体现和实践。[1]

综上所述，经过深入探讨数据的权益归属，笔者希望能够达成一系列深远且相互交织的目标。首先，数据权益的规则要服务于公共利益的保护。这是社会和谐稳定的重要基石。同时，我们更要注重保护用户的个人隐私和人格利益，确保每位公民在数字时代的权益不受侵犯。这是一个不容忽视的基本点，也是制定数据权益规则的首要考量。

其次，笔者期望通过合理的数据权益规则，鼓励数据资源的创新。在数字经济的浪潮中，数据资源如同黄金般宝贵，是推动创新的重要动力。我们鼓励数据产品加工者投入更多的智慧和努力，通过加工和整合数据，创造出有价值的产品和服务，从而为社会带来更大的福祉。

最后，笔者也期望数据权益规则能够鼓励数据应用。数据的价值在于其应用，只有被广泛应用，才能发挥其最大的潜力。笔者希望通过制定公平、合理的规则，激发数据应用的活力，推动数字经济的蓬勃发展。

然而，在鼓励创新和数据应用的同时，我们也不能忽视头

---

[1] 包晓丽：《数据权属论》，法律出版社 2024 年版，第 3 页。

部企业利用数据优势形成"护城河",导致巨头垄断。一个健康、公平的市场环境是创新和应用的前提。我们需要在保障各方利益的同时,防止数据资源的过度集中和滥用,确保市场竞争的公平性和有效性。

因此,数据权益规则的目标是在兼顾各方利益、满足各方期待的基础上,实现社会资源的最大化利用和合理化分配。这不仅需要政府的引导和监管,也需要社会各界的共同努力,共同营造一个安全、公平、高效的数字生态环境,构建公开、公平、公正、诚信有序、兼顾各方利益的数据产业竞争秩序。

第七章

人工智能的科技伦理治理实践与探索

　　人工智能伦理是人工智能的研究、设计、开发、服务以及使用等一系列活动中，必须坚守的一种价值导向和行为准则。然而，随着人工智能技术的突飞猛进，其应用所引发的伦理争议也日益凸显。特别是生成式人工智能技术的广泛应用，更是带来了一系列伦理挑战，如偏见歧视、隐私侵犯、责任界定模糊以及虚假内容的广泛传播等问题。这些挑战都使我们更加深刻地认识到，在追求技术进步的同时，必须时刻关注并遵守人工智能伦理，确保技术的发展能够真正为人类带来福祉。

一、人工智能伦理治理概述

（一）人工智能伦理的概念与特点

　　伦理，作为一种深植于人类社会的行为准则，不仅是个体行为的道德框架，更是维系社会秩序和谐的重要基石。它源自人类对于是非善恶的共同认知，体现了个体在社会中应承担的责任和义务。伦理不仅规范了人与人之间的相互关系，也界定了个体与社会之间的互动模式，强调了每个人在道德层面上对社会责任的认同和履行。

在科技领域，伦理的价值引导作用尤为重要。科技活动的快速发展和广泛应用，往往伴随新的伦理挑战和问题。伦理规范为科技研发和应用提供了必要的道德指导，确保科技进步不会损害人类的福祉和社会的公正。它要求科技从业者在创新的同时，考虑技术可能带来的社会影响，避免造成无意的伤害或滥用。

伦理规范在科技活动中的实践体现在多个层面。

（1）在研究与开发阶段，伦理要求科研人员在设计新技术和产品时，充分考虑其对环境、健康和社会的影响，力求实现可持续发展。

（2）在技术应用阶段，伦理强调对用户隐私的保护，对数据的合理使用，以及对可能产生的社会后果的预防和缓解。

（3）在科技治理层面，伦理促进了相关法律法规的建立和完善，为科技活动的监管提供了价值基础，确保科技权力不被滥用。

伦理作为科技发展的内在要求，不仅促进了科技与社会的和谐共生，也为科技创新提供了道德上的方向感和责任感。通过伦理的引导和规范，科技界能够在追求创新和效益的同时，维护人类的基本价值和尊严，推动科技活动朝着更加积极、健康的方向发展。

人工智能伦理是科技活动中不可或缺的道德指南，其为人工智能的研究、设计、开发、服务和使用等环节提供了必须遵循的价值理念和行为规范。这些规范不仅关注技术的准确性和可靠性，即"真"，也关注技术的道德和社会价值，即"善"。通过全面的视角，人工智能伦理为 AI 的发展开辟了更为广阔的讨论空间，确保技术进步不仅在逻辑和功能上是合理的，而且在道德和社会责任上是可接受的。

（1）在价值目标方面，人工智能伦理强调人工智能活动应当致力于提升人类的生活质量，促进社会的整体福祉。包括但不限于尊重和保护生命权利，确保技术发展不会损害个体的基本权利；坚持公平和公正，避免在技术应用中加剧社会不平等；尊重个人隐私，保护用户数据不被滥用。

（2）在行为要求方面，人工智能伦理要求技术开发做到安全可控，确保 AI 系统在各种情况下都能稳定运行，不会对人类社会造成不可预测的风险。同时，AI 系统应具备透明可解释性，即 AI 的决策过程应当是可理解的，用户和相关利益方能够了解 AI 如何作出特定的决策。

（3）在 AI 研发和应用的各个环节中，必须强化人类的责任担当。技术开发者、使用者和监管者都需要意识到自己在推动和使用 AI 技术时所承担的责任，确保技术的应用不会损害公共利益。同时，人工智能伦理鼓励多方参与和合作，包括政府、企业、学术界和公众等，共同参与 AI 伦理的讨论和实践，以形成更加全面和多元的伦理规范。

（二）人工智能伦理规则

随着人工智能技术的快速发展和广泛应用，其所引发的一系列风险和挑战也日益凸显。因此，构建一个有效的人工智能治理体系，以促进人工智能的健康发展，已经成为全球范围内的普遍共识。人工智能伦理作为这一体系的核心组成部分，其目标是确保人工智能的发展与人类的价值和利益相协调，包括以下几个关键原则。

（1）以人为本：确保人工智能的发展服务于人类的需求和利益，增强人类的福祉，而非替代或削弱人的主体性。

（2）公平非歧视：要求人工智能系统在设计和应用中避免加剧社会不平等，确保所有人都能平等地享受 AI 带来的益处。

（3）透明可解释：提倡人工智能的决策过程应该是透明的，用户和相关方能够理解 AI 如何作出决策，以及这些决策背后的逻辑。

（4）保护隐私安全：强调在收集、处理和使用个人数据时，必须严格遵守隐私保护法规，确保个人隐私不被侵犯。

（5）人类可信可控：确保人工智能系统在任何时候都受人类用户的监督和控制，避免出现不可预测的风险。

（6）责任可追溯：建立明确的责任体系，确保在人工智能系统出现问题时，可以追溯到相关责任方，进行有效的问责。

（7）可持续发展：推动人工智能技术的发展符合可持续发展的目标，促进环境保护和社会公正。

人工智能伦理治理的目的不仅是规范和约束，更是引导和激励。它不满足于仅设定创新主体的最低义务要求，而是追求更高的目标——推动"智能向善"，确保人工智能技术的发展能够促进社会整体的积极变革。

为了实现这一目标，人工智能伦理治理需要不断地根据技术发展和应用的实际情况进行调整和更新。包括对新兴的 AI 应用进行风险评估，提出相应的伦理指导原则，在必要时进行政策干预，鼓励跨学科的合作，促进技术开发者、政策制定者、伦理学家、社会学者等各方的交流与对话，共同探索人工智能技术与社会价值的和谐共生之道。

（三）AIGC 伦理风险

随着大模型技术的不断进步，AIGC 技术的应用已经成为科技领域的一个热点。文本生成、图片生成、代码生成等生成式 AI

技术的应用，如 ChatGPT、Claude、Stable Diffusion、Midjourney 等，不仅推动了人工智能应用的边界，也为各行各业带来了创新的解决方案。然而，这些技术的快速发展也带来了一系列不容忽视的伦理风险。

（1）误用滥用风险：由于 AIGC 应用的普及速度快、使用门槛低，它们可能被用于制作深度伪造内容、恶意代码等，这些内容一旦被广泛传播，不仅会误导公众，还可能对网络安全构成威胁。例如，深度伪造技术可以制作逼真的假新闻视频或音频，这些内容如果被用于政治宣传或虚假信息传播，可能会对社会秩序和公共信任造成严重破坏。

（2）数据泄露与隐私侵犯：生成式 AI 系统在训练过程中使用的数据集可能含有未经充分脱敏的个人信息，这些信息可能在 AI 输出中被无意中泄露。此外，用户在使用这些技术时上传的数据，如个人文档、企业商业秘密、重要代码等，也可能被用于 AI 模型的训练，增加了数据泄露的风险。

（3）知识产权风险：在训练数据的使用上，目前尚存在争议，即哪些数据可以用于模型训练，以及如何界定数据的"合理使用"。此外，一些艺术家和创作者已经开始使用技术工具来防止未经授权的模型训练，以保护自己的知识产权。在生成内容的权利归属问题上，目前还没有明确的答案，即人工智能技术是否应该仅被视为一种工具，其生成的内容权利应该如何界定和归属，这些问题都需要进一步的探讨和明确。

二、国际人工智能伦理治理实践

人工智能作为 21 世纪的前沿技术，已经成为推动全球科技发展的关键力量。随着 AI 技术的不断进步和应用领域的日益广泛，它对经济、社会、文化乃至国家安全产生了深远的影响。

因此，各国政府和国际组织高度重视 AI 的伦理问题，将其视为科技发展的重要战略之一。

全球范围内的 AI 伦理治理合作正在不断加强。各国通过多边机制和国际组织，共同探讨和制定 AI 伦理原则，推动形成全球共识。这些原则为 AI 的全球治理提供了指导和参考，有助于构建一个公平、公正、开放、包容的 AI 发展环境。

各国纷纷出台一系列伦理规范，明确了 AI 技术研发和应用的基本伦理要求。这些规范涵盖了 AI 的透明度、可解释性、公平性、隐私保护、安全性等多个方面，旨在引导 AI 技术的负责任的使用，防止其被滥用或导致不良后果。各国也在根据自身国情和实际需要，制定和完善本国的 AI 伦理规范、指南和工具。这些规范和指南为 AI 的研发和应用提供了具体的操作指南，有助于引导企业和研究机构遵循伦理原则，规范 AI 技术的发展。

（一）国际组织人工智能伦理治理方案

随着人工智能技术的飞速发展，其在社会各领域的应用日益广泛，同时也带来了潜在的负面影响，成为全球性的风险。为了应对这一挑战，国际社会正在加强合作，推动人工智能伦理治理的进程。

在伦理原则的共识性层面，联合国教科文组织（UNESCO）的 193 个成员国在 2021 年 11 月共同通过了《人工智能伦理问题建议书》。这份建议书将伦理作为评估和指导人工智能技术发展的基础，强调了以人的尊严、福祉和防止损害为方向，以及科技伦理的重要性。它明确了尊重、保护和促进人权、基本自由、人的尊严、环境和生态系统发展，确保多样性和包容性，以及生活在和平、公正的互联网社会中的 4 项人工智能价值观。此外，该建议书还确立了 10 项人工智能原则，并提出了 11 项政策建议，以指导人工智能的伦理治理。国际标准化组织（ISO）、国际电工委员会（IEC）、电气和电子工程师协会（IEEE）、国际电信联盟（ITU）等也在积极推动科技伦理标准的制定。例如，ISO/IEC 在 2022 年 8 月发布了关于人工智能伦理和社会问题的概述标准（ISO/IEC TR 24368：2022），旨在为人工智能技术的发展提供伦理指导。

在人工智能的具体应用领域，世界卫生组织（WHO）于 2021 年 6 月发布了《卫生健康领域人工智能伦理与治理指南》。该指南深入分析了在卫生健康领域使用人工智能的机遇与挑战，并提出了在医疗领域使用人工智能时应遵循的伦理政策。此外，它还强调了确保人工智能技术为所有国家的公共利益服务的六项原则。

目前，人工智能伦理已成为全球范围内人工智能治理讨论的核心议题。以人为本、公平公正等伦理原则在国际合作机制中不断深化，引领着人工智能技术的健康发展。在联合国层面，对于人工智能伦理的探讨和关注日益加强。2024 年 3 月 21 日，联合国大会未经表决一致通过了一项具有里程碑意义的决议，呼吁抓住"安全、可靠和值得信赖的"人工智能系统带来的机遇，让人工智能给人类带来"惠益"，并以此促进可持续发展。这是联合国大会首次就监管人工智能这一新兴领域通过决议。决议草案由美国提交，同时还有 120 多个会员国成为"共同提案国"或表达支持。决议表示，各国认识到，"人工智能系统的设计、开发、部署和使用速度加快，技术变革日新月异，对加快实现可持续发展目标具有潜在影响"。为此，大会"决心促进安全、可靠和值得信赖的人工智能系统，以在全面实现《2030年可持续发展议程》方面加快取得进展"。2023 年 5 月 25 日，联合国发布了《我们的共同议程》政策简报，特别关注到了数字时代的伦理问题，提出了"全球数字契约——为所有人创造开放、自由、安全的数字未来"的愿景。2023 年 10 月 26 日，联合国高级别人工智能咨询机构正式成立，该机构就人工智能可能带来的偏见、歧视等关键问题展开深入讨论，旨在为全球范围内的人工智能治理提供有力指导。2023 年 12 月，该咨询机构发布临时报告《以人为本的人工智能治理》，将包容性、公共利益等伦理原则作为设立人工智能国际治理机构的指导原则，进一步强调了伦理原则在人工智能治理中的重要性。

在区域合作层面，各国也积极推动人工智能伦理的探讨与实践。2023 年 8 月，金砖国家领导人第十五次会晤达成共识，同意尽快启动人工智能研究组工作，以推动有广泛共识的治理框架和标准规范的制定。这一举措旨在不断提升人工智能技术的安全性、可靠性、可控性和公平性，确保技术能够更好地服务于人类社会。二十国集团（G20）也在积极关注人工智能伦理问题。2023 年 9 月，G20 发布了《G20 新德里领导人宣言》，明确提出了"负责任地使用人工智能以造福全人类"的目标。这一宣言强调了各国在人工智能治理中的共同责任，呼吁各国加强合作，共同推动人工智能技术的健康发展。

（二）域外国家和地区的人工智能伦理治理探索

为了确保人工智能技术的健康发展并应对其带来的挑战，各国政府采取了与其治理理念和技术发展水平相匹配的宏观策略。这些策略通常通过发布伦理原则、指南和工具包等形式，引导行业实践，以期达到促进创新和保护社会价值的双重目标。美国倾向于市场驱动和创新导向的监管模式，强调技术自由发展的同时，通过行业自律和政府指导性原则来确保伦理标准得到遵守。欧盟采取更为积极的介入策略，通过立法和监管确保人工智能的伦理和法律要求得到满足。德国政府出台了《自动驾驶伦理准则》，体现了德国在自动驾驶领域的伦理标准化努力。新加坡推出了"新加坡人工智能治理框架"，旨在通过提供伦理指导原则来促进人工智能的负责任使用，并建立公众信任。

1. 美国鼓励创新为基础的可信人工智能

美国长久以来一直将人工智能视为保持其在全球技术竞争中领先地位的关键，关注可信人工智能的建设，在联邦政府层面进行规划并在具体事务层面制定了相关政策。然而，目前美国仍然缺乏针对人工智能的具有法律约束力的规范。

在行政层面，美国总统拜登于 2023 年 10 月发布了《AI 行政命令》，明确要求开展负责任的人工智能技术开发，并强调安全可靠、权利保障及隐私保护等伦理准则。同时，该行政命令还为各行政部门如何推动负责任的人工智能技术开发和应用提供了具体指导。在此之前，拜登政府已于 2022 年 5 月成立了国家人工智能咨询委员会，专注于人工智能的安全性和防止偏见等问题，以推动更加负责任和包容的人工智能技术发展。OSTP 在 2020 年提出了《人工智能应用的监管原则》，提出了针对政府机构监管人工智能的 10 项原则，并强调了公众参与和机构间的协调。2022 年 10 月，OSTP 又发布了《蓝图》，确定了指导自动化系统设计部署的 5 项原则。从鼓励行业自律的角度，2023 年 7 月和 9 月，拜登政府两次推动包括 OpenAI、谷歌、微软、英伟达等在内的 15 家企业承诺开发无偏见歧视、保护隐私的人工智能技术。

在具体领域，美国联邦政府的不同部门也根据各自的职责发布了相应的伦理原则和治理框架。例如，2020 年美国情报体系发布了《美国情报体系人工智能伦理原则》，强调人工智能的应用必须遵守法律、确保安全、客观公正和透明负责。2023 年 1 月，美国商务部下属的 NIST 发布了《人工智能风险管理框架》，为开发部署负责任的人工智能技术提供了详细的指导。2023 年 12 月，美国审计署还发布了报告，对联邦 23 个机构负责任地使用人工智能的情况进行了评估。

2. 欧盟积极健全监管措施落地伦理要求

在数字化浪潮中，欧盟正积极探寻对新技术与新业态的监管之道，特别重视以人工智能为重点的立法工作。欧盟致力于将人工智能伦理原则转化为具体规范，力求在人工智能治理领域保持其全球领先地位。在伦理框架构建上，2019 年 4 月，欧盟委员会发布《可信赖人工智能指南》，其中明确提出了可信赖人工智能的概念，并列举了七大核心要求，包括确保人类的有效监督、系统的稳健性与安全性、隐私与数据管理的合规性、透明度的提升、多元性的包容、社会与环境福祉的增进，以及责任归属的明确。在治理实践方面，欧盟通过《人工智能法案》提出对高风险技术进行深入的伦理审查，旨在降低潜在风险，保障用户的自主权、公平待遇与隐私权。欧盟坚信，人工智能的发展应契合人类伦理，不得违背人类的基本道德观念与价值观。相较于一般人工智能，欧盟对生成式人工智能的伦理审查机制更为严谨，更强调维护基本的伦理秩序与保护公民的基本权利。

3. 德国关注具体应用领域伦理风险规制

德国联邦政府精心策划国家人工智能战略，旨在巩固德国在智能制造领域的领先地位，并全力推进人工智能算法、数据及自动驾驶等领域的伦理规范。在这一过程中，德国始终坚守以人为本的原则，力求发展负责任、公共利益为先的人工智能。

在伦理治理层面，德国联邦政府于2018年9月成立了数据道德委员会，从政府高度出发，为数字社会制定了伦理道德标准和建议。2023年11月7日，德国联邦教育和研究部更是更新了人工智能行动计划，强调实施适当、灵活的人工智能治理，以促进值得信赖的人工智能发挥实效。在具体治理实施方面，德国对数据、算法和自动驾驶应用领域进行了分类规范。在数据领域，德国数据伦理委员会坚持以人为本的价值观，认为数据权利与义务的认定需综合考虑不同数据主体的权益、对数据的贡献及公共利益等因素。在算法领域，德国数据伦理委员会将人工智能系统划分为基于算法的决策、算法驱动的决策和算法决定的决策三种类型，并创新性地提出了风险导向型的监管"金字塔"。该金字塔将人工智能算法风险分为1—5级，对于无潜在风险的算法，不采取特殊监管措施；而对于风险较高的算法，则逐级增加规范要求，包括监管审查、附加批准条件、动态监管直至完全禁止等措施。在自动驾驶领域，德国联邦交通与数字基础设施部推出了全球首套《自动驾驶伦理准则》。这一准则明确了自动驾驶汽车的20项道德伦理原则，特别是在无法避免事故的情况下，禁止基于年龄、性别、种族、身体属性或其他任何区别因素进行歧视性判断。德国认为，自动驾驶的两难决策无法标准化和编程化，因此必须在伦理框架下审慎对待。德国通过一系列精心设计的战略和措施，展现了其在人工智能领域的深厚实力，更体现了对伦理道德的高度重视和坚定承诺。

4. 新加坡积极探索AI伦理治理技术工具

新加坡政府致力于通过"智慧国家"和"数字政府蓝图"等国家级政策，全方位地推动人工智能的发展与应用，进而促进社会数字化转型，造福于民。在政府层面，自"智慧国家"政策实施以来，新加坡已有超过20个行政部门积极提交各自的人工智能应用规划，彰显了政府对人工智能的深度重视和广泛布局。2023 年 12 月，新加坡再次发力，发布了国家人工智能战略 2.0，明确提出了以公共利益为导向的人工智能发展愿景，强调构建一个既值得信赖又高度负责任的人工智能生态。这一战略的发布，不仅体现了新加坡对人工智能未来发展的清晰规划，也展现了其对人工智能伦理与社会责任的坚定承诺。在工具层面，新加坡始终走在前列。2022 年 5 月，新加坡通信媒体发展局与个人数据保护委员会联合发布了《人工智能治理评估框架和工具包》，这是全球首个由官方推出的人工智能检测工具。该工具综合运用技术测试和流程检查的方法，对人工智能技术进行全面的验证，并为开发者、管理层和业务伙伴提供详尽的验证报告，涵盖了人工智能系统的透明度、安全性及可归责性等核心伦理要求。同时，该工具还积极吸纳不同机构的测试建议，不断完善评估机制，确保评估结果的科学性和准确性。为了进一步推动人工智能治理的发展，2023 年 6 月，新加坡成立了由政府、企业等多方参与的 AI Verify 基金会。这一基金会的成立，旨在打造一个开放的人工智能治理社区，为人工智能测试框架、代码库、标准和最佳实践的使用和发展提供强有力的支持。通过这一平台，新加坡将进一步推动人工智能技术的创新与应用，同时确保其在伦理和法律的框架内健康发展。

三、中国人工智能伦理治理实践与展望

（一）确立伦理治理体制机制

科技伦理是开展科学研究、技术开发等科技活动需要遵循的价值理念和行为规范，是促进科技事业健康发展的重要保障。我国将科技伦理规范作为促进技术创新、推动社会经济高质量

发展的重要保障措施，并逐步完善科技伦理治理顶层设计。2022 年 1 月 1 日起施行的《科学技术进步法》第 103 条第 1 款从法律层面确认"国家建立科技伦理委员会，完善科技伦理制度规范"并明确禁止违背科技伦理的科学技术研究开发和应用活动，第 112 条明确了对违背伦理的活动需要承担的法律责任。2022 年 3 月，中共中央办公厅、国务院办公厅印发《关于加强科技伦理治理的意见》，提出强化底线思维和风险意识，明确科技伦理原则和科技伦理治理要求，提出加强科技伦理治理五项措施。2023 年 9 月，科技部、教育部、工业和信息化部等部门联合印发《科技伦理审查办法（试行）》，对科技伦理审查的基本程序、标准、条件等提出要求，规范科学研究、技术开发等科技活动的科技伦理审查工作，要求从事人工智能等科技活动的单位设立科技伦理（审查）委员会。《科技伦理审查办法（试行）》将对人类主观行为、心理情绪和生命健康等具有较强影响的人机融合系统的研发，具有舆论社会动员能力和社会意识引导能力的算法模型、应用程序及系统的研发，面向存在安全、人身健康风险等场景的具有高度自主能力的自动化决策系统的研发等七项科技活动列入需要开展伦理审查复核的清单。

（二）细化人工智能伦理要求

我国人工智能伦理治理历经发展规划的认可、伦理原则的确立和伦理规范的细化。2017 年，国务院印发《新一代人工智能发展规划》，指出人工智能发展的不确定性带来挑战，影响涵盖就业、法律与社会伦理、个人隐私、国际关系等，必须高度重视人工智能可能带来的挑战，提出到 2025 年初步建立人工智能伦理规范，并结合法律法规和政策体系，共同促进人工智能安全评估和管控能力，提出建立伦理道德多层次判断结构、人机协作的伦理框架、人工智能产品研发人员道德规范和行为守则、人工智能潜在危害与收益的评估、复杂场景下突发事件解决方案等，并重视国际合作的重要性。2019 年 2 月，国家新一代人工智能治理专业委员会成立，成员涵盖高校、研究院所和企业专家，着力推动产学研在人工智能治理方面的合作。2019年 6 月，国家新一代人工智能治理专业委员会发布《新一代人工智能治理原则——发展负责任的人工智能》，提出了人工智能治理的框架和行动指南，提出人工智能发展相关各方需要遵循和谐友好、公平公正、包容共享、尊重隐私、安全可控、共担责任、开放协作、敏捷协作的原则。2021 年 9 月，国家新一代人工智能治理专业委员会发布《新一代人工智能伦理规范》，提出人工智能活动的伦理规范包含管理规范、研发规范、供应规范、使用规范，细化 18 项具体伦理要求。

同时，行业主管部门推动人工智能应用领域的伦理规范指引建设，发布实施意见、牵头制定行业标准等，明确具体领域伦理标准和细化措施，促进行业人工智能治理体系的完善。2022 年 10 月，中国人民银行发布《金融领域科技伦理指引》行业标准，提出在金融领域开展科技活动需要遵循守正创新、数据安全、包容普惠、公开透明、公平竞争、风险防控、绿色低碳等 7 个方面的价值理念和行为规范。2023 年 4 月，工业和信息化部成立工业和信息化部科技伦理委员会、工业和信息化领域科技伦理专家委员会，关注人工智能等重点领域的科技伦理治理，提出从加强科技伦理审查和监管，组织制定重点领域科技伦理审查规范和标准，开展重点领域科技伦理敏捷治理，强化科技伦理管理培训和宣传教育，加强人才队伍建设等方面提升伦理治理能力。

（三）行业探索伦理治理落地

作为人工智能伦理管理的核心主体，人工智能产业实体肩负着引领人工智能正向发展的重大责任。在行业层面，如中国人工智能产业发展联盟等行业组织，正积极投身于人工智能伦理原则的落地实施工作，参与制定人工智能伦理技术和管理标准，开展监测认证工作，汇编典型案例分析，旨在关注并推动实现人工智能系统的可解释性、隐私保护及公平性等技术实施路径。行业组织为提升人工智能应用相关行业的伦理规范水平发挥了积极作用。在企业层面，众多企业同样在积极落实人工智能伦理管理要求，建立科技伦理委员会、人工智能伦理委员会等内部机构，以加强企业内部的伦理管理机制。同时，企业还注重与外部多学科进行合作，引入法学、哲学、管理学、人工智能技术等多个领域的专家，共同提升人工智能伦理治理的外部监督水平。此外，企业还定期发布人工智能伦理治理情况与研究报告，加强与公众的沟通，增强透明度。在技术创新方面，企业积极探索人工智能伦理问题的技术解决方案，通过技术升级提高个人隐私保护力度、增强算法可解释性及模型可靠性等，从而推动人工智能产业的健康发展。

（四）展望未来伦理治理措施

人工智能伦理治理应平衡产业科技创新与伦理风险防范，全生命周期指导风险防控，确保技术利于人类发展并保障各方权益。重视技术创新，鼓励基础技术突破，发展核心技术与治理产品，用技术防范风险。同时，建立敏捷的伦理治理机制，促进创新主体与政府有效沟通，提升治理有效性，实现产业创新与伦理风险防范的和谐共生。

（1）全生命周期指导：伦理治理应覆盖 AI 从研发到应用的

全过程，以促进技术朝着有利于人类和尊重各群体权益的方向发展。

（2）技术创新与风险防范：鼓励 AI 基础技术创新，同时利用 AI 技术本身来预防和管理 AI 风险。

（3）敏捷治理机制：建立快速响应的治理合作体系，增强治理的有效性和科学性，确保产业创新与伦理风险防范相协调。

（4）多学科多主体合作：形成多学科共建的治理合力，建立多主体参与的治理生态，包括监管主体、创新主体和公众。

（5）分类分级伦理治理：根据 AI 应用的伦理风险大小和影响范围，确定责任义务和监管规则，从简化监管到加大监管力度，甚至禁止不可接受的伦理影响应用。

（6）技术化、工程化、标准化：将伦理原则转化为工程问题，发展伦理风险评估监测工具，研制相关国家标准、团体标准、行业标准。

（7）提升伦理风险应对能力：支持高校开设科技伦理课程，要求企业推进员工培训，引导行业自律与合作，加强公众科技伦理教育。

（8）国际交流合作：积极参与全球科技伦理治理合作，鼓励国内企业和专家参与国际交流，分享国内治理实践，形成全球合作生态。

后　记

祖国 75 周年华诞的金秋时节，新书即将付梓，为之后记可以算是带着收获喜悦的"负担"。

在这个科技飞速发展、法治日益健全的时代，我们作为科技领域的法律人是幸运的。是科技的进步，造就了互联网业、互联网金融业，现在我们又将面对 AIGC 的新浪潮。谈到法治日益健全，我每每会想起当年学习《民法通则》时的心情，那时候《民法典》似乎只是一个遥不可及的符号，而如今我们不仅拥有了自己的《民法典》，还拥有了比肩 GDPR 的三大法，在欧盟 AI 法案持续讨论、折中、妥协的时候，我国的《生成式人工智能暂行办法》作为全球首部人工智能法案已经正式颁行。所以，首先要感谢这个时代科技的进步和国家的富强。

2023 年 5 月，度小满公司正式宣布开源国内首个千亿级中文金融大模型"轩辕"，这背后的科技伦理、知识产权保护、数据保护、权利确认都是我们法律工作者展示自己专业性和创造性的广阔空间。在过去的一年，我带领团队从传统的金融科拓展，尤其是面对生成式人工智能的大潮，开展了人工智能应用场景评估，支持公司完成了大模型的算法和模型双备案，加入了中国人工智能产业发展联盟科技伦理工作组，参加了人工智能领域开源和隐私保护团体、国家标准的制定。正是在这些工作中，我们开始学习、研究和比较国际范围内的生成式人工智能立法，也由此萌生了编辑这本小册子的想法，希望为今后的研究提供一些线索性和资料性的积累。这些其实都是在科技浪潮推动下进行的，也是度小满公司始终坚持"用科技为更多的人提供值得信赖的金融服务"以及"打造最具创新活力和增长潜力公司"的发展战略给我们带来的机遇。所以，要感谢度小满对于科技的高度热爱、不懈追求和坚定投入，也感谢团队同事们在繁重的工作之余，还坚持用脚踏实地、仰望星空的态度，尝试在更广阔的范围内以更高的视角来指导当下的工作，也为此而付出额外的努力。

经济有周期，金融有危机，资本市场有起伏，相应的法律领域的发展也会受到波动的影响，产生阻滞和回调。而科技却始终在平稳地发展，从未产生过倒退，持续画出了一条虽然平缓但坚定向上的弧线，而我们科技领域的法律工作者也因此得以激湍随波千万里。

回顾历史我们发现，每一次科技革命，在对社会经济产生根本性影响的同时，都进而带来法律领域极大的突破和延展。19 世纪 60 年代开始的电力工业革命，带来了通信技术、知识载体的革命性发展。知识与智力成果在经济生活中扮演的角色越来越重要，其流通速度和跨境使用也迅速增加。这直接对知识产权的国内和国际保护提出了要求。19 世纪后期《巴黎公约》和《伯尔尼公约》先后缔结，分别成为专利权与著作权国际保护的重要渊源，国际知识产权法框架的逐步建立完善，各国国内的知识产权法也作为重要部门法逐步独立和巩固。

20世纪中叶，以信息技术为核心的第三次科技革命爆发，此后网络技术、信息数据安全和个人隐私保护引发的法律风险日益增加和暴露。GDPR、美国《加州消费者隐私法案》（CCPA）及我国的三大法等专门的国内、国际数据法纷纷颁行。可以说是信息技术领域的科技革命，直接导致了整个数据法学科的诞生和发展。

2022年11月，OpenAI公司发布了人工智能技术驱动的自然语言处理工具——ChatGPT 1.0，此后我们共同见证了生成式人工智能技术的飞速进步和应用，也似乎要被卷入新一轮科技革命的浪潮——人工智能技术的爆发。与此同时，世界主要法域都迅速行动、积极治理，对人工智能带来的法律问题作出回应，有影响力的条约、法律、规范性文件，如欧盟《人工智能法案》、美国《蓝图》、我国的《生成式人工智能暂行办法》等的颁布。虽然这一次技术的爆发是否可以成为新一轮科技革命尚难定论，对于社会生活是否会产生根本性的改变也暂不明朗，而技术本身或也面对"奇点未至"的瓶颈，但是我们已经见到并可以预见的是，以科技伦理为前沿核心，以知识产权、数据权利、隐私权利为关键领域的人工智能领域相关的法律研究与治理实践，将在相当一段时期内蓬勃发展。而本书也正是在这样的背景下应运而生。

作为科技领域的法律人，我们祝愿也期待新一轮科技革命能够真正爆发，新质生产力能够更好地发展，企业能够紧跟时代和科技的浪潮，所有的科技法律研究和实务人员，能够在科技进步、民族复兴的大潮里，到中流击水、看浪遏飞舟。最后，感谢中国信息通信研究院的老师和中国政法大学出版社的编辑们对本书的支持和帮助，在本书的策划、论证、编写、修改、校对和发行过程中，他们都给予了高效的响应和专业的指导，这本书的完稿和出版，是在他们默默的付出和推动下完成的。

未来已来，希望我们共同努力，一切都越来越好。

是为后记。

邢 璟

2024 年 9 月